Ludwig Gemminger

Das alte Ingolstadt

Ludwig Gemminger

Das alte Ingolstadt

ISBN/EAN: 9783743458581

Hergestellt in Europa, USA, Kanada, Australien, Japan

Cover: Foto ©ninafisch / pixelio.de

Manufactured and distributed by brebook publishing software (www.brebook.com)

Ludwig Gemminger

Das alte Ingolstadt

Das alte Ingolstadt.

Ein Volksbuch,

darin für männiglich aus alten Zeiten allerlei zu lesen ist,

als von

Errichtung der Gotteshäuser, Stiftung derer Klöster,

nicht minder

vom Ursprung der hohen Schule und der Festung, weiters von allen frohen und
schlimmen Zeitläuften, so über die Stadt gekommen, von Hunger und Pest,
von Wasser- und Kriegsnöthen, wie dann auch von hochfestlichen Ereignissen,
Turnieren, Hochzeiten, fürstlichen Besuchen und Leichenbesingnissen; von berühmten
Männern und Gebäuden, in summa: Alles Denk- und Merkwürdige, was von
der Stadt in Stein oder Geschrift noch vorhanden oder im Munde des Volkes
noch lebendig ist.

Mit sonderbarem Fleiß aus alten Büchern und Chroniken

gesammelt und zur belehrenden Kurzweil allen Freunden der Stadt und ihrer Geschichte
gemüthlich und frisch erzählt

von

Ludwig Hemminger,
Beneficiat.

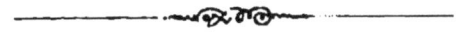

Regensburg.

Papier, Druck und Verlag von Friedrich Pustet.

Dem

hochlöblichen Stadtmagistrate

und

Gremium der Gemeindebevollmächtigten

in

hochachtungsvoller Liebe gewidmet

vom Verfasser.

Vorspruch.

—⚶—

s ist ein gar seltsam Ding, daß die Menschen viel lieber den alten Zeiten nachforschen und Kunde von den vergangenen Tagen erfahren möchten, als von Jetzt. Weil es mir auch so ging, ließ ich dieß Büchlein ausgehen, darin Alles aufgezeichnet ist, was im Gedächtniß der Bewohner Ingolstadts nicht untergehen soll. Ist leider so schon vieles untergegangen und weil aus den Augen, auch aus dem Sinne entschwunden! —

Die Zeit ist gar schnell und verwischt viel, zumeist durch der Menschen eignes Mitwirken. Dieß hat aber auch den Schaden: daß es matt macht, wenn man die Kraft und Tugend der Vorzeit vergißt. Nimm einen Stein und wirf ihn in die Donau, er wird viele Ringe im Wasser machen, immer einen größer als den andern, der äußerste wird aber der schwächste sein, weil er vom Mittelpunkt am entferntesten ist. So wird auch der Menschen Sinn um so verschwommener und wässriger, als sie von der guten alten Zeit nichts mehr wissen und sehen.

Wenn auch schon mehr Bücher von der Ingolstädter Geschichte in Druck ausgegangen sind, so hoffe ich doch, daß das meinige nicht überflüßig sein wird. Ich habe es volksthümlich aufgefaßt und zeichnete manches auf, was dort vergessen, auch wiederum Vieles, was noch gar Wenige wissen. Es soll mir sehr lieb sein, wenn die Fremden durch mein Buch von jetzt ab die Stadt mit ganz andern Augen anschauen, die Einheimischen aber vor gar manchem Haus, Bild oder Stein ernst und sinnig stehen bleiben und der Sage gedenken, die sich daran knüpft. —

Die geistliche Pfründe, die ich besitze, ist das älteste Benefizium der Stadt, im Jahre 1375 gestiftet von Bertha, der Trautnerin, einer ehrsamen Bürgerswittwe. Dieß und daß meine Ahnen und Urahnen auch im Rathe der Stadt saßen und wachten über der Bürger Wohl und Weh, gab mir Lust und Muth, dieß Büchlein zu schreiben und es den Vätern der Stadt als eine Ehrengabe zu widmen.

Nun aber heb dich fröhlich an, liebes Büchlein, erzähle in Gottesnamen die guten und bösen Tage einer längst vergangenen Zeit, und zeige, daß du den Namen: „Das alte Ingolstadt" nicht umsonst trägst, wachrufend und wiedererweckend in den Gemüthern Aller die alte Minne und den alten freudigen Muth für dasselbige. —

Dom
Urſprung der Stadt.

Der war aber ſo beſchaffen. Unter den fränkiſchen Königen erhielt Bojoarien ſeine Herzoge durch freie Wahl aus dem Geſchlechte der Agilolfinger. Weil dieſe aber gar chriſtliche Fürſten waren, ſo hatten ſie ihre Freude daran, apoſtoliſche Männer in ihr Land zu rufen und der gottgelobte Sankt Emmeram, nicht minder die heiligen Rupert und Korbinian, Bonifazius und Willibald durchzogen predigend das Bayerland. Sie ſtifteten Klöſter, wie das uralte Altaha (Niederaltaich), theilten das Land in Biſthümer ein und in dieſe Zeit mag auch der Urſprung der Villa Ingoldeſtat fallen. Das war aber im achten Jahrhunderte.

Mittlerweile fiel ein gewiſſer Karl Martell, ſo der Major Domus oder Hausmayer des fränkiſchen Königs Hugibert war, in Bojoarien ein und eroberte das Land für

1

seinen König.   Bei dieser Einverleibung in das Frankenreich
geschieht zum erstenmal Erwähnung von Ingolstadt und zwar
von einer Stadt.

Ueber alles das trat der gewaltige Kaiser Carolus
der Große mit Macht auf und entsetzte, weil er gerne
allein regieren und Niemanden neben sich dulden mochte, den
bayerischen Herzog Tassilo II. des Thrones.   Hiebei fiel ihm
wieder Ingolstadt anheim, mit dem er vordem den Tassilo
belehnt hatte.   Daselbst hatte er aber ein königliches Kammergut, denn der Herr Kaiser lebte nicht, wie heut zu Tage
die Fürsten von einer bestimmten Einnahme, sondern von den
Erträgnissen und Früchten seiner Kammergüter.

Nun hatte aber Ludwig der Deutsche, ein Enkel
Karls des Großen, einen sichern Gozbald, Abt des Bene-
diktinerklosters Niederaltaich, als geheimen Rath und
Kaplan an seinem Hofe.   Derselbige Kaplan setzte ihm mit
Bitten so fest und lange zu, bis er ihm das Kammergut
Ingolstadt zu eigen gab.   Es bestand aber aus einem weit-
läufigen Maierhofe mit allem Zubehör, der an der Stelle
des heutigen Zehendhofes in der Nähe der Moritzkirche gelegen war.   Da sich bei dieser Schankung, die noch urkundlich vorhanden ist, auch zwei Kirchen befanden, wovon die
eine die heutige Moritzkirche, die andere das jetzige Feldkirchen
ist, so ist aus dem nicht ohne Grund schon auf eine bedeutende Anwachsung der Bevölkerung zu schließen.

Also blieb Ingolstadt zusammt seiner Pfarrkirche bei
Niederaltaich.   Weil aber im zehnten Jahrhundert selbiges

Kloster — und vielleicht auch Ingolstadt — durch die wilden
Hunnen von Grund aus zerstört worden ist, schweigt von
beiden die Geschichte gar lange Zeit. Erst als sich Nieder=
altaich wieder erholte, stieg auch Ingolstadt wieder aus sei=
nem Schutte empor; hatte bald sechs größere Höfe und
mehrere kleinere, wovon ein gewisser Ritter Otto von
Werde zwei besaß, und konnte schon wieder in der Mitte
des dreizehnten Jahrhunderts eine Stadt genannt werden.

So ist der Ursprung von Ingolstadt, wiewohl ich weiß,
daß einige seinen Anfang in's römische Alterthum zurück=
datiren möchten, angebend, daß ringsum Spuren der Römer
gefunden werden. Aber nur Ingolstadt hat nichts davon
aufzuweisen, auch findet man es nicht auf einer Karte jener
Jahrhunderte, mithin, — mögen auch die andern Recht
haben — so seien wir menigstens deß getrost und freuen
uns, daß sein Name zum ersten verlautet, als die lieben
Gottesmänner die Fahne des Christenthumes in dieser Gegend
aufpflanzten und tapfere Fürsten aus dem Agilolfinger Stamme
dieß Land beherrschten.

Auch über den Namen Ingolstadt haben die Gelehrten
diverse Meinungen. Die Einen leiten es ab von Aureatum,
das ist Goldestadt, ein Landstrich von der Donau die Schutter
aufwärts bis gen Naffenfels, sagend, es sei in Goldestadt
gelegen. Wieder Andere, darunter der hochberühmte Aven=
tinus, nennen es Angelostabium, das ist Engelstadt. Dem
sei aber, wie da wolle, uns Ingolstädtern kann jedwede Ab=
leitung recht sein, dieweil sowohl Engel als Gold allezeit
etwas kostbares und ehrenvolles bedeuten.

1*

Die umliegenden Orte verdienen ihres hohen Alters wegen auch erwähnt zu werden. So wird Unfern Herrn, Mailing und Lenting schon im vierzehnten Jahrhundert genannt; noch hundert Jahre früher Großmehring, Ober= haunstadt und Wettstetten; wieder früher Gaimers= heim, Etting und Eitensheim; gar in der heidnischen Römerzeit Feronia, das heutige Pförring mit einem römischen Kastell Blburg oder Epona genannt, das um 120 vom Kaiser Habrian gegründet sein soll, dann die römische Kolonie Caesarea, das heutige Kösching, endlich Gerol= fing (Karlfing), berühmt durch seine Hügel, die Römer= stätten genannt. Aus Allem dem aber ist ganz klärlich zu ersehen, wie daß Ingolstadt, das seinen Ursprung im achten Jahrhunderte anhebt, eine nicht minder uralte Umgegend aufzuweisen habe.

Das
Pantherthier.

Was es mit dem Pantherthier, welches im Stadtwappen von Ingolstadt sich befindet, für ein Herkommen habe, soll nun in Kürze dargethan werden. Es war am 9. Nov. 1313, als bei Gammelsdorf nächst Moosburg eine gewaltige Schlacht vorfiel. Und diese entstand so. Otto, Herzog von Niederbayern und König von Ungarn, ging mit Tod ab im Jahre 1312 mit Zurücklassung eines erst dreizehn Tage alten Prinzleins, Heinrich genannt. Ueber den hatte der sterbende Vater unsern Herzog Ludwig von Ober= bayern zum Vormund bestellt. Nun meinte aber Herzog Friedrich der Schöne von Oesterreich, dem ohnedieß nach den bayerischen Landen gelüstete, er habe wegen naher Ver= wandtschaft mehr Anspruch auf diese Vormundschaft und ver= band sich mit dem unzufriedenen Adel von Niederbayern.

Der grundgütige Ludwig wollte auf einem Tage zu Landau die Sache im Frieden mit Friedrich vergleichen; aber der wollte nichts hören, worauf dem Ludwig auch der Muth entbrannte und er an sein Schwert schlagend ausrief: Da Worte nichts mehr ausrichten, so soll das Eisen entscheiden. Es kam bei Gamelsdorf zu einem Zusammenstoß und die Schlacht dauerte vom ersten Sonnenstrahl bis gegen Abend. Ludwig, unterstützt von dem oberbayerischen Adel und seinen getreuen Städten Landshut, Straubing, München und Ingolstadt, gewann und zog triumphirend in Landshut ein. Die Seinigen zu belohnen, lag ihm nun vor Allem am Herzen. Dieweil sich aber die Bürger von Ingolstadt in selbiger Schlacht gar tapfer und fest gezeigt, auch ein steiermärkisches Panier erobert hatten, so gab ihnen Herzog Ludwig dasselbige Zeichen zum Stadtwappen als Belohnung für ihren so ruhmreich bewiesenen Muth. Selbiges bestand aber in einem aufrecht stehenden Pantherthier, das hatte eine blaue Farbe und spie Feuer. Und also blieb es bis auf den heutigen Tag das Wappen der Stadt, wie es noch auf der ältesten Urkunde einer Jahrtagstiftung vom Jahre 1328 unversehrt zu sehen ist, allwo das Siegel den heiligen Mauritius mit einem Fähnlein in der rechten und einem Schilde mit dem Pantherthier in der linken Hand vorstellt, dann die Umschrift: Sigillum civium de Ingolstat.

St. Johann
im
Gnadenthal.

Das ehrbare und frumme Frauen = Geschlecht sonderte sich auch hier gar frühzeitig in einem Theil von der lauten und üppigen Weltlust ab und diente dem Herrn allein in stiller Zurückgezogenheit und lichtscheinender Tugend. Dieß erfuhr Herzog Ludwig der Strenge nicht so bald, als sich sein eigen bußfertig Herz angetrieben fühlte, diesen frommen Schwestern, die noch in der Welt in einem eignen Häuslein am Stadtgraben wohnten, ein Grundstück zu einem Kloster zu schenken und sie unter der Regel des bemüthigen heiligen Franziskus zu vereinen. Das war aber im Jahre 1276. Die Nonnen gingen bis ins fünfzehnte Jahrhundert in die benachbarte Franziskanerkirche, in deren Kreuzgang sie eine eigne Gruft hatten und bis zur Aufhebung jenes Klosters auch dahin begraben wurden. Mählig aber wuchs ihre kleine Stiftung, durch fromme Gaben der alten Bürger unterstützt, zu dem noch bestehenden Franziskanerinenkloster nebst Kirche heran, welche dem heil. Johannes dem Täufer geweihet ist und wegen des vormaligen Stadtgrabens, auf dem sie erbauet wurde, S. Johannes im Gnadenthale heißet. Es blühete aber in diesem Klösterlein, wie uns die Chroniken berichten, allzeit ein rechter Geist der Demuth und Buße, viel frommer Sinn war darin zu finden und die Schwestern, zumeist aus den edelsten Geschlechtern der Stadt, wie der Kaiser, Schramm, Schober, Fischer, Baumfelber, Peringer, übten sich in Tugenden und frommen Werken, nicht minder fertigten sie kunstreiche Arbeiten für die Gotteshäuser; beinebens waren sie auch in Wissenschaften und Gelehrsamkeit nicht unerfahren. So ist noch eine Handschrift der Schwester Elisabeth Peringer, Tochter des berühmten Ingolstädter Bürgermeisters Veit Peringer vom Jahre 1540 vorhanden, woraus der Umfang der damaligen Stadt deutlich zu ersehen ist. Die Stelle heißet: „Als man zahlt MIIcLXXVI Jar „haben am ersten angefangen die alten Swöstern zw halten „die britten Regel Sant Franziffen: Sy sint aber nit gere-„formirt gewest noch unter bem Gewalt der parfüffer: was „aber für Swöstern da gewest sind unn wöß ihr Hauß gewest „ist, wais ich nit: aber in einem alten prief hab ich gleffen: „bas dieselb stat ober arms Hewfel sei gelegen an stat grä-„ben: Da denn jetzt unfer löblichs Gotzhaus stet: sovil hät „Sy sonder her Jnngolstabt gepeffert unn zwgenummen: das „der statgraben jetz weit von unserm Gotzhaus ist: sovil ist „Jnngolstabt bester größer worden.“

Im Jahre 1804 wurde auch dieß Kloster aufgehoben; da aber die frommen Frauen nicht auseinander gehen mochten, sondern sich redlich durch Handarbeit fortbrachten, ließ sie auch Gott beisammen. König Ludwig I. kam 1829 hieher und gestattete ihr frommes Bestehen mit Uebernahme der weiblichen Schulen. Möge sie der gottgeliebte Sankt Franziskus, dem sie mit Eifer dienen, auch fürder beschützen!

Die alten Stadt-Thore.

u Anfangs ift die Stadt gar klein geweſen, ſo daß noch einerſeits die Fleiſchbank, anderſeits das Schrannengebäude auſſerhalb der Stadtmauer ſich befanden. Waren dazumal auch nur drei Thore, als: das Tränkthor, das Spitalthor und das Weſtenthor; vom letztern iſt nichts mehr zu ſehen; das Spitalthor ſtand an dem kleinen Brücklein, ſo über die Schutter führt, dem Stadtbauhof gegenüber; ſind auch noch etwelche Ueberreſte davon vorhanden; Tränkthor iſt annoch zu ſchauen, wie es ehedem war; nur das iſt jenes Leben nicht mehr darunter, wie vor Zeiten, als es das einzige Thor zur Donau geweſen, auch noch viel mehr Handel und Wandel zu Ingolſtadt getrieben wurde durch Holz, Stein, abſonderlich aber mit Salz.

Mittlerweile dehnte sich Ingolstadt durch der Herzoge
eifrig Bemüh'n für das Aufblühen ihrer getreuen Stadt
immermehr aus. Herzog Ludwig der Brandenburger
hat die Ingolstädter Flur selbsteigen umritten und die Gren-
zen zur Erweiterung angezeichnet. Sein Sohn, Herzog
Mainhard, erließ zu München 1362 den Befehl: „Daß
„alle die Gebawrschaft, Sölbner, wie sie genennt seyn, und
„Ihr geglichen besunder, die in den oberländischen Gerichten
„umb Ingolstadt in vier Meilen gesessen sind, den Burgern
„zu Ingolstadt geholfen seyn, daß ehgenennter Stadt erwei-
„tert werd, umbfangen und bevestent mit Graben, mit
„Mawren und was dazu gehört." — Nachgehends ließ Herzog
Stephan eine Urkunde ausgehen, die Erweiterung der Stadt
nach dem Vorhaben seines Bruders Markgraf Ludwig betreffend, „welcher mit sein selbs Leib die Erweittung ausgezeichnet und beweiset hat", und seines Vetters Meinhard,
worin er die Sache als seine und des Landes große Nothdurft bezeichnet. — Ueber all das sind auch der Rath und
die Bürger thätig gewesen, ihre Landesherren in Erweiterung
und Verschönerung der Stadt zu unterstützen. Im Jahre
1373 wurde der Grundstein zum Harberthor mit der
Aufschrift: An. d^{ml} MCCCLXXIII feria Scda post Viti
positus est primarius lapis hs. porte. gelegt; nach Umlauf
von 12 Jahren aber der zum Kreuzthor, wie es darauf
heißet: Anno d^{ml} MCCCLXXX quinto feria quarta post
diem St. Georgii e primarius lapis hs porte nec non et
turris idem. — Das Feldkirchnerthor ist im Jahre
1434 erbauet worden. Herzog Ludwig im Barte hatte
sich für sein Grabmal eine steinerne Tafel bestimmt, vorstellend einen gewappneten Mann mit einem Panner in der

Hand vor der allerheiligsten Dreifaltigkeit knieend. Selbige Tafel ist nun am Feldkirchnerthore eingemauert; die beinebens gesetzte Inschrift aber heisset also: „Als man zelt nach „Krist gepurt XIIII c und XXXIIII jar hat Herzog Ludwig „in Bayrn und Graf zu mortain der kunigin von Frankreich „Bruder das tor gepawen, so ist die Ringmauer und die „statmaur ein jar nach Krist gepurt MCC.C.C. und *.*.* „jar von des obgenannten Herzog Ludwigs Geschäft wegen „gar umbhin vollbracht worden."

Uranfangs bestand ein gar einfach Thörlein zur Donau hinaus; dasselbige wurde im Jahre 1430 gebaut und trägt an der innern Seite die Aufschrift: „als man zählt nach „Krist geburt MCCCCXXX jar am XIIII des Maien wurd „gelegt der erst Stein dieß thurms"; mittlerweile jedoch legte Graf Solms die neuen Festungswerke an, woraus das steinerne Portal am Donauthor nebst den beiden ehemals mit Kupfer gedeckten Thürmen, so daran angebauet sind, entstand. Zu beiden Seiten aber stehen die Sprüche eingemeißelt:

In Demlinger Holz ich gehauen wart
Darumb ich dan bin von solcher Art.
Ich ward gemacht von theutscher Hand
Zu Er und guet dem Vaterland,
Da man zählt nach Christ Geburt des Herrn
Christi der mein Beschüt wöll werd:

MDXXXXII.

Der durch mich wandelt, denkh sein emsig
Dann er ist thür, dadurch wir mögn
Den Wege ghen zum ewign Leben.

Das Thor ist für jene Zeit mit sonderbarem Kostenaufwand gebauet, weßhalb sich auch Herzog Ludwig aus Landshut in einem Schreiben vom 3. Mai 1542 an Herzog Wilhelm also klagend verlauten läßt: „daß der Paw viel zu „hoch angefangen sey und wenn der Graf Solms diesen „Weg verfolgen wolle, sich die Ausgab bis auf 70/m fl. und „noch höher belaufen würde. Solle daher Herzog Wilhelm „in diesen betrübten Zeiten nit allein des Türken, sondern „auch anderer gefährlichen Zuständ halber sich an Geld nit „zu hart entplößen."

Mit dem Allen ist kund gethan, was von den vier Stadtthoren in alten Urkunden noch aufgeschrieben zu lesen.

Die
Schuttermuttergottes.

lso wird ein herzliebes Gnadenbild genannt, welches zu Ingolstadt in der jetzigen Franziskanerkirche hoch= verehrt wird. Mit dem verhält es sich aber folgendermaffen. Es gehet die uralte, S a g e , daß an dem Platze, allwo gegen= wärtig die Franziskaner = Kirche stehet , ehemals ein heidnischer Tempel der Römer gestanden haben s o l l , da nach des be= rühmten Appiani Zeugniß sich an der Schutter noch ein Stein befand mit der Inschrift: Mercurio templum ex Voto Suscepto Claud. Augustanus l. l. m. (locavit loco monu-

menti). Darauf sollen nun die Juden eine Synagoge er=
richtet und sich bis zu ihrer Vertreibung 1348 derselben
bedient haben. Im Jahre 1398 kommt im Stadtarchiv eine
Uebergabe dieser Synagoge vor, um Unsrer lieben Frau zu
Ehren eine Kapelle zu erbauen. Darein stiftete nun der
über Alles lobwürdige Herzog Stephan der Knäufl, der
allhier residirte und sich der Stadt allzeit als ein gar wohl=
thätiger Fürst erzeigte, eine ewige Messe. Noch ist in seiner
Urkunde zu lesen, wie daß er bereits früher aus der Stadt=
steuer zu Ingolstadt drei Messen gestiftet und nachdem die
Juden von der Stadt entwichen sind, er derselben die ehe=
malige Judenschul und den Judenhof zu rechten Aigen gege=
ben habe, um darauf eine Kapelle zu stiften und zu bauen.
Mittlerweile gingen viele Jahre hinüber, als der große
Herzog Maximilian I., welcher allhier den Studien oblag
und der Stadt beßhalb allzeit in sonderbarer Huld und Gnade
gewogen blieb, seine Regierung für Ingolstadt damit begann,
das Kirchlein an der Schutter mit dessen Gnadenbilde, zu
dem er als studierender Jüngling zweifelsohne oftmals ge=
betet, den Augustiner Eremiten zu übergeben. Er machte
auch hiezu eine Stiftung von 400 fl. jährlich für junge Geist=
liche, welche an der hiesigen Universität studieren wollten.
So entstand das Augustinerkloster, zu deren Kirche im Jahre
1793 der Grundstein gelegt worden ist. Ueber das Haupt=
thor ließ der hochgelehrte Herr Prior Germanus Auer
den Spruch setzen: Magna erit gloria domus istius novis-
simae plus quam primae. 1739. Dasselbige Gotteshaus, im
italienschen Style erbaut, gereicht der Stadt zu einer wahren
Zierde, absonderlich wegen des großen Kleinods, das es in
seinem Innern verbirgt; will damit nichts anderes gemeint

haben, denn das wunderreiche Gnadenbild, insgemein die Schuttermuttergottes genannt. Dieß liebliche Frauenbildniß ist von Holz und trägt das Kindlein auf dem Arme; auch ist noch die Spur der Schnittwunde deutlich daran zu sehen. Damit hat es aber folgende Bewandtniß. Die ob ihrer Vertreibung wüthigen Juden stahlen aus der Kapelle das darin aufbewahrte Frauenbild und versteckten es die Donau aufwärts an einem heimlichen Ort am Gestade. Nach nicht langer Zeit aber, siehe, da schwamm das Muttergottesbild mit abgeschnittenem Kopfe von freien Stücken die Donau herab in die Schutter hinein, sich nächst an die Kapelle anlegend. Drob entstand ein Jubelgeschrei in der ganzen Stadt, so man seit Menschengedenken sich nicht erinnern mochte. Es floßen reichliche Gaben und Opfer; die Kapelle ward nun zur Kirche erweitert und später der herrliche Tempel erbaut, den nun das Auge erblicket. An der Decke aber ist die ganze Geschichte des Wunders abgebildet zu schauen. Die Kirche ward am 27. September 1740 durch den Hochwürdigsten Herrn Weihbischof Nieberlein von Eichstätt feierlichst eingeweiht, am 9. Oktober aber die Uebertragung des Gnadenbildes aus der alten in die neue Kirche in solenner Weise durch eine gar ausbündig schöne Prozession gefeiert. Auf fünf großen Wagen verherrlichten biblische Darstellungen den festlichen Umzug, unter anderm, wie die Königin Esther den auf einem gar stattlichen Throne sitzenden König Assuerum für ihr Volk bittet, und dergleichen mehr Vorbilder gnädiger Hilfe und Vorbitt Mariä. Auch ward dabei ein gar rührendes Lied bei Trompeten- und Paukenschall abgesungen, mit dessen Schlußzeilen wir zu Ehren der Gnadenmutter, deren Kirche und Kloster anjetzt die ehrwürdigen

Patres Franziskaner mit löblichstem Eifer inne haben, das
Kapitel beendigen wollen:

> Wenn auch ein Flüsslein schmal und klein,
> Bist du doch gross, o Schutter,
> Denn von der Donau schwamm herein
> Auf dir die Gnadenmutter! —
> Wir haben einen neuen Thron
> Ihr liebevoll errichtet,
> Dass fürder sie bei ihrem Sohn
> Auch unsre Sachen schlichtet;
> Maria, o verlass uns nit,
> In jedem Elend für uns bitt!

Turnier 1484.

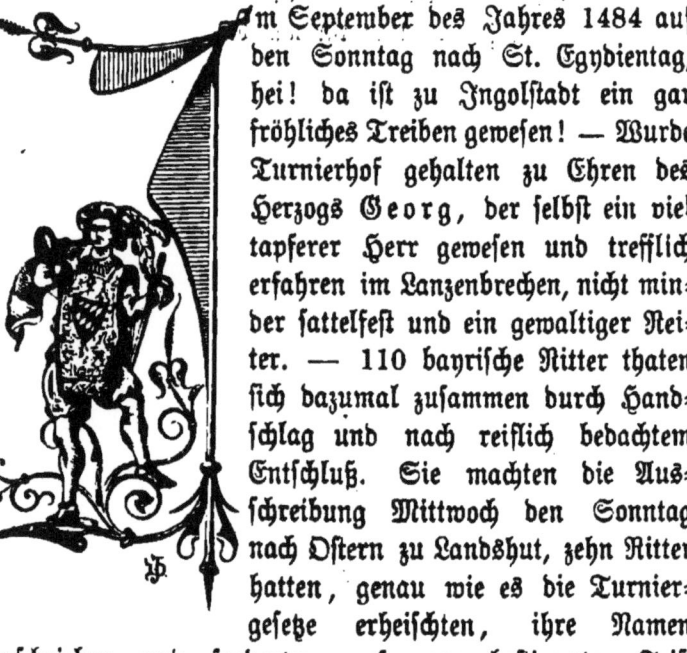

Im September des Jahres 1484 auf den Sonntag nach St. Egydientag, hei! da ist zu Ingolstadt ein gar fröhliches Treiben gewesen! — Wurde Turnierhof gehalten zu Ehren des Herzogs Georg, der selbst ein viel tapferer Herr gewesen und trefflich erfahren im Lanzenbrechen, nicht minder sattelfest und ein gewaltiger Reiter. — 110 bayrische Ritter thaten sich dazumal zusammen durch Handschlag und nach reiflich bedachtem Entschluß. Sie machten die Ausschreibung Mittwoch den Sonntag nach Ostern zu Landshut, zehn Ritter hatten, genau wie es die Turniergesetze erheischten, ihre Namen unterschrieben und forderten auf, zur bestimmten Frist zu Ingolstadt an der Herberg zum Lamm (Konzelmann) zu erscheinen, Montag bereiten, Dienstag beschauen, Mittwoch turnieren, hernach Dank ausgeben. Selbiges Turnier ist aber das 32. im deutschen Lande gewesen, drei Jahre später wurde das letzte zu Worms gehalten. Herzog Georg war darob hocherfreut und allweg besorgt, die ihm angethane Ehre großmüthig zu entgelten. Dieweil er zu seinem großen Herzenleid nicht in eigner Person anwesend sein konnte, da hochwichtige Geschäfte ihn dringend nach Heidelberg riefen, hatte er doch ernstlich angeschafft, daß man den Fürsten und allen Turnierern es wohl erbothe um einen gleichen Pfenning; es war auch allen Wirthen gesetzt, was sie über ein Mahl sollten nehmen, und nicht mehr; auch um Stallmiethe und ander Sachen war wohl vorgesehen, daher er großes Lob erhielt.

Mittlerweile rückte die anberaumte Frist mählig heran; es war ein geschäftig Treiben auf allen Straßen, männiglich rüstete nach Kräften zu dem Feste, um vor den Fremden keine Unehre zu haben, zumal der wohlweise Rath durch einen eigenen Amtsknecht ausrufen ließ, alle Bürger sollten ihr möglichstes thun, es gelte die Ehre des Landesfürsten, nicht minder den Ruhm der Stadt; auch erbot sich der hochgelehrte Herr Georg Mair, decret. Dr., Stadtpfarrer bei St. Moritz und dazumal würdigster Rektor Magnifikus von freien Stücken einen solennen Gottesdienst in seiner Pfarrkirche zur Eröffnung des Turnieres zu halten. Am Vorabende nun ging es zu allen Thoren herein, was vom Adel in der Um= gegend seßhaft war, von den benachbarten Orten die Bürger und Landvolk so viel, daß man meinen möchte, es wäre nicht eine Seele mehr anderswo zu finden gewesen. Natürlich richteten sich die Augen Aller auf die fremden Gäste, bevorab

auf die Ritter, so zum Turnieren geladen waren. Unter
Trompetenschall ritt, wohl als der ersten einer, der gewaltige
Herzog Christoph von Oberbayern, unter dessen Last das
Roß keuchte, der aber dennoch gewandt war und behend in
allen Ritterkünsten und voll adeligen Muthes, zum Donau=
thor mit einem kleinen Troße Reisiger herein. Er wurde mit
einem Ehrentrunke von dem Bürgermeister der Stadt Hanns
Schick und dem ehrsamen Rathe in tiefster Reverenz empfan=
gen und von dem Stadtpfleger Heinrich Ebran von Wil=
denberg nebst dem Oberrichter Moritz von der Gruben
ehrfurchtsvollst zum alten Schloße geleitet, weil das neue
noch im Baue begriffen war. In seiner Begleitung ist auch
gewesen der ehrenvest Herr Georg von Eisenhofen, des
Herzog Albrecht von München Landhofmeister, der zum Tur=
niervogt gewählet wurde. Es dunkelte bereits, bis die ganze
Ritterschaft aus den vier Landen eingetroffen war; die vom
Rheinland waren die letzten, so ankamen, war doch ihr Weg
auch der weiteste bis gen Ingolstadt. Die Straßen wim=
melten von Menschen, es war ein gewaltig Drängen und
Wogen, die Ritter und Knappen mit ihren Fähnlein und
Pferden wollten schier kein Ende nehmen; zumeist vor den
Herbergen, als beim Einhorn am Weinmarkt (dem heutigen
Adler) beim Goldsknopf (weiter oberhalb) beim Kreuze und
beim Bären, bei der Sonne am Milchmarkt, weiters beim
Hirschen (Höllbräu) und beim Hugl am Salzmarkt ist ein
Rumoren und Schreien gewesen, daß man schier sein eigen
Wort nicht mehr verstehen mochte. Im Turniergäßlein (dem
heutigen Lebzeltergäßchen) war ein Gebäude bestimmt zur
Aufbewahrung der Klaineter oder Wappenschilder der Ritter,
auch thaten sie dahin ihre Rüstungen, Speere und Lanzen

nebſt ben mit eiſernen Nägeln beſchlagenen Handſchuhen, man
ſieht noch heute an bem Haus in etwas bie gemalten Wap=
pen. Alle Häuſer und Herbergen waren vollgepropft mit
Gäſten, ſelbſt die Studenten räumten ihre Burſen zur Auf=
nahme der Fremden; nicht minder war das hohe Schulge-
bäube gänzlich davon belegt. Ueber all das gingen bie Tage
der Vorbereitung hinum und der Turniertag ſelbſten kam
heran. Mit bem früheſten Morgen klangen ſchon luſtige
Schalmeien vom Thurme herab und gaben der Stadt fröh=
liche Kunde von dem ritterlichen Feſte. Etwas ſpäters zog
das Bürgerfähnlein burch bie Straſſen, ein Herold an der
Spitze, ber ba Ruhe und Ordnung bei Leibesſtrafe im Na=
men der Stadt gebieten mußte. Gen neun Uhr fing es mit
allen Glocken zum Gottesbienſte zu läuten an; ber hohe Rath,
ſämmtliche Univerſitätsprofeſſoren in Amtstracht, der einhei=
miſche und fremde Abel, alle Turniergäſte wohneten mit
höchſter Auferbauung demſelben bei; beim Offertorium ging
Herzog Chriſtoph nebſt allen Rittern gen Opfer; nach dem
„Ite miſſa eſt" weihete der ehrwürdige Quardian der Mino=
riten P. Onuphrius Seehofer die Lanzen und beſprengte
alle turnierfähigen Ritter mit Weihwaſſer. Als der Gottes=
dienſt zu Ende, zog man ſich zu einem Imbiß zurück; boch
nicht lange dauerte ber Aufenthalt; ſchon um 12 Uhr
ſchmetterten bie Trompeten und gaben das Zeichen zum hoch=
feſtlichen Turnierritt. Von der Lilienburſe beim Kreuzthor
(dem heutigen Münchnerhof) hob ſich der Zug an, auf dem
großen freien Platze bei der Kirche zu Unſrer Lieben Schö=
nen Frau, die noch nicht ganz ausgebauet war und dazu-
malen noch keine Seitenkapellen, auch kein Kirchenpflaſter
hatte, ſchloſſen ſich bie Ritter an, jeber einen Knappen vor

sich, sein Wappenschild tragend; es waren bei dreihundert
Helmen; ihnen folgten der Adel der Stadt und Umgegend,
der hochweise Rath und die Professoren, sämmtlich zu Pferd,
die Herren Studenten, mit ihren Baretten, kurzen spanischen
Mänteln und Degen an der Seite machten Spalier, während
die Stadtmusikanten, auf Kosten der Stadt in blau und silber
gekleidet, den Zug eröffneten und ausnehmend schöne und
anmuthige Weisen bliesen: So ging es die Wein= und Schloß=
gasse hinab bis zu dem Platze vor dem neuen Schlosse (Pa=
radeplatz), mehrmals mußte der Zug vor Menge der Men=
schen inne halten, die Stadtknechte vermochten kaum mehr
die Ordnung zu erhalten; das Gedränge war dermassen groß,
daß es schier für ein Wunder zu erachten ist, daß Nieman=
den dabei groß Leides geschah. Drängte sich auf den Straßen
Alles bunt durcheinander, so war es in den Häusern nicht
minder voll; zu allen Fenstern bis unter das Dach schauten
die Köpfe heraus; in den Erkern, deren es dazumal noch gar
viele an den Häusern gab, standen die Frauen und Jung=
frauen, gar anmuthig auf die Ritterschaar niederblickend,
wohl auch mit seidenen Tüchern zum Willkomm grüssend.
— War aber auch ein stattlicher Anblick, diese stolzen Herren
zu schauen in ihren glänzenden Rüstungen, über und über
geharnischt, nur mit aufgeschlagenem Visir, daß man ihr
Antlitz sehen mochte, die Ritter Georg von Frauenberg
und Hanns von Wolfstein, die Ritter Erasmus von
Seiboldstorf und Wiguleus von Aheim, die Ritter
Ulrich von Breitenstein und Stephan von Schmie=
gen und so viele andere, die dortmals mitturnierten! Ueber=
aus freundlich blickte der noch gar junge Veit von Egloff=
stein und doch errang er sich ob seines Muthes einen Ehren=

tanz; finster schauten die beiden Ritter Hermann von
Habsburg und Wilhelm von Rechberg; sie durften
nicht turnieren aus Ursach, daß sie sich auf den Weg hinauf
zu reiten geschlagen hatten; stolz und fast wie ein König anzuschauen ritt Herr Alexander Marschalk von Pappenheim einher und das Pflaster bröhnte unter den Hufen
seines Rosses. Nach der Ankunft am Turnierplatz, — sind
Einige der Meinung, selbiger sei der sogenannte Wasen,
nächst der hohen Schule, früher ein freier grüner Platz,
gewesen — wurden zunächst vom Turniervogt die Namen
derjenigen Ritter abgelesen, die zum Turniere zugelassen
wurden, zehn sind nicht zugelassen worden, vier wurden zwischen den Seilen gehalten, vier waren Grieswärtl und 31
haben gekämpft. Das Turnier dauerte an fünf Stunden
und es ward überaus kunstreich und tapfer gestritten, so daß
männiglich sich überzeugen konnte, wie der bayrischen Ritterschaft Namen auch nach aussen in wohlverdientem Ansehen
und überaus großer Gunst und Reputation stehen. — Der
Turniervogt Georg von Eisenhofen erklärte nun im
Namen der allerheiligsten Dreifaltigkeit das löbliche Turnier
für beendigt und lud sämmtliche Ritter Nachts auf die Trinkstube zu einem Tanz und zum Dank ausgeben. Die Trinkstube, von den Bürgern im Jahre 1393 zum besondern
Wohlgefallen des Herzog Stephan II. erbaut, (das heutige
Hotel Brobman) war auf Kosten der Stadt auf das pracht-
vollste ausgeschmückt. Es waren ausser den Turniergästen
die Adeligen, Professoren und ersten Bürger des innern und
äussern Rathes mit ihren Frauen geladen; um 8 Uhr begann
der Tanz, den Herzog Christoph mit Frau Ursula, der
Hausfrau des Hans Peringer des innern Raths, einer

gebornen Demel eröffnete. Nachgehends ward der Dank
ausgegeben; den ersten gab Frau Margareth von Haag
geb. von Eichberg dem Hanns Fuchsen als einem Fran=
ken; den zweiten Albrecht Murers Hausfrau geb. von
Prennberg dem Abam von Törring als einem Bayern;
den britten Jungfrau Magbalena von Gumpenberg,
die ob ihrer Kleiderpracht von kirschrothem Taffet und einem
Mantel von seegrünem Sammt barüber schier die Königin
des Festes gewesen ist, dem Alexander, Marschalk von
Pappenheim als einem Schwaben; den vierten Georg
Wisbeckens lebige Schwester Dorothea, deren holdselige
Anmuth alle Herzen bezauberte, dem Kunz von Auffeß
zu Wöllenberg als einem Rheinländer, der sie auch bald
nach dem Turniere als Hausfrau heimführte; soll aber nicht
glücklich geworden sein, wie ein Gemurmel geht, sei mehr
Zwang bei der Heirath gewesen, denn ihr Herz gehörte schon
lange dem schönen Studenten Rudolph von der Gruben,
Sohn des hiesigen Stadtoberrichters Moritz von der Gruben,
der bald darauf das Land verließ und zu Ungarn aus Her=
zenleid des Todes verblich. Bis zum frühen Morgen währte
der Tanz, gar mancher Humpen echten Rheinweins und
Malvasiers wurde auf das Wohl Herzog Georgs geleert und
nachbem am Schluße Herzog Christoph von Oberbayern im
Namen seines fürstlichen Vetters noch seinen Dank der Rit=
terschaft für ihr Erscheinen beim Turnier, nicht minder der
Stadt und Universität für die edelmüthige und prächtige
Aufnahme und Bewirthung dargebracht hatte, zog man sich
zur kurzen Ruhe zurück. Des andern Tages ward noch von
sämmtlichen Gästen eine hl. Messe bei den Minoriten gehört
und darnach ging es in hellen Haufen wieder zu allen

Thoren hinaus; die Ingolſtädter. aber ſchauten ihnen noch
lange nach und gingen dann wehmüthigen Herzens zurück,
gedenkend, wie daß Alles auf Erden nur vorübergehend ſei
und von kurzer Dauer.

Das Pfarrgotteshaus
Sancti Mauritii.

ange bevor Ingolſtadt eine
Stadt geworden, iſt dieſe
Kirche ſchon geſtanden, freilich
in etwas kleiner und nicht ſo
geräumig wie jetzo. — Soll ſchon, wie einige meinen, zu
Zeiten Kaiſer Karls des Großen und des heiligen Willibald geweſen ſein, wie dann ſolches auch aus einer Echenk-
ungsurkunde Ludwigs des Deutſchen zu Heilbronn am
18. Auguſt 841 an Gozbald, den Abt des Benediktinerkloſters
Niederaltaich, gefertigt, hervorgeht, worein von zwei Kirchen
die Rede iſt, deren eine unſer St. Mauritius Gottshaus geweſen. Wie dem auch ſei, ſovel iſt aus einer päpſtlichen

Bulle vom Jahr 1148 gewiß, daß selbiges Gotthaus die
Pfarrkirche von Ingolstadt war und dem Abte Konrad vom
Papste Eugen III. bestätiget wurde. Der heilige Kriegsheld
Mauritius mit seiner thebaischen Legion ist sowohl zu Nieder=
altaich, als auch hiesiger Kirchenpatron, was die Zusammen=
hörigkeit beider Kirchen klärlich beweiset, aus Ursach dessen
auch Abt Bernhard im Jahre 1312 einen Mönch gen Ingol=
stadt schickte, um das in etwas geschwundene Vertrauen wieder
zu erneuern. Besagtem Mönche gaben die Bürger Ingol=
stadts zur Antwort: „Wenn wir gleich unsere Güter und
Leiber betreffend, dermalen unter einer andern Herrschaft
stehen, so hoffen wir doch, daß die thebaischen Martyrer die
Schutzherren und die Geleitsmänner unsrer Seelen verbleiben
werden, wie wir benn auch in dem Ordenskleide des hieher
geschickten Mönches die siegreiche Fahne des heiligen Mau=
ritius mit sonderbarem Wohlgefallen ersehen.“ — Mittler=
weile ward die Kirche, die in Folge ihres fünfhundertjährigen
Bestehens in allweg ruinos und schadhaft geworden, erneuert
und um ein Bedeutendes erweitert. Auf inständiges Bitten
des Magister Hugo, Domherrn zu Regensburg und Pfarrers
zu Ingolstadt, ist nun die St. Moritzkirche vom Bischof Hein=
rich von Eichstätt am 21. September 1234 solenniter einge=
weihet worden und etliche Jahre später erließ Papst Gregor IX.
unterm 15. Mai 1239 aus Anagnia einen Ablaßbrief zu
dieser Einweihung.

Stadtpfarrer Petrus Steuart aus Lüttich, der Stifter
des hiesigen Waisenhauses, ist ein überaus lobwürdiger Seelen=
hirte gewesen; unter ihm ward auch die Kirchenkanzel den
Jesuiten übergeben, so sie bis zum Jahre 1792 inne hatten.

Durch ihren Pfarrer Georg Hagn hat die Pfarrkirche einen
ungemein großen Gutthäter gewonnen, indem er für seine
Kirche und Pfarrwohnung gegen dreißigtausend Gulden auf-
wandte. Besagter Hagn ließ das Innere der Kirche mit
bestem Willen, wenn auch im traurigen Geschmacke jener Zeit,
verstukatiren durch einen gewissen Zimmermann von Stein-
gaden, nicht minder mit Freskomalereien durch den Hofmaler
Helterhof von München ausschmücken. Das Altarblatt, so
die Martergeschichte des heiligen Mauritius und der thebaischen
Legion vorstellet, verfertigte der Münchner Hofmaler Schöpf
für 650 fl. Die Decke der Kirche ist mit überaus schönen
Gemälden geziert, nämlich Jesus im Tempel, wie er den
Juden seine göttliche Herkunft beweiset, alsdann der Apostel
erste Kirchenversammlung zu Jerusalem; letzlich das hoch-
heilige Konzilium von Trient. Vor der Kirche ist ein Gottesacker gestanden, so aber zusammt einer Allerheiligen Kapelle
verschwunden. Selbige Kapelle (so einst an der Stelle der
Stallung des jetzigen Hotels Brodmann sich befand) wurde bei-
läufig um 1360 bis 65 herum vom Rath und der Bürgerschaft von Ingolstadt, wie eine Urkunde des Bischof Rabno
von Eichstädt Meldung thut, erbauet und dahin eine ewige
Messe fundiret, nebst anderen Zinsen auch mit dem von Ludwig dem Starzhauser zu Hartacker erkauften Zehent von
Dinzing, welchen Zehent Herzog Stephan als Lehenherr dem
Kapellan zu Eigen überließ, während der Bürger Heinrich
Plattner sein Haus dazu hergab. Der Propst der St. Moritzkirche, Otto Neunhauser, hatte bereits im Jahre 1362 einen
römischen Ablaßbrief für Alle ausgewirket, so zum Baue des
Kirchleins beitrugen. Der Pfarrherr von St. Moriz, Dr. Georg
Hauer aus Tirschenreuth, so mit Dr. Eck im Jahre 1525

die Frauenpfarre tauschte, ließ die ruinöse Pfarrwohnung in einen baulichen Zustand, von außen groß und ansehnlich, inwendig aber von nicht geräumigem Umfang, bringen, auch das Kooperatorenhaus, wie ein daran, gleichwie am Pfarrhause, angebrachtes Wappen bezeuget. Auf dem Gange des Pfarr= hauses finden sich in Wandgemälden alle Bildniße der ver= storbenen Morizpfarrer, mit dem kurzen Inhalt ihres Lebens in Latein beschrieben, so nicht ohne einiges Wohlgefallen anzuschauen sind; auch ist noch in der Pfarrregistratur das Manuskript einer Pfarrgeschichte von dem berühmten Geschichts= forscher und Stadtpfarrer Dr. Mederer vorhanden. — Dieß St. Mauritii Gotteshaus ist bis zum Jahre 1811 Garnisons= Pfarrei gewesen; der Pfarrherr führte ein eignes Militärsiegel und in der Kirche sind außer den Grabsteinen mehrerer Stadt= pfarrer wie z. B. des Konrad Ulmer, Petrus Stevartius, Oswald von Zimmern, auch noch merkwürdige Heldengräber durch einfache Steine bezeichnet, mit deren Beschreibung wir dieses Kapitel schließen wollen. Die Namen dieser Helden aber sind: Wahl, Fugger und Mercy. Joachim Christian Graf von der Wahl, Statthalter in Ingolstadt, churbayri= scher General und Feldmarschall, ist ein Held im rechten Sinne des Wortes gewesen. Von Jugend auf dem Soldaten= dienste geweihet, hat er der Fahne, so er folgte, überall und allzeit Ehre gemacht. Bereits als Jüngling abgehärtet durch strenge Kriegszucht ist er, als der dreißigjährige Krieg anhob, einer der kampfbewährtesten Feldherrn gewesen, den sein Ge= bieter Kurfürst Max I. über Alles liebte und ihm nach den Kriegsstrapazen, so das hohe Alter Wahls nicht mehr zu er= tragen vermochten, den Ehrenposten eines Statthalters von Ingolstadt verliehen hat. Auch allda hat sich Graf Wahl

in sehr schwierigen Zeitläufen als unerschrockener Held und
wahrer Vater der Stadt erzeiget. Was aber die Ehre seiner
glorreichen Kriegerlaufbahn, nicht minder den Abend seines
Lebens am schönsten glorifizirte, ist seine ausnehmende Fröm=
migkeit, das kostbare Erbstück seiner erlauchten Familie, ge=
wesen. Er stiftete zwei Benefizia, vermachte zur inwendigen
Ausschmückung der Pfarrkirche zu St. Moritz eine bedeutende
Summe und ging noch ein Jahr vor seinem Ableiben nach
Biburg, um in gänzlicher Abgeschiedenheit bei den Herrn
Jesuitern die heiligen Exercitia zu machen und sich würdiglich
auf die Ewigkeit vorzubereiten. Er ist am 31. August 1644
zu Ingolstadt mit Tod abgegangen und wurde am 3. Sep=
tember auf das Feierlichste unter Begleitung der ganzen
Universität in dem Gotteshause St. Mauritii begraben als
ein Held, so das Schwert mit dem Kreuze so wunderbarlich
zu vereinigen verstanden hat.

Franz, Graf von Fugger auf Kirchberg und Weissen=
horn, General, Feldzeugmeister und Statthalter von Ingol=
stadt, so die Annalen dieser Stadt: „unsern unvergleichlichen
Statthalter" nennen, ruht gleichfalls in dieser Pfarrkirche.
Selbiger Fugger hat sich durch sonderbare Tapferkeit ausge=
zeichnet und ist in der gewandten Führung der Truppen un=
übertrefflich gewesen. Nichts ist seinem Muthe und seinen
kühnen Entschlüssen gleichgekommen, so er meisterhaft durch=
zuführen verstanden hat; derowegen ist er von allen Helden
jener großen Zeit: Montecuculi, Johann von Werth und
Sporck hochangesehen gewesen, und gebildet in einer solchen
Schule ward er selbsten bald Meister im Waffenhandwerk.
Im dreißigjährigen Kriege mehrmalen verwundet, blitzte sein

Heldenmuth neu empor, als der Türkenkrieg seinen blutigen Reigen anhob. In der Schlacht bei St. Gotthard in Ungarn, dem Wendepunkte des osmanischen Waffenglücks und dem herrlichsten Siege, so das christliche Kreuz über den türkischen Halbmond errungen hat, wurde Graf Fugger von einer Kugel getroffen und ist auf dem Schlachtfelde den Heldentod gestorben. Seine Leiche wurde bis von Ungarn auf der Donau nach Ingolstadt gebracht. Am 24. August 1664 Abends 7 Uhr ist selbige beim Donauthor von allen Professoren und Studenten, nicht minder von einem hochweisen Rath und Bürgermeister der Stadt empfangen und im feierlichen Zuge nach der St. Moritz Pfarrkirchen gebracht, allda auch begraben worden.

Das dritte Heldengrab decket die irdischen Ueberreste des bayrischen Feldmarschalls und Statthalters von Ingolstadt Franz, Freiherrn von Mercy des Einzigen, gegen welchen der große Turenne eine Schlacht verloren hat. Selbiger Mercy ist aus einer lothringischen adeligen Familie gewesen und im Jahre 1635 aus den österreichischen Diensten, in welchen er als Oberster gestanden war, in die bayrischen als Generalmajor übergetreten. Nach verschiedenen ruhmreichen Thaten lieferte er am 4 Mai 1644 dem Marschall Turenne bei Mergentheim eine blutige Schlacht, in welcher er über ihn einen vollständigen Sieg davon getragen hat. Vielleicht machet ihn die große strategische Einsicht, mit welcher er zwei Feldzüge hindurch einen weit überlegenen Feind aufgehalten und so zu sagen, totaliter gelähmt hat, in den Augen der Kriegskundigen noch preiswürdiger, als jene gegen Turenne gewonnene Schlacht. Grammont nennt ihn ohne Widerspruch

einen der größten Feldherrn seines Jahrhunderts, hinzufügend:
„Ich muß etwas ganz Sonderbares zum Lobe dieses Feld=
„herrn sagen, nämlich, daß er in dem ganzen Laufe der zwei
„langen Feldzüge, alle Operationspläne, so die französischen
„Generäle im Kriegsrathe entworfen hatten, jedesmal vor
„der Ausführung sogleich errathen und ebenso schnell zu ver=
„eiteln gewußt hat." — Mercy ist auf dem Schlachtfelde
zwischen Nördlingen und Allersheim gefallen, gleich zu An=
fang der berühmten Schlacht, in welcher Turenne den rechten
Flügel, so aus Oesterreichern bestanden hat, gänzlich schlug,
während der linke, von dem bayrischen General Hanns von
der Werth angeführt, aus Bayern bestehend, das Korps des
Marschalls Grammont zum Theil niedergehauen, zum Theil
in die Flucht gejagt oder gefangen genommen hat. Sein
Leichnam ist nach Ingolstadt gebracht und dortselbst am
4. September 1645 mit großem Pompe in St. Mauritii
Pfarrkirche zur Erde bestattet worden. Mercy war ein Muster
lichtscheinender Frömmigkeit, verehrte vorzüglich die allzeit
reine und unbefleckte Gottesmutter Maria und war ein
sonderbar großer Wohlthäter der Rosenkranzbruderschaft. —

Die Pfarrkirche

zu U. L.

Schönen

Frau.

Ein herrliches Gebäude, von ferne schon sichtbar und alle übrigen Gebäude weit überragend, ist die Pfarrkirche zu U. L. schönen Frau. Am 5. Januar 1407 ließen die beiden Herzoge Stephan III. und Ludwig ob der allzeit größeren Anwachsung des Volkes zu Ingolstadt eine Urkunde ausgehen folgenden Inhalts: „Umb solch groß Gebrechen als unser „lieb getrew die Burger gemeinlich reich und arm in unser „Stat Ingolstat lang Zeit an Ir Pfarr zu St. Morizen zu „Ingolstat und an dem Freithof deselben gehabt, wenn Ju „dieselb Pfarr zu klein und der Freithof zu eng gewesen ist,

„haben unfre lieb und getreu, der Rat und Burger Unfer
„Stat Ingolstat, mit Unfer Hilf und Förderung Got dem
„Allmächtigen zu Lob und in den Eren der hochgelobten
„Junkfrauen Marien feiner Mutter der ewigen Maid ein
„Kirche und einen Kor mit Holzwerk gepawen und einen
„Freithof dabei mit ainer Mawer umfangen, das ein Anfang
„foll fein und ift ain newe Pfarr, die wir dafelbig meinen
„und wöllen pawen und ftiften." — Solchergeftalt find am
3. Dezember 1407 Nachmittags zur Vesperzeit in der
St. Morizkirche ein gefchworner Notar, nicht minder Johann
Hurner, Bürgermeifter, Heinrich Absfperger Stadtpfleger
und etliche Gezeugen zum Theil aus dem Ritterftande erfchienen und fprachen in Beifein und mit Willen des Pfarrers bei St. Moriz Ulrich Warnhofer die Theilung in
zwei Pfarreien aus, fo die Straffe von Donauthor bis zum
Harderthor fcheiden follte. Ueber all das gingen wieder
etliche Monate hinüber, bis die Theilung letzlich am 19. April
1408 durch Herrn Eglof von Hernbeck, Probften zu
Freifing, wirklich vollzogen ift worden. Zu einer Pfarrkirche
nahm man das ehemalige Michaelikirchlein mit einem ange-
bauten Chor von Holz. Mittlerweile kam Herr Herzog
Ludwig im Bart, fo der Königin von Frankreich Bruder
und der Gemahl der franzöfifchen Prinzeffin Anna von
Bourbon gewefen, aus Frankreich nach Ingolftadt, das
ihm als Sohn Herzogs Stephann III. zu Eigen gehörte.
Brachte auch mit fich einen Schatz, fo auf fünf Millionen
angefchlagen wurde theils in Gold, theils in koftbaren Kleinodien. Selbiger Fürft war aber fo kriegsluftig und händel-
füchtig, daß er letzlich das Land verlaffen und gen Preßburg
mit dem Kaifer Sigmund ziehen mußte. Dorten fcheint

3

er sich entschlossen zu haben, zu Ingolstadt eine neue Pfarr=
kirche zu Ehren der allerseligsten Jungfrau Maria zu erbauen,
was er auch bei seiner Rückkunft ausführte, denn so heißt
es am südlichen Eingange der Frauenkirche: „Anno d^{ml}
MCCCCXXV an dem XVIII. Tag des Mayen ist gelegt
worden der erst Stain an die Pfarrkirchen unser Frawen.
Herzog Ludwig verwendete zu diesem Werke außer den auf
42,375 Gulden geschätzten Kleinobieen fünfmal hundert tausend
Gulden. Die Frauenkirche ist nach dem Muster der Pfarr=
kirche zu Ulm gebauet worden und die Baumeister sind Kon=
rad Gläzl und Heinrich Schnellmüller gewesen. Sie
ist 282 Schuh lang, 108 breit und 95 hoch; zum Dachstuhle
sind 3780 Baumstämme, jedweder zu 70 Fuß, verwendet
worden; die beiden Thürme blieben unvollendet. Achtzehn
Säulen theilen die Kirche in drei Schiffe, deren Hauptbau
nur zum Theil im Jahre 1439 vollendet wurde. Auch die
Ausführung des Hauptportales ist wegen Mangel der nöthigen
Mittel unterblieben und es wäre der ganze Bau in's Stocken
gerathen, wenn nicht die sogenannten Butterbriefe in etwas
wieder nachgeholfen hätten. Solche bewilligte Papst Inno=
cenz VIII. am 16. August 1487 für die Kirche zu Ingolstadt
und selbige ertheilten die Erlaubniß zu gewißen Fastenzeiten,
wo es verboten war, von Käse, Milch, Butter und Schmalz
zu essen, solche Speise gegen Erlag von einem Geldbetrag,
der ungefähr einen Taglohn ausmachte, zu genießen. Wie
es aber in laufender Zeit immer schwerer geworden, die
Mittel zum Baue aufzutreiben, davon gibt ein Brief des
Ulrich Alberstorfer und Kaspar Vorhart an den
Herzog Georg deutlich Kunde: „Gnädiger Herr, Unser
„Frauenkirche vermag des Pauens ohne Ew. Fürstl. Gnaden

„nit. Sy haben auch kein Geld, und wo Ew. Fürstl. Gnaden
„Hilf nit beschieht, so müßen Sy verzweifelt den Steinbruch
„lygen, auch den Bau ruhen laßen." — Also ist es gekom=
men, daß erst 1510 das Kirchenpflaster gelegt wurde, was
mit rothen Steinen auf dem Boden eingezeichnet und ein
rechtes Wahrzeichen der Kirche ist. Auch ist im selbigen
Jahre die erste Kapelle St. Nicolai, — die heutige Urlaubs=
kapelle — erbauet worden und nach und nach die andern,
indem zuvor die Wände der Kirche in einer Flucht fort=
liefen. Von diesen Kapellen enthalten fünf eine Decke von
solch kunstreicher Steinarbeit, daß darob männiglich erstaunen
muß, ein Werk, wie es kein zweites mehr in deutschen Landen
geben wird, an Poesie des Gedankens als an Kunst der Aus=
führung ein wahres Unicum und herrliches Kleinod. —

Den weltberühmten Schatz anlangend, so Herzog Lud=
wig im Barte seiner Kirche 1438 vermachte, ist das aller=
fürtrefflichste Stück darunter das Marienbild gewesen, denn
es war von orientalisch oder arabischem geschmelzten Golde
und mit den köstlichsten Edelgesteinen und Perlen gezieret;
es ist selbiges insgemein auf 50,000 Kronen, ja vom Volke
gar auf ein ganzes Königreich geschätzet worden. Der ein=
zige Rubin auf der Brust der Muttergottes ist zu 40,000
Gulden geschätzt. Aventinus meldet, daß alle Stück an
diesem kostbaren Marienbild, da man jegliches an Gold,
Silber und Edelstein gewogen, alles um 50 Tonnen Gold
angeschlagen worden. Ansonst hat das Bild an sich 21
Smaragden, 17 Palais, 1 Rubin Palais, wie ein Herz ge=
schnitten, 1 Parill, 12 dunkelblaue Saphire, klein und großer
Perlein 172. Um dieses Bildes willen, wollte auch Herzog

3*

Ludwig in seiner Schankungsurkunde, daß die Kirche zu der
schönen unser lieben Frau geheißen werde. Item: ein ähn=
liches Marienbild, so aber in Folge der Verhandlungen über
den Landshuter Erbfolgekrieg im Jahre 1509 in die Alt=
öttinger Schatzkammer als Ersatz für die dort abhanden ge=
kommenen werthvollen Gegenstände gelangt sein soll und noch
wirklich dort ist unter dem Namen: das goldene Rößl". —
Die berühmten ehemaligen Schmelzkünstler zu Limoges in
Frankreich lieferten diese plastischen kunstreichen Arbeiten von
Gold, mit Email und mit Perlen und Edelsteinen übersät. —
Zu dem Schatze gehörte auch noch ein heiliger Kreuz=Par=
tikel von considerabler Größe, so der Stifter Herzog Ludwig
mit den Worten anhero verschafft: „So geben wir zu solcher
„Gezierdt und Ornat erstlich den Spann des heil. Kreuz,
„das uns von dem Hochgebornen Fürsten und lieben Herrn
„und Vatter Stephan seliger anerstorben. Und das Gold,
„darein es gefaßet, wiegt mit samt dem Gestain und Perlein
„22 Loth ein halb Quint und seynd in dem Gold am ehe=
„genannten Kreuz versetzt 32 Perlein. Und steht das Kreuz
„auf ainen silbernen gefelsten Berg, in Gedächtniß calvariae
„loci. Unter dem Kreuze stehen der Mutter Mariä Bild und
„St. Johanns Evangelisten Bild vergoldt; das Silber wiegt
„bei 11 Mark. Und wollen, daß ewiglich bei der Stift
„bleibe und nicht davon genommen werde." — Item war
auch bei dem Schatz die goldne Bildniß St. Michaelis, so
7 Mark und 1 Unzen in Gold wog. Viel diese Kostbarkeiten
und noch mehr als: in Gold gefaßte und mit Perlen und
Edelsteine besetzte Reliquien, dann Heiligenbilder und Meß=
gewänder mit mehren tausend Perlen geschmückt, sind aber trotz
der Androhung des göttlichen Gerichts von Seite des Gebers

durch die mittlerweile erfolgten Kriegsereigniße verschwunden; der heilige Michael nebst einem goldnen Kelche waren schon seit 1780 für zum Kirchenbau geleistete Vorschüsse verpfändet; das werthvolle Marienbild aber mußte ungeachtet der Gegen= vorstellungen der Bürgerschaft am 10. April 1801 den Kur= fürstlichen Kommissarien daselbst zu anderweitigen Dispositionen überantwortet werden. —

Den Hochaltar, so aus der Uebergangsperiode des gothi= schen in den Rococostyl stammet und ein wahres Meisterwerk ist, hat der überaus lobwürdige Herzog Albrecht der Groß= müthige errichten laßen, wie eine Schrift auf demselben be= zeuget: „Dem Allmächtigen Gott zu ewigem Lob, der hoch= „gelobten Himmelkönigin Maria zu Eer und zier der herr= „lichen kirchen ist diese Chortafl auf Bevelch und verlangen „des Durchleuchtigsten, Hochgebornen Fürsten und Herrn „Albrechts, pfalzgraffen Bei Rhain, Herzog in ober und „nieder Baiern dahier verordnet und gemacht worden. Gott „welle seine Fürstlichen Gnaden und der ganzen fürstlichen „frömmen Catholischen Herrschaft den ewigen lonn geben. „Amen." 1572. Selbiger Hochaltar stellet in Bildern das Leben und Leiden Jesu Christi, nicht minder der Gottes= mutter Mariä dar; auch sind darauf zu sehen die Propheten und Kirchenväter; die Rückwand nimmt die Besiegung des Heidenthums durch das Christenthum ein, vorgebildet durch St. Katharina, wie sie die Weltweisen durch ihre göttliche Wissenschaft überwindet. Ist ein Flügelaltar und man kann ihn dreimal verschieden auseinander thun. Das Hauptbild ist: Maria sitzend auf Wolken im blauen weit ausgebreiteten Mantel und das auf ihren Schooß ruhende Jesukind haltend.

In Wolken ist ein gar feines goldlockiges Mägblein zu sehen,
so die Prinzessin Maximiliana darstellet, Herzogs Albrechts
früh verstorbene Tochter. Zur Linken knieen ebenfalls die
in ihrer Kindheit verstorbenen Prinzen Karl und Friedrich
nicht anders, denn wie holde Englein anzuschauen. Zu=
vorderst ist in betender Stellung und ganz geharnischt Herzog
Albrecht im kräftigsten Mannesalter vierundvierzigjährig, so
ein gar frohfrommes Antlitz machet; neben ihm Prinz Wil=
helm, damal 24 Jahre alt, mit einem Gebetbuche in Handen,
zweifelsohne seinen Beinamen: der Fromme anzuzeigen. Vor
dem Herzog zwei kleine Prinzen, Ferdinand, damal 12 und
Ernst, der nachmalige Kurfürst von Köln, 18 Jahre alt.
Diesen gegenüber knieet betend die Frau Herzogin Anna,
Kaiser Ferdinand I. zweite Tochter, eine schöne Frau, sie
war damals 26 Jahre vermählt. Ihr zur Seite knieet die
21 jährige Prinzessin Maria, nachherige Erzherzogin von
Oesterreich, ein gar anmuthiges Fräulein. — Ueber all das
halfen noch mehr zu diesem Hochaltar, wie es auf einer Tafel
des Altares heißet: „Dieses ansechlich werth ist auf Fürst=
„lichen bewelch durch der nachbenannten Herrn Symon Egkhen
„der Rechte Doktor Cantzlers. Konraten Zellers zu Leuber=
„storf Camermaisters und ander Fürstlicher Räthe, auch der
„Hochlöblichen Universitet und dann Burgermaister und Rathe
„der Stadt Ingolstat hilff und beförderung. Erstlich vom
„Maister Hannsen Wisreuter Kistlern und hinach durch Maister
„Hannsen Muelich maler, beede Burger zu München verver=
„tigt und vollendt worden. Gott sey lob und dankh gesagt".
Aus dem geht auch herfür, wie daß Herzog Albrecht dem be=
rühmten Maler Hanns Mielich zu München, so zwanzig Jahre
früher das Feldlager der schmalkaldischen Bundesarmee vor

Ingolstadt dargestellet hatte, den Hochaltar zu malen über=
trug. Ihn unterstützte Christoph Schwarz, Hofmaler zu
München, 1560 zu Ingolstadt gebürtig und der letzte glänzende
Meister der oberdeutschen Malerschule, so die Bilder des
Leidens Christi und die Propheten verfertigt haben soll. —
Woher das Glasgemälde hinter dem Hochaltare stamme, er=
weist die Inschrift: „Von Gottes Gnaden Wilhelm und Lud=
wig Gebrüd. Pfalzgraven bei Rain Herzogen von obern und
niebern Bayrn der Zeit regierend 1511. Anno d^{ml} 1527.
Die Chorstühle sowie die Kanzel sind von der ehemaligen Ar=
tisten oder nachmaligen philosophischen Fakultät gemacht wor=
den; die großen Wandgemälde der 12 Apostel, nicht minder
das Altarblatt St. Xaverii sind vom Ritter Karl Maratt,
lauter Meisterstücke; das große Gemälde: Christus mit dem
Kreuze auf den Kalvariberg ziehend ist von Eymart, einem
Regensburger. Der Oelthurm hat seinen Namen von dem
Oelberge, welcher ehemals nahe bei selben sich befunden und
heißet eigentlich der Oelbergthurm. Die Statuen dieses Oel=
berges, ein Alterthum aus den 13ten Jahrhunderte und mehr
als mittelmäßig gut gearbeitet, sind abhanden gekommen.
Es befindet sich ingleichem ein Marienbild allda, so man die
Muttergottes im Glas genennt, wovon Ingolstadt schon
manche Guttthaten erfahren, sonderbar anno 1704 in dem
bayrischen Kriege, da die Stadt sollte belagert worden sein,
hat man der Muttergottes zu Ehren unter besagtem Titul
als einer Beschützerin und Erlöserin der Stadt, einen Altar
aufgerichtet, welcher alle Montag und Freitag privilegirt ist.
Selbiges gar anmuthiges Marienbildnuß ist von Stein und
nun schön gefaßet auf einem neuen gothischen Altar aufge=
stellet. Aus uralten Zeiten war noch ein Sakramentshäuschen

vorhanden, so aber durch die Unbill der Zeit ganz und gar
ruinos geworden; durch der Bewohner milde Gaben aber er=
stand es zur neuen Pracht und schmücket nunmehro auf eine
ganz fürtreffliche Art das herrliche Gotteshaus. —

Inmitten des Presbyterii, durch einen rothen Stein
angezeiget, ist die Gruft. Herzog Ludwig im Bart bestimmte
diesen Tempel zu seiner und der Seinigen Grabstätte und
verordnete in dieser Absicht laut einer Urkunde vom Erchtag
nach St. Ulrichstag 1429, daß nicht nur er selbst nach seinem
Tode dahin begraben werde, sondern „wir meynen auch,
daß wir unsern lieben Herrn und Vater Herzog Stefan seel.
Gedächtniß, der zu Niederschönefeld liegt, auch dahin zu uns
führen und begraben wöllen lassen, das ist gänzlich unsre
Meynung. Auch unsere liebe Gemachel, Fraw Anna von
Bourbon, des benannten unsers lieben Suns Herzog Lud=
wigs Mutter und unser zween Sun soll man auch herauß
von Frankreich füren; und daselbs zu unser lieben Fraven
zu Ingolstadt begraben. Auch schaffen und wollen wir, daß
derselben unsers liebes Weibs söligen Herz, das zu Kaisheim
liegt, auch daselben hin zu unser lieben Frawen begraben
werde.“ — Er selbst ward aber nicht hier begraben, sondern
zu Raitenhaslach; sein Grabstein aber kam an das Feld=
kirchnerthor, wo er noch zu sehen ist, ein gewappneter Mann
mit einem Panner in der Hand vor der heiligsten Dreifal=
tigkeit knieend, wie ihn Ludwig für sein Grabmal bestimmt
hatte. Die Gruft enthält aber laut einer Tafel, so in der
Frauenkapelle hängt und auf lateinisch geschrieben ist: 1. die
Gebeine des bayrischen Herzogs Stephan III. † 1413. 2. Die
Gebeine des Herzogs Ludwig des Höcker, Sohnes Herzog

Ludwig des Bartigen † 1445. 3. Die Eingeweide Herzog
Georg des Reichen † 1503 und 5. Das Herz der Anna von
Bourbon, Gemahlin Herzog Ludwig des Gebarteten † zu
Paris 1409. Auf Befehl des Königs von Bayern Max II.
dem Andenken aufbewahrt. Im Jahre 1851. In der St. Anna=
kapelle ist auf einem marmornen Piedestal ein metallener
Engel zu sehen mit einer lateinischen Inschrift, die zu deutsch
heißet: Diese Metallplatte decket die Eingeweide des am 27.
September 1651 fromm verblichenen Max I., Herzog von
Ober und Niederbayern, des hl. R. R. Erztruchseß und Kur=
fürsten, Pfalzgrafen bei Rhein, Landgrafen zu Leuchtenberg,
welche im Hause der Himmelskönigin aufbewahret werden
sollten, wo der Sitz der Erbarmung ist. Derselbe hat im
Rechte seiner Ahnen durch seine Verdienste und nach dem
gerechten Laufe der Dinge das Kurfürstenthum an sein Haus
zurückgebracht. — Bereits i. J. 1847 kamen große Bauschäden
der Frauenkirche zum Vorschein; nicht geringe Riße an den
Spitzbogenwölbungen, nicht minder herabgefallene Rippen und
Mauertrümmer gaben davon laute Kunde, aus Ursach der
öfteren Beschießungen der Stadt und der Sprengung der
Minen bei der Festungsdemolition. Es mußte von Grund
aus geholfen werden, was auch geschah durch die Bemüh=
ungen des überaus würdigen und für seine Kirche hochbe=
geisterten Pfarrherrn Georg Angermaier, so es innerhalb drei
Jahren dahin brachte, durch Beihilfe von Staats und Stift=
ungsmitteln diesen Mariendom in einer Weise zu erneuern,
daß er in Wahrheit ein Muster und Exemplar erhabener und
stylgemäßer Restauration genannt werden kann. Möge es
ihm Gott und die Schöne Unsre liebe Frau vergelten! —

Von den zwei Schlössern.

Hat wohl bis in die Mitte des dreizehnten Jahrhunderts gedauert, bis daß Ingolstadt ein eigen Schloß für seine Fürsten erhielt. Selbiges Schloß ist das stattliche Gebäude gewesen, so annoch im Reitschulhofe stehet, mit seinen spitzigen Zacken und dem Storchenneste auf dem Dache; läßt zwar von einer Residenz in unserm Sinne gar wenig erkennen, dabei ist aber zu bedenken, wie damalen die Sitten auch viel einfacher waren als zu unsern Zeiten. Erbauet mag es wohl von Herzog Ludwig dem Strengen sein, wenn nicht gar schon von seinem Herrn Vater, dem erlauchten Otto. Sicher ist, daß von der Brüdertheilung der beiden Herzoge Rudolf und Ludwig 1310 an, Ingolstadt die herzogliche Residenz gewesen ist. Mittlerweile aber ist selbiger Herzog Ludwig Kaiser geworden und hat als solcher München zu seiner Residenz erwählt, ungefähr um 1316 herum, ohne jedoch sein Ingolstadt zu vergessen, so er noch oftmals besuchte und mit sonderbaren Gutthaten bedachte. Abwechslungsweise mögen die folgenden Herzoge ihre Residenz in München und in Ingolstadt gehalten haben, wie wir es von den drei herzoglichen Gebrüdern Stephan, Friedrich und Johann gewiß wissen. Die Herzoge von Bayern-Ingolstadt aber, Stephan II., Ludwig im Barte und Ludwig der Höcker bewohnten meistens das alte Schloß im Mauthofe. Herzog Heinrich und Ludwig die Reichen kamen nur selten hieher, denn Ingolstadt war wohl eine Hauptstadt, aber nicht mehr Residenzstadt. Des letzteren Sohn Herzog Georg der Reiche erbaute sich allhie ein neues Schloß um die Zeit von 1484—94, so am Einfluß der Schutter in die Donau noch heutigen Tages stehet.

Bevor wir aber zu diesem schreiten, wollen wir noch einmal das alte betrachten und im Geiste hinterdenken, welch ein Leben darin einst herrschte und welcherlei Fürsten, auch andere hohe Standspersonen, da ein- und ausgingen. Da weilte wohl zuerst Herzog Ludwig, so ob seiner unglückseligen That an seiner Gemahlin den Beinamen der Strenge erhielt, ist auch nicht unwahrscheinlich, daß selbige überaus holdselige Maria von Brabant, ehe sie am 18. Jänner anno D. 1256 zu Donauwörth enthauptet wurde, die Rosenzeit ihres ehelichen Glückes hier zugebracht hat; unzweifelhaft aber wohnte daselbst und theils zu Neuburg Herzog Ludwigs Mutter Frau Mechtildis, so keinen geringen Einfluß auf die Regierungsgeschäfte ausübte und eine gar kluge und gewandte Frau gewesen sein soll. Ein viel thätiges Leben führte dieser Herzog auf seiner Burg, bestätigte von da aus die Privilegien des damaligen Seligenstadt, dermalen Neustadt an der Donau, führte den Minoritenorden mit Zustimmung des Bischofs Hiltbrandt von Eichstätt ein und ließ für diesen durch den Richter und Stadtpfleger Wibrord von Rohrbach ein schönes Kloster in der Nähe seines Schlosses unfern der Stadtmauer errichten. Er gab zu diesem Bau 20 Mark Silbers und ebenso viel seine zweite Gemahlin, Anna von Schlesien eine gar andächtige Frau, so nur im Beten und guten Werken ihre Freude suchte. Ludwigs dritte Gemahlin eine Tochter Kaiser Rudolphs von Habsburg, Frau Mechtilbis, ließ zu Ehren des heil. Ritters Georg und der heil. Mutter Anna im Schloße eine Kapelle aufrichten, deren Einweihungsfest zusammt einer Spende an die Armen noch in jüngster Zeit in der Minoriten= oder Franziskanerkirche gefeiert wurde. Hier mag sie wohl ihren Schmerz durch bittere Thränen erwunden haben, als der junge Ludwig ihr Sohn bei einem Turniere zu Nürnberg Anno 1290 von einem sichern Grafen Crato von Hohenlohe erstochen wurde; nicht minder, als sich die beiden Brüder Rudolph und Ludwig ver= uneinten und ersterer sogar in die Fremde zog und auch dort= selbst verblich; groß Gedräng mag auch dem Mutterherzen der Abschied von ihren Töchtern verursacht haben, so die eine mit Namen Anna nach Sachsen, die andere mit Namen Mechtilbis nach Lüneburg heirathete, die dritte aber gar ins Kloster ging bis nach Ulm. Anlangend die beiden Brü= der Rudolph und Ludwig, so waren sie am 21. Sept. 1305 in diesem Schloße beisammen und vereinigten sich auf Veranlassung des Herrn Bischofs von Eichstätt, so eigens deßhalb herüberritt. Doch es dauerte nicht lange, war auch nicht möglich, weil beide Fürsten gar verschiedenen Sinnes

waren. Herzog Rudolph ist ein verschlossener, fast mür-
rischer und unwirscher Mann gewesen, während Herzog Ludwig schön und lieblich von Angesicht, tapfer und rechtlich,
voll Leutseligkeit, jedoch über ein Kleines gereizt und aufge-
bracht war, wasgestalten kein langer Frieden zwischen Beiden
zu erhoffen gewesen. Im diesem Schlosse ertheilte auch Herzog
Ludwig seinen Bürgern zu Ingolstadt am St. Jakobstag
anno 1312 die erst und fürtreffentlichst Freiheit mit ausge-
druckten Punkten und Artikeln. Am 1. Juli 1313 ritt er
eilig in das Schloß, nur von wenig Reisigen begleitet, und
entbot sogleich den Vätern der Stadt, selbigen ernstlich auf-
tragend mit ihrem Bürgerfähnlein zu seinem Heere zu stossen
gegen Friedrich den Schönen von Oesterreich, so schon ins
Bayerland eingefallen. Als er des nächsten Jahres am
13. Januar wieder hier einritt, sah er schon am Stadtthor
das neue Wappen der Ingolstädter i. e. das blaue Pantherthier, angemalen, so er ihnen zum Lohn für ihre Tapferkeit in der Schlacht bei Gammelsdorf in sonderbarer Huld
und Gnade verliehen. Mittlerweile war Herzog Ludwig römi-
scher Kaiser geworden, entzog aber als solcher seiner ehemaligen Residenzstadt die Zuneigung nicht, sintemalen nicht weniger
als 30 Freiheitsbriefe bekannt sind, so er während seiner
33jährigen kaiserlichen Regierung von hier aus erlassen hat.
Als Kaiser stiftete er auch an. 1319 das Pfründnerspital.
Während des Jahres 1317 war er die längste Zeit zu Ingolstadt, an seiner Seite die sanfte Beatrix von Schlesien; er
verkehrte gar oft mit den Minoriten, so freien Zutritt bei
ihm hatten und denen er großgünstig geneigt war, vorderist
standen der P. David Einstötter, nicht minder P. Bruno
von Trient bei ihm in hohen Ehren. Er ließ auch ihr

Kloster um ein bedeutendes erweitern. Auf einer Reise blieb
der Kaiser mit seiner zweiten Gemahlin, Frau Margaretha
von Holland und Seeland, im hiesigen Schloße über Nacht
mit ihrem dreijährigen Töchterlein Anna, haben wohl nicht
gedacht die hochfürstlichen Eltern, wie bald sie derselben be=
raubt würden, ist nächsten Tages unterwegs gestorben und
zu Kloster Kastl begraben worden.

Herzog Stephan mit der Haft war auch oft in
diesem Schloße, nicht minder sein Bruder ~~Otto~~ der Bran=
denburger, so eines gar friedfertigen Gemüthes gewesen;
selbiger machte am Erichtage nach Pfingsten 1357 den In=
golstädtern die großmüthigste Schankung mit dem Neuhau,
so ein Wald von 3252 Tagwerk des besten und brauchbarsten
Holzes jeglicher Gattung gewesen. Möglicherweise hat auch
seine Gemahlin Margaretha Maultasch von Tirol manch=
mal in diesem Schloße geweilt; gewiß aber sein einziger
Sohn Herzog Mainhard, vermählt als ein Jüngling von
18 Jahren mit Albrecht des II. von Oesterreich Tochter.
Gedachter Herzog Mainhard ist Willens gewesen, Ingolstadt
zu befestigen; er starb aber darüber. Im Uebrigen war er
bei dem Volke hochbeliebt, ob seines ritterlichen Wesens und
seiner lieblichen Sitten, und hielt sich zur Zeit des Ritter=
bundes in Ingolstadt auf. Als sich aber selbiger Bund
wiederum auflöste, begab er sich von da nach Tirol zu seiner
Frau Mutter und starb dortselbst an. 1363. Herzog Ste=
phan der Aeltere und Otto hielten sich auch hin und wieder
zu Ingolstadt auf; mehr noch die drei Brüder Stephan III.
oder der Jüngere, Friedrich und Johann. Stephan,
genannt der Knäufel ob seiner zierlichen Gestalt ist in allen

Ritterspielen erfahren gewesen, war allzeit köstlich und wohl
putzt, bei den Turnieren der Erste und der holdseligen Minne
überaus ergeben; Friedrich der Aelteste war eines gar
klugen Verstandes, beredt und ruhmbegierig; Johannes der
Jüngste war von einfachen Sitten, vor allem das edle Waid=
werk liebend, beinebens sinnig und tapfer. Selbige drei
Herzoge nun kamen übereins nach dem Willen ihrer Vor=
fahren, die Stadt zu erweitern, was auch unter ihrer selbst=
eigener Leitung geschehen ist; nicht minder waren sie besorgt
für das Seelenheil ihrer Unterthanen, stifteten das Benefizium
zu St. Salvator oder Unsern Herrn an. 1376. Herzog
Stephan hatte zwei Frauen, die erste ist Thabbea gewesen,
eine Tochter des Herzogs Barnabonis von Mailand aus dem
Hause Visconti; hatte schwer Geld ihm zugebracht und war
von so holdseligem Antlitze, daß man sich nicht satt schauen
konnte, kein Wunder, daß sie ihrem Herrn ein Töchterlein
gebar, Elisabeth auch Isabella genannt, so dergestalt schön
und geistreich gewesen, daß ihr Bräutigan König Carl VI.
von Frankreich den Brautschatz wieder anherschickte, allein
mit ihrer Schönheit zufrieden. Leider hat sie und ihr Bruder
Herzog Ludwig der Gebartete von ihrer Mutter nicht bloß
die Schönheit, sondern auch das welsche hitzige Blut geerbt, so
beiden nicht zum Heile gereichte. Die zweite Gemahlin Ste=
phans war Margaretha, Tochter des Herzogs Adolph von
Cleve, so eine stille und sorgliche Hausfrau gewesen, aber
keine Kinder hinterließ. Dazumal war in Ingolstadt ein
gar geräuschvolles Leben, Üeppigkeit und Pracht überall zu
schauen, der Herzog mit seiner Frau Gemahlin und Kindern
besuchten oft das von der Stadt erbaute neue Tanzhaus, wäh=
rend im Schloße fröhliche Gelage und Feste sich häuften.

Ueber all das segnete gegen Ende Septembers 1413 Herzog Stephan das Zeitliche. Sein Sohn Ludwig im Bart, so damalen zu Paris bei seiner Schwester sich aufhielt und mittlerweile Anna von Bourbon, die hinterlassene Wittib.Peters, eines Bruders des Königs von Navarra, geheirathet hatte, kam eilig heraus. Nebst seinem noch einzigen Sohne, so in einem Korbe von Paris bis gen Ingolstadt getragen worden ist, brachte er einen wunderwürdigen Schatz von Gold und Kleinodien im Werthe von fünf Millionen in seine Residenz Ingolstadt. Daselbst angelangt hatte er sich mit einer solchen Pracht und Herrlichkeit umgeben, wie kaum an einem andern Hofe selbiger Zeit geherrscht haben mag. An 600 Ritter standen in seinen Diensten und waren ihm jeden Augenblick zu Willen; darunter sind die Preysing, die Törring, die Gumpenberg, Oettingen, Heidek, Muckenthal gewesen. Gabriel Glosen, Stadtpfarrer zur Sch. U. L. Frau, war ihm besonders heimlich, weßhalb er ihn auch zu seinem Geheimschreiber und Archivar ernannte. Ueber all das hatte er auch vier Hofämter errichtet, einen Vizedom aufgestellt, einen Kammermeister, einen Hofrichter, drei Landvogteien bestellet, in Summa, es herrschte ein Aufwand am herzoglichen Hofe, so eines Kaisers würdig gewesen; Jagden, Ringelstechen, Schauessen, Trinkgelage, Falkenbeizen, Schifffahrten nahmen schier kein Ende; Fürsten und Grafen zogen ein und aus, Künstler aus Wälschland, Maler und Bildhauer vom Rhein und den Niederlanden, mitunter auch Minnesänger, wurden vom Herzog mit Freuden aufgenommen und gastfrei bewirthet; es war ein fröhliches und lustsames Leben zu Ingolstadt, so der Stadt überaus zu Nutzen kam, sintemalen Handel und Wandel sich mehrten, die vielen Gäste und Fremden in den Herbergen der Stadt viel verzehrten; der große Aufwand in Nahrung und Kleidung am Hofe den Bürgern und Handelsleuten viel Vortheil eintrug und sie schnell zu Wohlstand und Reichthum brachte. Beim Tränk= thore wurden reichbeladene Schiffe ausgeladen mit Wälschen, mit Elsaßer und Nekar Wein, auch mit Seide, Damast und Wolle, so allhie um selbige Zeit viel gebraucht wurde, die= weil das Tuchmacherhandwerk im hohen Schwunge war, so daß ein eigenes Tuchhaus erbaut worden ist. Mittlerweile verwickelte sich aber Herzog Ludwig ob seines starren und heftigen Gemüthes in zahllose Fehden und Kämpfe; erzeugte auch mit dem schönen Hoffräulein Kannette von Freyberg einen Sohn Wieland Freiberger, den er zu seinen Kammer= meister erkies; darob sein rechtmäßiger Sohn Ludwig der Höcker gar höchlich erboste und letzlich gar seinen eigenen Vater bekriegte. Dem alten Herzog aber ging das so zu Herzen, daß er finster und unwirsch wurde, Ingolstadt gar verlassen hat und sich auf sein Schloß Neuburg zurückzog, bis er dort von seinem unnatürlichen Sohne gefangen, auf das Schloß zu Burghausen in sichere Haft gebracht und da= selbst am 30. Juli 1447 als 81jähriger Greis verblich. Die Gefangenschaft ihres guten alten Herzogs, wie die Kunde von seinem Tode ging den Bürgern Ingolstadts überaus zu Her= zen, es war ein großes Weinen und Wehklagen in der Stadt, hatte sie ihm doch so Vieles zu danken, namentlich ihre schönste Zierde, den Tempel zur Schönen Unserer Lieben Frau, so Herzog Ludwig im Barte erbaute. Der ungerathene Sohn starb schon vor dem Vater am 7. April 1445, der gerechte Gott hat es also zugelassen, wie er denn auch ohne männliche Nachkommenschaft dahin ging, sein eheliches Gespons aber

Margaretha, Tochter des neuen Kurfürsten von Branden=
burg, so der alte Herr nur allzeit spottweise die neue Gretel
hieß und von der allerhand Gemurmel ging, getröstete sich
seines Todes gar bald, indem sie ihren Oberhofmeister Mar=
tin von Waldenfels ehelichte und mit ihm nach Landshut
zog. Im Kloster Seligenthal liegt sie begraben.

Im Monat Juni 1472 hatte es den Anschein, als ob
in diesem Schloße, so seit der Zeit gar öde und verlassen
aussah, wiederum das alte Leben aufwachen möchte; die Ställe
waren angefüllt mit Pferden, der Hofraum wimmelte von
Knappen und Reisigen, zu den Fenstern schauten die Fürsten
und Grafen herab, in der großen Stuben mit dem Erker
auf die Donau hinaus standen Herzog Ludwig der Reiche,
nächst sein Sohn Herzog Georg, auch Pfalzgraf Otto,
nicht minder Bischof Wilhelmus von Eichstätt; es galt
die feierliche Einweihung der Universität, so Herzog Ludwig
gestiftet hat. Gelegenheitlich dieser Feier mag es vielleicht
dem Herzog Georg in den Sinn gefahren sein, wie das alte
Schloß nicht mehr ausreiche und in seinem Raum allzu be=
schränkt sei, denn er hub nicht lange darnach mit dem Baue
des neuen Schlosses an, so wir anjetzo in etwas näher be=
trachten wollen.

Hat auch viel erlebt und mit angeschaut und würde
kaum zu Ende kommen, so es reden könnte. Möglicherweise
wohnte auch die schöne Hedwig von Polen, Gemahlin
Herzog Georgs einige Zeit in diesem Schloße und freute
sich ihres jungen Lebens, bis sie ihr Eheherr von Lands=
hut nach Burghausen verbrachte, allwo sie am gebrochenen

Herzen starb ob der Untreue ihres Gatten. Selbiger war sicher mehrmalen hier und die Räume dieses Schlosses waren Zeugen des Kummers, der an seinem Herzen nagte, weil er keine männliche Nachkommenschaft hatte. Er wollte das Land und die Herrschaft seinem Schwiegersohn Rupprecht von der Pfalz übergeben, was aber nicht durchging und nur einen unseligen Krieg zur Folge hatte.

Am 28. September 1503 fuhr Herzog Georg bereits kränkelnd auf einem Rollwagen hier ein, um in das Wildbad zu reisen, wurde aber zu Lauingen so schlecht, daß er sich auf der Donau wiederum einschiffte, bei Gerolfing ans Land stieg und in seinem Rollwagen abermals in das neue Schloß einfuhr, um selbiges nicht mehr zu verlassen. Am 25. Okt. ritt Pfalzgraf Rupprecht in das alte Schloß ein, ehrerbietigst empfangen vom Bürgermeister Wipold Schwab, Veit Peringer und Georg Kaiser des innern Raths und Andreas Zayner, Stadtschreiber, so ihm ein silbern Trink=geschirr verehrten, das er in Gnaden aufnahm. Selbigen Abends als er gen Hof zu Tisch gangen, ist er durch Herzog Georgen hoch und mit großen Gnaden empfangen worden. Nächster Tage verschlimmerte sich aber von Stund zu Stund der Zustand Herzog Georgs; lange wollte er von Verzeihung gegen seinen Vetter Herzog Albert zu München nichts hören, so ihn, wie er sagte, verleitet, ihm seine Länder zu verschrei=ben, falls er vor ihm sterben sollte; letzlich gab er den ein=bringlichen Ermahnungen des geistreichen P. Hieronymus Alber nach, so ihn mit Ernst und Lieblichkeit an das Un=recht, so er seiner Hedwig und manch Andern zugefügt, erinnerte. Da ließ er sich die heil. Messe lesen und als der

4*

Priester zum Agnus Dei kam, allwo es heißt: Lamm Gottes, erbarme dich unser, ließ er sich von den Dienern in etwas in die Höhe richten und das Kreuzbild, so an der Wand hing, darreichen, selbiges mit beiden Händen umfangend und mit bittern Zähren und tiefster Betrübniß kläglich rufend: O Herr Jesu Christi, vergib mir meine Sünden, ich verzeihe Allen von Herzen, sei mir armen Sünder gnädig und barm= herzig! — Gänzlich zerknirschet empfing er den Leib des Herrn. Am Freitag nach St. Andrä Apostoli, das ist ge= wesen der erste Tag Dezembris aber hat Herzog Georg bald nach sieben des Morgens, als er Messe gehört und der Priester das Evangelium St. Johannis gesprochen hatte, seinen letzten Tag hier zu Ingolstadt im neuen Schloße in der obern Stuben neben der Thür, so man in den Thurm gegen die Stadt hinausgeht, christlich beschlossen und würde durch Mei= ster Wilhelm Schmid sein Eingeweide aus ihm geschnitten. Das Herz war gesund, nur die Leber ist wie ersotten und voll böser Blattern gewesen. Sein Tod wurde bis am St. Niklasabend verheimlicht und im Kloster unter der Predigt verkündigt, als wäre er erst dieselbe Nacht gestorben. Der Leichnam ward in die Frauenkirche getragen und die Vigil hochfeierlich durch den Abt von Kaisheim Herrn Johannes gesungen; nachgehends begleitete man die Leiche zum Thore hinaus, um sie gen Landshut zu führen; im Zuge gingen der Landgraf von Leuchtenberg, Graf Balthasar von Schwarzburg und der Adel nach der Bahre, nachgehends Bürgermeister und Rath, dann der Rektor Magnificus und die Professoren der Universität und eine große Menge Volkes. Jedem Priester wurde ein Sechser, jedem Schüler ein Kreuzer

und jedem Armen auch ein Kreuzer verabreicht: letzteres be=
trug in Summa: 19 Gulden. —

Ueber all das gingen viele Jahre hinum, als an. 1516
ein allgemeiner Landtag zu Ingolstadt gehalten wurde, wozu
die Herzoge Wilhelmus, Ludwig und Ernst erschienen.
Der Gottesdienst ist in der Frauenkirche gehalten worden;
nach diesem Amte sind die zwei Fürsten Herzog Wilhelmus
und Herzog Ludwig wieder in das neue Schloß geritten und
alsbald dortselbst von gemeiner Universität, die aus dem
Kollegium in einer Prozession bis in sechshundert Personen
die Doktores alle in ihren Kappis und sonderheitlich die drei
Fürsten: Markgraf Friedrich als Rektor und Dompropst
zu Würzburg, Herzog Ernst in der Mitte und Markgraf
Wilhelm nebeneinander in bemeldtes Schloß gegangen, durch
Dr. Eck in Latein empfangen worden. Darauf ist beider
Fürsten Danksagung durch Dr. Lupftig auch in Latein
beschehen.

Wiederum später an. 1599 am 24. August ist der neue
Landesregent Herzog Maximilian I. mit seiner Gemahlin
Elisabeth aus Lothringen, auch seinem Bruder Albrecht
nach Ingolstadt gekommen, um die Huldigung einzunehmen.
Bei bemeldter Huldigung sind Reden gehalten, die Gäste im
Schloße gar stattlich bewirthet, auch denen Professoren die
Gehalte in etwas erhöhet worden. Die Ingolstädter Bürger
schauten nicht ohne freudigen Stolz auf den Herzog, geden=
kend, wie daß derselbe seine Jugendjahre auf der Universität
allhie zugebracht hat. Der Herzog wollte auch seinen Auf=
enthalt in etwas verlängern: mittlerweile entstund aber eine

anstedende Krankheit, so ihn zwang, nach München zurückzu=
kehren. Drei Jahre nach Beendigung des dreißigjährigen
Krieges überkam den großen Kurfürsten, obgenannten Maxi=
milian I., etwas wie ein Heimweh nach Ingolstadt; war es
doch die einzige Stadt, so vom Gräuel der Schweden unbe=
rühret geblieben, nicht minder der Ort, allwo er die schönsten
Tage seiner Jugendzeit verlebte. Dahin zog es ihn nun am
Abende seines Lebens und sich aufmachend kam er von Schleiß=
heim aus am 17. September 1651 mit seiner Gemahlin
Maria Anna von Oesterreich, Kaiser Ferdinand II.
Tochter, und mit seinen zwei Prinzen, Ferdinand Maria
fünfzehnjährig und Max Philipp dreizehnjährig. Unter=
wegs hat er in Scheyern zugekehrt, um an der Gruft seiner
Ahnen zu beten; auch verweilte er zu Pfaffenhofen und Rei=
chertshofen; in welch letzterem Orte er nicht ohne Heiterkeit
des Schwedenkönigs Gustav Adolph gedachte, so vor 14
Jahren allhie sich kurze Zeit aufgehalten, bis ihn die Kroaten
in die Flucht gejagt. Während dem rüstete sich eine hocherfreute
Bürgerschaft zu Ingolstadt nach allen Kräften auf die Ankunft
des geliebten Landesfürsten. Kanonendonner empfing ihn
beim Burgfrieden, am Schloße warteten seiner ein ehrsamer
und hochweiser Rath nebst Bürgermeister, auch der akademische
Senat; der Kurfürst, so sein Haupt entblößte, grüßte nach
allen Seiten freundlichst, die Hand zum Kusse reichend. Des
andern Tages besuchten die hohen Herrschaften das Zeughaus
und die Festungswerke. Am 19. ist eine feierliche Audienz
für den akademischen Senat gehalten worden, wobei der
Rektor Magnifikus Arnold Rath in Latein eine zierliche An=
rede hielt, so der Kurfürst mit kurzen Worten beantwortete,
mit der Hand dem Hofmeister Dr. Marquard winkend, den

Uebrigen in seinem Namen zu erwiedern. Dieweil aber die jungen Prinzen gar sehnlich verlangten, eine akademische Depositio i. e. Aufnahme und Verpflichtung zu sehen, ist auch ihrem Wunsche willfahret und eine solche in hochihrer Gegenwart im Schloße von dem betreffenden Magister vorgenommen worden. Ist leicht zu benken, welch ein Jubel und sonderbare Freude in der ganzen Stadt über den Besuch der gnädigen Herrschaften gewesen sein mag, doch Salomonis Spruch: Alles ist Eitelkeit auf Erden, ging allhie nur zu bald kläglicher Weise in Erfüllung. Am 20. September ist ein kalter Regentag gewesen; der fromme Fürst hatte am selbigen eine Wallfahrt zur St. Salvatorkirche nach Bettbrunn veranstaltet, so er andächtig begleitete; hiebei muß er sich verkältet haben, denn während er des nächsten Morgens noch der Predigt und dem Hochamte in der Kreuzkirche anwohnte, konnte er am britten Tage, so zu einem Gottesdienste in St. Mauritii Pfarrkirche bestimmt war, nicht mehr das Schloß verlassen. Die Gefahr wuchs von Stunde zu Stunde, die Aerzte kamen von München, öffentliche Gebete wurden veranstaltet, doch bereits nach Verlauf von fünf Tagen ist der edle Kurfürst des Todes verblichen am 27. September Morgens gegen 4 Uhr. Hat bis zur letzten Stunde das Bewußtsein völlig gehabt, selbst mit lauter Stimme die lateinischen Sterbgebete gesprochen, wie er bann auch eines solch christlichen Todes gestorben ist, daß barob männiglich hocherbaut gewesen. Unbeschreiblich war der Schmerz der Seinigen, gränzenlos die Trauer des ganzen Landes. Noch an demselbigen Tage, den 27. Sept. Abends 8 Uhr sind die Eingeweide in einem feierlichen Trauerzuge von den zwei Prinzen begleitet, in die Frauenkirche gebracht worden. Am 29. September führte man auf einem

Wagen, so ganz mit schwarzen Tüchern behangen gewesen, die fürstliche Leiche gen München, während das Herz an den Gnadenort Altötting gebracht wurde. Folgenden Tages ist auch die betrübte Kurfürstin zusammt ihren Prinzen nach München fortgefahren. —

Könnte euch noch manches erzählen, so sich in diesem Schloße außerdem zugetragen, wie den kurzen Besuch des Kurfürsten Ferdinand Maria nebst seinem dreizehnjährigen Kurprinzen Max Emanuel zu Ende Oktobers 1675, auch den viertägigen Aufenthalt des Kurfürsten Max Emanuel mit seiner Gemahlin Maria Antonia, Kaiser Leopolds Tochter im November 1685, nicht minder den Besuch des Kaisers Leopold nebst seiner Gemahlin und seiner Schwester Eleonora Maria, Königin von Polen; des Königs Joseph von Ungarn mit seiner Schwester, unserer Kurfürstin; der Neuburgischen Prinzen Johannn, Wilhelm und Karl mit ihrer Schwester, der nachmaligen Königin von Spanien, so Alle der kurfürstliche Statthalter Graf Montfort an der Spitze aller Behörden ehrerbietigst empfangen hat; item das fünftägige Verweilen des Kurfürsten Max Emanuel, des Kurprinzen mit seiner Gemahlin Wilhelmine Amalie, Kaiser Josephs I. Tochter, des Prinzen Ferdinand mit seiner Gemahlin, Tochter des Pfalzgrafen Philipp Wilhelm zu Neuburg und des Prinzen Theodor, Coadjutors des Fürstbischofs zu Freising, bei Gelegenheit einer Jagd zu Geisenfeld im November 1724; und so noch viel Denkwürdiges, bis gar 1809 am 18. April Kaiser Napoleon im Schloße übernachtete und von dem Fenster gegen das Feldkirchnerthor zuschaute, wie seine Truppen vorbeimarschirten.

Mit dem Allen habt ihr nun Kunde genug von den beiden Schlössern, und so ihr jetzo an selbigen vorübergeht, wird euch sicherlich die gute alte Zeit gar stark in den Sinn kommen, auch gar mancher edler Landesfürst einfallen, der da ein und ausging, schließlich euch vielleicht ein wehmüthiges Gefühl anwandeln, gedenkend, wie auf Erden Alles so vergänglich sei und flüchtig und Schmerz und Herzeleid, nicht minder der bittere Tod, auch in fürstlichen Häusern Eingang finden. Schadet nicht, wenn ihr darüber nachsinnet und ein wenig des Wegs verziehet! —

Das obere Franziskaner-Kloster.

....

Gegen das Jahr 1275 hat Herzog Ludwig, genannt der Strenge, allhier residiret, sintemalen er um selbige Zeit das Minoritenkloster nebst Kirche erbauen ließ. Nicht ohne Grund muthmaſſet man, es sei von ihm obgedachtes Werk auch noch zur Sühnung seiner übereilten That vollbracht worden. Wie dem auch sein wolle, er hat in diesem Jahre seinen Richter und Stadtpfleger Wibrord von Rohrbach den Auftrag gegeben, den Bau auszuführen, wozu er selbst 20 Mark Silber und sein ehliches Gemahl Anna ebenso viel hergegeben hat. Selbiger Rohrbach war aus einem alten turnierfähigen Adel entsprossen, wie denn auch einer von ihnen Rapoto auf dem achten Turnier zu Augsburg 1080 und ein sicherer Arnoldus von Rohrbach auf dem zwanzigsten zu Eßlingen 1374 erschienen ist. Waren in der Nähe

von Ingolstadt seßhaft und soll obgedachter Herr Wibrord
ein gar reichbegüterter, nicht minder unternehmender und hoch=
berühmter Mann gewesen sein. Noch im Jahre 1479 kommt
ein Georg von Rohrbach als Thumherr von Regensburg
vor. Kirche und Kloster wurden nach dem Wunsche des Her=
zogs unweit seines Schlosses, jedoch vor die Stadt hinaus
erbauet und dem Orden des hl. Franziskus, so nicht geraume
Zeit erst entstanden war und annoch in voller Blüthe stand,
übergeben. Herzog Ludwig wollte in seinem reumüthigen
Sinne des geistlichen Trostes nicht entrathen und scheint eine
sonderbare Vorliebe gegen diese neuen Ordensmänner gehabt
zu haben, weßhalb er ihnen auch die Besorgung seiner Schloß=
kapelle überließ, so sie bis in die jüngste Zeit noch zu ver=
sorgen hatten. Selbige Neigung scheint sich auch auf seine
Nachfolger vererbt zu haben, vorderist war Kaiser Ludwig der
Bayer ein überaus großer Patron genannter Väter. Als
selbiger Kaiser zum erstenmale wieder nach der Schlacht bei
Gamelstorf am 13. Jänner 1314 sein geliebtes Ingolstadt
besuchte und in sein Schloß eintritt, ist sein erster Gang in
das Kloster der Minoriten gewesen, so er reichlich beschenkte
und von dem Quardiane P. Heinrich von Kellheim
einen feierlichen Dankgottesdienst halten ließ., dem er zu nicht
geringer Auferbauung des Volkes mit höchster Andacht bei=
wohnte. Obengedachten Heinrich aber, so ein hochberühmter
und in denen Wissenschaften gründlichst erfahrner Mann ge=
wesen, rief Ludwig nachgehends zu sich in das Kloster nach
München, zusammt dem hochgelehrten Michael von Ce=
sena, so auch allhie sich einige Zeit aufgehalten. — Ueber
all das gingen viele Jahre hinüber und es wurden mittler=
weile die Minoriten so reich an liegenden Gütern und Ein=

künften, daß Herzog Ludwig der Reiche, so zur Dotirung sei=
ner neuen Universität des Geldes gar hochnothwendig bedurfte,
ein Uebereinkommen traf mit Wilhelmus, Bischof von
Eichstätt unter Beistimmung des Papstes, zu Folge dem mehr=
gedachte Minoriten 1471 versetzet, ihr Kloster aber den armen
Franziskanern überlassen wurde, so in Kraft ihrer Regel
ohne Güter und Einkünfte, nur bloß von Almosen leben
mußten, die Minoritengüter aber wurden der Universität ein=
verleibt. Die Räumlichkeiten des Klosters sind überaus
weitschichtig gewesen, woher es zweifelsohne gekommen ist,
daß Versammlungen, so in etwas großartiger gehalten wur=
den, allzeit im Refektorium gemeldten Klosters stattfanden.
Also war es der Fall nach dem Tode Herzogs Georg des
Reichen, als in der Stadt das Gemurmel ging, es hätte sich
ein hochweiser Rath, item der Stadtpfleger Bernhardin von
Stauf verdächtig gemacht, daß sie in Betreff einer zukünftigen
Regierung nicht die gehörige Vorsorge getroffen hätten. Als
der Rumor unter den Bürgern nachgehends immer ärger
wurde, ist eine Gemeinde in des Klosters Refektorium gehal=
ten und dabei mit großem Geschrei und Widerwärtigkeit be=
willigt worden, daß man durch die Zünfte Abgeordnete wählen
lasse, um mit diesen zu unterhandeln. — Am 25. Februar
1508 erließ Herzog Albrecht der Weise eine Wachthutordnung,
gemäß welcher acht Wächter in den Bezirken der Stadt auf=
gestellet wurden, so zur Nachtszeit Ruhe und Ordnung erhal=
ten mußten. Selbige acht Scharwächter wurden nun am
genannten Tage im Refektorium der Franziskaner durch den
Stadtpfleger Georg von Au als Vertreter des Herzogs, in
Gegenwart der Dekane der drei Fakultäten der Universität,
item des Bürgermeisters Georg Kaiser, auch des Willi=

bald Schwab und Veit Peringer des innern Raths
nebst dem Stadtschreiber, verpflichtet und beeidiget. Auch
fanden im selbigen Kloster zuweilen große Ausspeisungen
statt, so zum Beispiel als der lutherische Prediger Kaspar
Frank aus Meissen am 25. Februar 1568 in der Frauen=
kirche das katholische Glaubensbekenntniß ablegte, sind alle
Gäste, so zu dieser hochfestlichen Feierlichkeit eingeladen waren,
auf Kosten des Herzogs im Refektorium der Franziskaner
nachgehends ausgespeiset und fürstlich traktiret worden. Im
Jahre 1621 wurde allhie auch der Barfüßerorden auf seine
anfängliche Strenge zurückgeführt und der Konvent ist in die
Reihe der sogenannten Reformaten eingetreten; nicht minder
erhielten die Väter durch Papst Urban VIII. eine eigne Pro=
vinz unter dem Namen des hl. Antonius von Padua. Im
Verlaufe der Zeit 1724 hub das Kloster in seinen weitschwei=
figen Gebäuden an baufällig zu werden, ja sogar den Ein=
sturz zu drohen. Es wurden aber die beim Volke in hoher
Gunst stehenden Väter dergestalt unterstützt, daß sie ihr Klo=
ster schöner und fester, denn es jemals gewesen, wiederum
aufbauen konnten. Ein schweres Unglück brachte das Jahr
1752; es war am dritten Oktober, da man gerade ob des
Tags darauf statthabenden Festes des hl. Vaters Franziskus
den Hochaltar gar reich und mit sonderbarem Fleiße geziert
hatte, als zur Nachtszeit wahrscheinlich aus Unvorsichtigkeit
des Meßners, Feuer am besagten Hochaltar ausbrach, das
nur mit äußerster Mühe von der übrigen Kirche abgehalten
werden konnte. Innerhalb dreier Jahre aber waren die
Franziskaner schon wiederum durch milde Beiträge im Stande
einen neuen prachtvollen Hochaltar herzustellen, wobei sich als
besondere Gutthäter die Grafen Preysing und Seinsheim,

die Barone Stingelheimb und Muggenthal hervorthaten. Um selbige Zeit herum sind auch die Antoni und Lorettokapelle, item die Lerchenfelbische Gruftkapelle angebauet worden. Inmitten des Presbyterii vor dem Hochaltare zeiget ein rother Stein am Boden den Begräbnißort der Klostergeistlichen an, so eine große und wohl geräumige Gruft ist. Im Kreuzgange, so eine Menge alter Grabsteine mitunter der ältesten, auch ebelsten Geschlechter enthält, ist auch die Gruft der Klosterfrauen vom Gnadenthal befindlich, so bis zur Aufhebung der Klöster anhero begraben wurden. Beim Eintritt in die Kirche, so ein hohes, dreischiffiges Gebäude ist, fallen einem links und rechts zwei uralte Grabsteine in die Augen, der eine dem Hans Knebl, Zollner zu Ingolstadt, der andere dem Ritter Ulrich Gurr zugehörig. Die Gurren waren ein altes stattliches Geschlecht und haben die Herrschaft Haag inne gehabt, von denen sie die Frauenberger ererbt haben. Konrad der Gurre war Herzog Ludwigs des Strengen Hofmeister und steter Begleiter. Petrus war 1387 Landrichter zu Dachau; Kaspar saß zu Hohenwart 1465. Zur rechten Hand etwas vorwärts ist ein gar schön Denkmal von Glockenspeis, die Auferstehung der Todten vorstellend, ein wahres Kunstwerk. Ihm gegenüber an der Säule der sinnreiche Grabstein eines Professors der Universität, so mit seinem Schutzengel de aeternitate redend vorgestellet ist. Im Hauptschiff links findet sich an einer Säule ein einfacher Stein, so die Worte enthält: ·1538 starb dahier der kunstreiche Maler Melchior Feselein. Ganz vornen rechts ist eingemauert in die Säule der Grabstein des Bruno von der Leiter, so unter Herzog Ludwig im Bart Hofmeister und Stadthauptmann gewesen; als aber obgenannter Herzog zum

Kaiser nach Preßburg zog, ist Herr Bruno laut Urkunde dat. Wien am Zwölfbothentage 1422 Landfriedensvogt geworden. War ein hochberühmtes Rittergeschlecht, abstammend von den Grafen von Burghausen und Scala sind sie in Welschland als Verweser der Herrschaften Bern und Vicenza aufgestellet worden; hernachgehends an. 1405 vertrieben, wurden sie vom Kaiser Maximilian ehrenvollst aufgenommen, machten sich namentlich in Bayern seßhaft und sind in Folge durch Heirath und Ehrenstellen reich begütert und ansehnlich geworden. Item sind in der Kirche die Grabsteine der Bürgermeister Kaiser und Peisser und vieler Rathsgeschlechter. Das Presbyterium hat noch seine ursprüngliche gothische Form am reinsten erhalten; hinter dem Hochaltare ist eine vortreffliche Orgel nebst ganz kunstreichen Chorstühlen, so an. 1613 von Balthasar Stoll, Bildhauer aus Berchtesgaden, verfertiget worden sind. Vor der Kirche war ein ummauerter Friedhof: bei Aufhebung des Klosters ist die Mauer niedergerissen, der Boden geebnet und mit Bäumen bepflanzet worden. Selbiger stattlicher Baumwuchs, ein wahrer Schmuck der Stadt, ist aber auf den Wunsch des Oberst Freiherrn von Donnersberg, so im Kaisersheimerhaus wohnte und sich von den Bäumen inkommodirt glaubte, modo vandalico niedergehauen worden. Wie wohl thäte einem ein solch grünes Plätzchen inmitten der Stadt und welch liebreizender, auch freundlicher Anblick wäre es für dieselbige! —

Anmit habt ihr die Geschichte dieses denkwürdigen Klosters nebst Kirche vernommen, so in der Erinnerung der alten Ingolstädter allzeit noch frisch lebt, Zeugniß gebend von der hohen Achtung. wie auch großen Liebsneigung, die sie dage-

gen getragen. Was haben die guten Franziskaner im Laufe
so vieler Jahrhunderte nicht Alles für die Stadt gethan.
Wohl und Weh mit ihr getheilt, Freud und Leid mit ihr
getragen, zur Zeit der Pest sie nicht verlassen und in den
gefährlichsten Kriegsläuften treu bei ihr ausgeharrt! — Dieß
und das sollet ihr denken, so ihr allhie vorübergeht. Das
Gute soll man niemalen vergessen! —

Die alte Vestung.

Bereits fünfhundert Jahre
schon ist Ingolstadt ein be=
festigter Ort. Solches be=
weist der Befehl des Her=
zogs Mainhard vom
Jahre 1361: „daß alle die
„Gebawrschaft und Söld=
„ner den Burgern zu Ingol=
„stadt helfen sollen, daß ehge=
„nannter Stadt beveftent
„ward mit Graben, mit Ma=
„wern, mit Tullen, mit Vestung und was dazu gehört; ferner, daß
„die Graben unkümmert und unbebawen bleiben ausserhalb

„der Veſtung der Graben ſechzehn Fuß weit, daſ ein gelad=
„ner Wagen dem andern entweichen mag und innerhalb der
„Mawr zwölf Fuß weit in derſelben Weiß." — Mittlerweile
aber ſind der pfälziſche und der bayriſche Krieg vorüber ge=
gangen, nicht ohne eine große Lehre, auch viel Erfahrung
den Fürſten zu geben, über all das brohte in gegenwärtiger
Zeit der ſchmalkaldiſche Bundeskrieg, dieß machte Herzog
Wilhelm nachdenkend und er erkannte, von wie großen Vor=
theil eine Landesfeſtung wäre. Ingolſtadt, das ohnedieß be=
reits in etwas befeſtiget war und ob ſeiner natürlichen Lagé
an einem Fluße und in weiter Ebene für eine Feſtung groß=
günſtig erſchien, ward ſchnell von ihm zu einer ſolchen aus=
erkoren. Sein Prinz Albrecht, ſo damals zwölfjährig auf
der hieſigen Univerſität ſtudirte, mußte am 1. März 1539
den Grundſtein zum Feſtungsbaue bei ſtatthabenden großen
Feierlichkeiten legen. Selbiger Grundſtein aber hatte nach=
ſtehende Auffſchrift: Ad Christi opt. max. Sempiternam glo-
riam et carissimae patriae propugnationem, ego Albertus
Comes palat. Rheni Sup. et inf. Bav. dux XII aetatis meae
annum ingressus die ejus primo, eoque mihi natali operi
novo Munitionum Ingolstadianae urbis ab illustriss. princi-
pibus Guilelmo et Ludovico fratribus, patre ac patruo pien-
tissimis feliciter instituto, Architecto Reinhardo a Solmis
prima haec posui fundamentorum initia anno d^{ni} MDXXXIX
Calendas Martii. Psalm. 126. Nisi dominus custodierit
civitatem, frustra vigilat, qui custodit eam.

Zweifelsohne iſt der Bau an jener Stelle angehebt wor=
den, ſo noch heutigen Tages Münzberg genannt wird, die=
weil der Feſtung erſter Baumeiſter Reinhard, Graf von

Solms Münzenberg geheißen. Die Stadt hatte bereits starke Ringmauern mit stattlichen Thürmen, so der Zahl nach hundert gewesen sein sollen, aus Ursach dessen auch Ingolstadt die Stadt ad centum turres i. e. zu den hundert Thürmen genannt ward. Es wurden nun die Befestigungswerke daran gesetzet und mit sonderbarem Fleiße und Eifer daran gearbeitet; bislang hatten die Herzoge den kostbaren Bau aus ihren Kammergütern bestritten; weil es ihnen aber letzlich schier dünkte, als ob selbiges Werk auch zum gemeinen Wohle des ganzen Landes unternommen werde, beriefen sie zu dem Ende auf den 21. September 1539 die Landstände nach München. Herzog Wilhelm eröffnete denselben mit folgendem Vortrag: „Liebe Getreuen! Ir habt in und von „Zeithero unsrer Regierung die sorglichen Auffruren, Krieg „und Lauff, so noch kain Aufhörn haben, sondern je länger „je mer beschwerlicher, nit allein in deutscher Nation, son-„dern in der gemainen Kristenheit vor Augen seyn, gehört „und gesehen, und alls wir durch Gnad des Allmächtigen „mit Unserm fleissigem Nachgedenken und nit mit geringen „Uncosten Unsres Kammerguets unser Fürstenthumb und „Euch vor erzellten Unfälln verhuet und dermassen hinfür in „Frieden zu erhalten Unser Leib Leben und Guet nit sparn „wolln und damit solches bester stattlicher beschehen und Ir „jezt Unser angezaigt Gemüeth scheinparlich und im Werk „spüren müigt, haben Wir nach langem und wohlbedachtem „Rate der Kriegserfahrnen fürgenommen, Unser Stat Ingol-„stadt dermassen zu bevestigen, das Uns dieselb durch kainen „menschlichen Gewalt leichtlich abgedrungen, und das Gott „lang vor sein wolle, in der höchsten und lesten Kriegsnot „Unser Fürstenthumb und Euch daraus und darinnen zu er-

„halten, Uns genzlichen versehen und getrösten, haben auch
„beshalber einen ansehnlichen Unkosten von unsern Kammer=
„guet aufgewendet, wie das alles vor Augen ist."

„Dieweil aber solche Bevestigung nit Unsern Personen
„allein, sondern gemainen Unserm Fürstenthumb und Euch
„sambt und sonder, darzu Euern Nachkommen zur Wolfart
„und gueten kommen und Jr Euern Trost und Zuflucht dar=
„auff haben sollt. und mügt, seien Wir des gnädigen Ver=
„trauen, Jr werdet aus erzellten Ursachen bei Euch selbs für
„pillich halten, und achten, das nun hiefür den angefangen
„Pau und Bevestigung mit gemainer Landschaft Hilf vericht
„und zu Ennde gepracht, und damit geeilt werde."

„Ist demnach Unser gnebigs Begernn, Jr wellet bey
„Euch selbs bedenken und beschließen, wie und welcher gestalt,
„das Gellt auf gedachten Pau zuwegen gebracht werden mag,
„und Uns und Euch selbs nit lang auffhalten, das wollen
„Wir in allen Gnaden zusambt Deme, das es Euch allen zu
„gueten khomen auch euer aller und Eurs Vatterlands höch=
„ster notturft ist, gegen Euch erkennen und bedencken."

In Folge dieses Vortrags ist zur Berathung ein Aus=
schuß aus den drei Ständen gewählet worden, aus 64 Mit=
gliedern bestehend. Selbiger Ausschuß bewilligte zu anfangs
50tausend Gulden, weil aber den Fürsten selbige Summe
zu gering bünkte, sind sie auf 100tausend Gulden übereins=
gekommen. Der Landschaftsverordnete Herr Georg Schober,
ein Ingolstädter Bürgerkind, ist zum Kassier, auch Zahlmeister
dieser Steuerbeiträge ernennet worden, so den Fürsten, nicht

5*

minder der Landschaft darüber mußte Rechnung stellen. — Nachgehends wurde der Landtag in Gnaden entlassen.

Durch die Anlegung der neuen Festung sind gar viele Gründe um die Stadt zu ,Wällen verwendet worden, so daß Beispielshalber Herr Rudolph, Pfarrherr von St. Moritz, so den halben Zehent von der Stadt bezog, im Jahre 1546 seinen Verlust hieran wegen der Festungswerke auf vier Fu= der Getreides angibt. Nicht minder hat sich auch der Donau Flußbeet verengt durch den am rechten Ufer angelegten Brücken= kopf, so daß die Chronik von 1770 im Stadtarchiv nur 6 Brückenjoche angibt, so 1542 erbauet wurden. Die damalen angelegten Werke haben nachstehende Namen erhalten, so sie bis zum Jahre der Demolition 1800 beibehielten. 1. Der Brückenkopf, 2. die Münzbergerbastei, 3. die Rauchlochbastei, 4. die Frauenbastei, 5. die Kreuzbastei, 6. die Kugelbastei, 7. die Harberthorbastei, 8. die Ziegelbastei, 9. die lange Cour= tinebastei, 10. die Sebastianbastei, 11. die Eiskellerbastei, 12. die Esselbastei. — Herzog Albrecht ließ im Jahre 1571 durch Jakob Sandner zu Ingolstadt einen Stadtplan an= fertigen. Selbiger Stadtplan zeiget die damalige Befestigung mit hinzugefügter Bemerkung, daß die Stadt einen Umfang von 5000 Schritten hatte.

Ueber alles das ist ganz klärlich zu ersehen, wie daß Ingolstadt unter die ältesten, regelmäßig befestigten Plätze in deutschen Landen zu zählen sei, wie es auch damals für die stärkste Grenzfestung Bayerns gegolten hat. Vom selbigen Zeitpunkt hob eigentlich die Befestigungskunst an, worin aus= ser obgenannten Rainhard, Grafen von Solms Münzenberg

auch Daniel Specfle ein berühmter Meister war. Ge=
nannter Specfle 1536 zu Straßburg geboren, ist in seiner
Jugend in Ungarn, in den Niederlanden gewesen und hat
der berühmten Belagerung der Festung Famagusta in Cypern
1570 angewohnt. Bei dem Erzherzog Ferdinand war er
fünf Jahre lang Rüstmeister, verließ aber diese Dienste und
trat in die des Herzogs von Bayern über. Er wurde bei
Befestigung der Städte Schlettstadt, Hagenau, Ulm, Colmar
und Basel zu Rathe gezogen und befestigte die Stadt Ingol=
stadt. Am Ende seiner Lebensjahre erhielt er den Ruf als
Baumeister in seine Vaterstadt Straßburg, wo er auch 1589
gestorben ist. Beide Baumeister der hiesigen Festung Graf
Solms Münzenberg und Specfle, sind auf dem Kreuzthor der
neuen Festung, zu Pferde sitzend, in Stein gehauen auf=
gestellet.

Soviel zum Gedächtniß der alten Befestigung. —

Das Ingolstädter
Bürgerfähnlein.

Treue, diese vieltheure Tugend, so in
unsren Zeiten schier ganz abhanden zu
kommen den Anschein hat, ist den
Bürgern zu Ingolstadt von jeher am
Herzen gelegen gewesen. Bereits in
den Tagen Herzogs Ludwig des Ge=
barteten haben sie es bewiesen, als
durch die Uneinigkeit der Fürsten, nicht minder durch die
Kampflust des Obgenannten gar mannichfache Zwistig=
keiten und Streitereien entstanden sind. Während nun
selbiger Zeit die Bürgerschaft zu München und Landshut
gegen ihre Regenten überaus gefährliche Aufstände erhuben,
so Alle mit Bürgerblut endigten, blieb die Stadt Ingolstadt
allein ihrem Fürsten in Treue fest. Mittlerweile gingen
viele Jahre hinum, und es kam die Zeit, wo Herzog Georg
der Reiche ohne Hinterlassung eines Leibserben des Todes
verblich. Der Gemahl seiner Tochter Elisabeth aber, so
Rupprecht der Kurfürst von der Pfalz gewesen, wollte sich
des Bayernlandes als eines rechtmäßigen Erbes bemächtigen.
Kaum aber ward den Bürgern Ingolstadts davon Kunde,

als sie auch beschlossen, ihrem angestammten Fürstenhause
treu zu bleiben. Sie regierten sich mittlerweile selbst und
blieben neutral. Am 1. Mai 1604 nahm Rupprecht ohne
Widerstand Neuburg ein und forderte zu gleicher Zeit die
Ingolstädter zur Huldigung auf, aber die von Ingolstadt
haben ihm kein Antwort geben. Alle Bürger des ganzen
Burggebinges wurden zur Vertheidigung der Stadt einberu=
fen, das Kreuz= und Harberthor gen Neuburg hin gesperret.
Die Wachen besetzet, alle verdächtigen Menschen, bevorab
die würzburgischen Reiter ausgeschaft, für Verproviantirung
der Stadt gesorgt und alle Wachtbarkeit angewandt, um die
angenommene Neutralität gegen jede feindliche Angriffe zu
behaupten, wie denn auch Herzog Rupprecht und so nach
seinem Tode dessen Vater Philipp, Kurfürst von der Pfalz,
gegen die von Ingolstadt etwas zu unternehmen sich niemals
getraueten. Ueber all das änderte sich plötzlich die Lage der
Dinge; Herzog Albrecht nebst seinem Bruder Wolfgang
erschienen mit gewaffneter Macht vor den Thoren Ingolstadts,
die ihnen sogleich freudigst aufgethan wurden, und zogen in
die Stadt ein; nicht lange darnach schwuren im Saale des
neuen Schlosses der Rath und die Gemeinde von Ingolstadt
den beiden Fürsten und ihren ehelichen leiblichen Mannes=
erben als ihren rechten natürlichen Erbherrn und Landesfür=
sten, Treue und Gehorsam. Zum Lohne für ihren tapfern
Muth und unwandelbare Anhänglichkeit ertheilten ihnen die
beiden Herzoge sonderbare Gnaden und große Gutthaten, in=
sonderheit Bestätigung ihrer Freiheiten, gleiche Gerichtsver=
fassung mit der Stadt München, nicht minder Erlaß gewisser
Abgaben und Entschädigung für verlorne Zölle und Mauthen.
Deß erfreuten sich die Ingolstädter höchlich, wohl erkennend,

daß Jhre fürſtlichen Gnaden dieſer Stat und gemainer Bur=
gerſchaft mit ſondern Gnaden geneigt ſein. —

Aber von dem Bürgerfähnlein ſelbſt zu reden. Die
Herzoge, einſehend die Nothwendigkeit und den Nußen eines
bewaffneten Bürgerſtandes, bildeten eigene Fähnlein, ließen
Anführer aus ihrer Mitte wählen, übten die unter dieſes
Fähnlein verſammelten Bürger in den Waffen und hielten
von Zeit zu Zeit Muſterung mit ſelbigen. So und nicht
anders iſt auch das Jngolſtädter Bürgerfähnlein entſtanden,
ſo ſich ſchon in der Schlacht bei Gamelsdorf rühmlichſt her=
vorgethan. Als im Jahre 1539 Herzog Wilhelm ſich
entſchloſſen, die Stadt zu befeſtigen, auch mit Sold= und
Quardi=Soldaten zu beſeßen, hat dieß dem Bürgerfähnlein
nicht zum minbeſten einen Eintrag gethan, ſondern es erhielt
vielmehr durch herumliegende Ortſchaften eine nicht geringe
Verſtärkung. Selbige Orte waren die Märkte Gaimersheim,
Köſching, nachgehends die Dorfſchaften Gerolfing, Oetting,
Stamham, Kaſing, Apertshofen, Weſterhofen ꝛc.; dieſe
mußten alljährlich ihre wehrhafte Mannſchaft nach Jngolſtadt
ſchicken, um daſelbſt von dem Stadthauptmanne in Waffen
geübt zu werden; berohalb genoß ſelbiger von jedem neu ein=
getretenen Bürgerſoldaten einen Gulden, als ſogenannten
Exerziergulden. Dem Jngolſtädter Fähnlein lag auch ob,
zur Zeit, wo die Feſtung belagert wurde, auf den Wällen
mit den Quardi=Soldaten Dienſte zu leiſten; wie es in den
Schmalkalbner=, Markgräfler=, Niederländer=, Oeſterreicher=
Succeſſions = und andern Kriegen wirklich ausgeübet und
praktiziret wurde. — Wie hochwichtig die Landesfürſten auf
die Erhaltung und Vermehrung der Stadt= und Landfähn=

lein hielten, thut ein eigenhändiges Schreiben des damals
regierenden Herzogs Wilhelm vom 15. Februar 1588 dar,
in welchem er die schleunige Instandsetzung und Wehrhaft=
machung des Landsfähnleins Ingolstadt, um es zu mustern,
anbefiehlt, weil sich die Läufe jetziger Zeiten an mehr Orten
im heiligen Reich und sonst hin und wieder ganz gefährlich
und sorglich erzeigen. Wie dann bereits allerhand beschwer=
liche Kriegsübungen, Versammlungen, und Praktiken öffent=
lich vor Augen und doch noch der Zeit so verdeckt, daß man
nicht wissen kann, wohin oder gegen wem dieselben mit der
That eigentlich gemeint oder abgesehen seien." Obgemeldte
Musterung ging auch wirklich im nämlichen Jahre 1588 den
13. Juni in dem alten und neuen Schlosse und im Zwinger
vor dem Feldkirchner Thor vor sich und bereits damals ist
beschlossen worden, daß die Quardi=Soldaten die äussern und
die Bürgersoldaten die innern Stadtthore bewachen sollten.
Insonderheit trug Herzog Wilhelm am 1. September 1595
denen von Ingolstadt auf, daß sie ein eignes Zeughaus er=
bauen, die Geschütze, deren sechs Zwölfpfünder hier waren,
deßgleichen andere Munition darin aufbewahren und sauber
erhalten sollen. Bereits in den ältesten Zeiten wurde Nie=
mand aufgenommen als Bürger, der nicht ehevor mit einer
saubern und tauglichen Rüstung und Wehre vor dem Magi=
strate erscheinen konnte; wie dann auch im Jahre 1516 zu
Ingolstadt 500 geharnischte Männer gezählet wurden. Die
Instruktion Herzogs Wilhelm befahl unter andern auch, daß
die Bürgersoldaten in zwei Fähnlein unter zwei Hauptleute
eingetheilet, daraus gute Schützen gebildet, das bis dahin
übliche Schwamen= und Steinschüssen abgestellet, heringegen
die Luntenrohre eingeführet werden sollen; und damit sie im

Gebrauche'desto geübter wurden, sollen sie wochentlich einmal
an den Sonn = und Feiertagen zusammengefordert werden,
damit sie sich lernen in Ordnung schicken, einmal bis zwei=
mal in die Schlacht= und Zugordnung geführt und ein or=
dentlicher Ring beschlossen, wieder nach Haus ziehen mögen.
Die Waffen, so damals im Gebrauch waren, bestanden aus
Musketen, Luntenrohren, Flammen= und Schlachtschwertern,
Helleparten und langen Federspießen. Diese Waffen, nicht
minder die übrige Rüstung, als Pickelhauben, Harnische rc.
mußte jeder Bürger in seinem Hause oder in seiner Wohnung
aufbewahren, auch selbige mit dem Hause, so er es verkaufte,
an seinen Käufer gegen Bezahlung des Werths übergeben.

Als Herzog Maximilian I. zur Regierung kam, ließ
er am 5. September 1605 eine eigene Instruktion auf zehn
vollen Bögen an den damaligen Stadthauptmann Baltha=
sar Coratter ausgehen mit dem strengsten Auftrage, daß
er bei höchster Ungnade und ernstlicher Strafe Niemanden
von selbiger eine Abschrift geben, sonderlich aber die Anzahl
seines Fähnleins Niemanden sagen, noch außer seinem Ober=
hauptmanne lesen lassen, sondern allein sich selbst oft und
genuglich in derselben ersehen soll.

Vier Jahre darnach, als im Jahre 1609 wurde das
Stadtfähnlein durch den zum Landesbefensionswesen deputirten
Generalkommissär Herrn Alexander Haslang gemustert:
selbiges bestand damalen aus 1 Hauptmann, 1 Lieutenant,
1 Fähnrich, 7 Unteroffizieren, 6 Spielleuten, 154 Doppel=
söldnern, 180 Musquetieren und 105 Hackenschützen, in Summa:
455 Mann. Kurfürst Ferdinand Maria ließ das Stadt=

fähnlein 1663 neuerbings muſtern. Durch dieſe Muſterung hat
ſich mit Einſchluß der Offiziere eine Anzahl wehrhafter Bürger
zu 426 und vom Lande zu 48 Mann ergeben, in allen alſo
zu 474 Mann. Derohalben ließ ſelbiger Kurfürſt ein Re-
ſkript an den Ingolſtädter Magiſtrat ausgehen folgenden Inhalts: Wir haben aus eurem unterthänigſten Bericht vernommen, wie ſtark euer Stadtfahnen dermalen ſei, denn daß
ſelbiger nach Nothdurft alſo beſchaffen, daß deren keiner Alters oder Leibszuſtänd halber bedenklich, ſondern alle dem
Exerzitio gebührend nachkommen können. Nun hat es zwar
dabei ſein Bewenden, und habt ihr mit dem Exerzitio fleißig
zu continuiren und auch ferners angelegen ſein zu laſſen,
auf daß ermeldter Stadtfahnen allzeit komplet und in gutem
Standt erhalten werde, allein erinnern wir uns, was maſſen
beſagter Fahnen hiebevor ſtärker geweſen, als euer jetzig über-
ſchickter Extrakt ausweiſt; derowegen ihr weiters gehorſambſt
zu berichten habt, ob allein die Burgerſchaft in der Stadt,
oder auch diejenige Mannſchaft, welche vom Land dahin gehören, darunter begriffen."

Letzlich will ich auch die Namen der Stadthauptleute,
ſo über das hieſige Stadtfähnlein mit anfangendem 17 Jahrhundert, — weiters hinauf geben die Schriften keine Kunde
hievon — das Kommando führten und dahero nach beſon-
dern Verträgen oder Beſtellungsbriefen einen gewiſſen Sold
aus dem Gemeinde-Säckel erhielten, anher ſetzen I. Balthaſar Coratter von Memmingen wurde zum Stadthauptmann erwählt, den 12. Mai 1606 und ſtarb den 2. Mai
1619. II. Matthias Brattner erwählt den 4. Mai
1619. III. Chriſtoph Gloggnizer von Biberach erwählt

ben 12. Mai 1620, ftarb 1635. IV. Michael Geyer von Günzburg erwählt ben 14 Jänner 1636. V. Franz Aßfpelt von Luzenburg, ehmaliger Landlieutenant von Braunau, erwählt ben 20. September 1651. VI. Franz Baar von Ingolftabt, erhielt die Anwartfchaft ben 9. September 1671. VII. Stephan Anbre von Ingolftabt erwählt ben 23. November 1685. VIII. Martin Link, war Fähnrich unter Graf Montfort Regimente, von Dreßben, erwählt ben 1. Februar 1690. IX. Franz Jofeph Ignaß Mayer von Ingolftabt erwählt ben 3. Februar 1715. X. Veit Kleyborfer von Ingolftabt, beftätigt ben 23. September 1720, ftarb ben 3. Dezember 1745. XI. Georg Anton Wolf erwählt ben 19. Jänner 1746, ftarb ben 9. April 1751. XII. Johann Balthafar Zwickl erwählt ben 10. April 1751. XIII. Jofeph Devigneau, ehmaliger kurfürftl. Hauptmann wurde bem vorigen abjungirt ben 14. März 1769. XIV. Jofeph Wolf von Ingolftabt, erwählt ben 8. Oktober 1773, ftarb 1784. XV. Jofeph Merzmiller von Ingolftabt, erwählt ben 23. Februar 1793, ftarb 1813, nachdem er zuvor ben 5. September 1805 in die Ruhe verfeßt wurde.

Alle biefe Stabthauptleute wurden vom kurfürftlichen Hoftriegsrathe beftätiget und verpflichtet, auch hatten fie mit ben übrigen Offizieren des Stabtfähnleins das fonderbare Vorrecht, die nämlichen Infignien, wie die Offiziere in ber Linie, tragen zu bürfen.

Der
Schweden-Schimmel.

elbiger Schimmel. so annoch im hie=
sigen Schloße ausgestopfter zu sehen
ist, schreibt sich von dem Schweden=
könige Gustav Adolph her, wel=
cher König zwar an die Stadt,
aber nicht hinein gekommen ist. Dieß ging aber so. Die
schwedischen Truppen unter Gustav Adolph drangen zu An=
fangs April 1632 über den Lech in Bayern ein. General
Tilly wollt's verhindern, ward aber verwundet, item der
General Altringer, derohalb zogen sich die vereinigten
bayrischen und kaiserlichen Truppen zurück und schlugen bei
Ingolstadt ein Lager vor dem Feldkirchnerthor. Die Stadt
selbst ist unter dem Kommando des Kurfürsten Max I. durch
eine Besatzung verstärkt worden. Mittlerweile drangen die
schwedischen Truppen gen Ingolstadt vor und Gustav Adolph
hub die Belagerung der Stadt von der Donauseite an. Am
29. April zeigten sich die ersten schwedischen Vorposten, sind
aber aus denen Festungswerken tapfer heim geschickt worden;
Kurfürst Max soll eigenhändig die erste Kanone losgebrannt

haben, sprechend: Gott gebe seinen Segen dazu, will zuerst
den Feind begrüßen! — Die Schweden verschanzten sich
hinter des Wasenmeisters Haus, so einschichtig rechts der
Donau gelegen war, und hinter den Galgen, neben dem sie
zwei große Feldstücke aufgeführet hatten.

Der Kurfürst hatte unterhalb dem Feldkirchnerthor eine
Schiffbrücke über die Donau schlagen lassen. Auf diese
Brücke, nicht minder auf das Hornwerk oder den Brücken=
kopf vor dem Donauthore machten die Schweden noch am
selbigen Tage Nachts 10 Uhr einen doppelten Angriff, welchen
Gustav Adolph selbst mit dreitausend Mann seiner beherztesten
Truppen kommandirte; wurden aber nach anderthalb Stunden
zurückgeschlagen, wobei der König nur allein vor dem Horn=
werk dreihundert seiner tapfersten Leute verlor. Zum Be=
weise, wie hitzig allda das Handgemenge gewesen, gibt der
Chronist an, wie ein bayrischer Rekrut einen Schweden, so
den Wall hinauf zu klettern Willens war, mit seinem Hacken=
spieß durchstochen, ihn wie einen Fisch an der Angel über
den Wall hineinziehend. — Wie viel die Schweden an der
Schiffbrücke verloren haben, kann nicht angezeigt werden,
sintemalen die Todten zum Theil in die Donau geworfen,
zum Theil durch die Büsche zurückgezogen worden sind.

Am ersten Tag des Maien zog Kurfürst Max nach ab=
gebrochenem Lager am Feldkirchnerthore mit dreißigtausend
Mann seiner Truppen in zwei Kolonnen gen Regensburg,
Willens dem schwedischen General Horn in der Besetzung
dieser Reichsstadt zuvorzukommen. Zwölftausend Mann ließ
er als Besatzung in der Festung unter dem Kommando des

Oberſten von Kratz, Grafen zu Scharffenſtein. Die Schweden, dieſen Abzug bemerkend, wiederholten einen Angriff auf die Schiffbrücke, ſo ihnen aber gleichfalls nicht gelungen iſt, weil die Kaiſerlichen ſelbige Brücke auf das linke Donauufer ge= zogen hatten.

Als mittlerweile tüchtig auf die Schweden kanonirt wurde, machten die Kroaten mit zehn Schwadronen einen Ausfall aus der Feſtung und fügten dem Feinde nicht ge= ringen Schaden zu. Hiebei iſt auch der erſtgeborne Prinz des Markgrafen von Baden Durlach getödtet worden; ſtand eben in ſeinem Zelte, als eine Kanonenkugel aus der Feſtung ihn traf und das Leben nahm. Guſtav Adolph ließ die Leiche, ſo ſchon begraben geweſen, durch einen Trompeter, zurückforbern; man grub ſie aus und als der Trompeter ſel= bige erkannte, iſt ſie ins feindliche Lager zurückgeſchickt wor= den, wofür ein gefangener adelicher Rittmeiſter von Neuhauſen losgegeben wurde.

Den 2. und 3. Mai iſt die Beſchießung fortgeſetzt worden; am dritten Mai hat ſich aber etwas zugetragen, ſo dem König ſchier das Leben gekoſtet hätte. Guſtav Adolph kehrte eben von Neuburg zurück, ritt noch eine Zeitlang im Lager herum, hiebei ſich in das freie Feld bis gen den Gal= gen zu wagend, als unverſehends von der Schloßbaſtei eine Kanonenkugel geflogen kam, ſein Pferd am hintern Schenkel traf und zu Boden ſtürzte. Auch der König fiel, hat aber keinen Schaden genommen außer einem Schmerzen am Fuße, zufolge dem er hinken mußte. Das Pferd iſt von einem Schweden tobtgeſchoßen und nach Aufhebung des Lagers am folgenden Tage in die Stadt gebracht worden, allwo der kleine Spiegelschimmel noch als ein Wahrzeichen im Schloße ausgestopft zu sehen ist. Man sagt, daß dieser Unfall den König Gustav Adolph bewogen habe, die Belagerung Ingol= stadts aufzugeben; sei dem, wie ihm wolle, am vierten Mai nach Mitternacht gab der König Befehl, das Lager abzu= brechen und· zog sich mit seiner· ganzen Armee zuerst gen Landshut, dann nach München. Zu Reichertshofen, als Gustav Adolph eben beim Mittagmahle saß, ist er aufs neue durch die Nachricht geängstigt worden, daß die den Schweden so fürchterlichen Kroaten, in großer Anzahl heranrückten. Allsogleich ist aufgebrochen worden, aber der Marsch hat sich gar bald in eine wilde Flucht verändert. Mehr als 500 Schweden wurden auch von den nacheilenden Dragonern und Kroaten theils niedergemacht, theils gefangen. Ueberhaupts soll diese kurze und erfolglose Belagerung Ingolstadts dem Schwedenkönig über viertausend Mann gekostet haben. Die Beute, so den Unsrigen in dem so schnell verlassenen Lager zu Theil geworden ist, war nicht gering; dazu kamen noch fünf mit Wein, Bier, Brod und Haber beladene Ulmer Schiffe, wovon zwar die Schiffleute selbst, als sie den Abzug der Schweden bemerkten, zwei versenkt haben. —

Der Schimmel hat theils wegen Alters, theils wegen Raubes schier keine Haare mehr, ist auch ohne Zaum und Biß; den ersteren nahmen die Oesterreicher und letzteres die Franzosen. Wäre der Schimmel dortmals nicht schon völlig morsch gewesen, so würde selbiger zweifelsohne auch mit nach Frankreich gewandert sein. Bei dem Schimmel findet sich eine Schrift, also lautend: Hier ist der Schümbl zu sehen,

worauf der König aus Schwöden die Vestung Ingolstatt re=
conifirte; der schümbl aber under dem König mit einer stukh=
kugel erlegt worden. Im Jahre 1632 May 3. — Joseph
Ulrich Weinberger hat im Jahre 1632 als Zeitgenoße die
ganze Belagerung aufgezeichnet und auf dem Gemälbe, so
ehedem auf· dem Rathhause aufbewahrt gewesen, ist die ganze
Geschichte anschaulich dargestellt. Der Platz, wo der Schim=
mel erschoßen wurde, ist mit R bezeichnet gewesen und in
der Buchstabenerklärung hat es geheißen: Pratum, in quo
equus Regis globo trajectus i. e. Wiese, auf welcher das
Pferd des Königs erschossen wurde. — Selbiger Schweden=
schimmel ist für Ingolstadt ein allzeit denkwürdiges Wahr=
zeichen an eine traurige Zeit und einen furchtbaren Krieg, so
unser Vaterland gräulich verwüstete; möge uns Gott vor
einem solchen allzeit in Gnaden behüten! —

Das Christusbild

am

Pfeifthurm.

In dem städtischen Pfeifthurm, von dem aus die Ankunft der Schiffe signalisirt wurde und bei Hochzeiten und Taufen gar luftiglich Pfeifen und Schalmeien ertönten, steht ein gar andächtiges Christusbild. Besagtes Bildniß stellte ein überaus frommer und gelehrter Pfarrherr mit Namen Petrus Steuart, aus Lüttich gebürtig, allhie Professor und durch 35 Jahre würdigster Pfarrherr von St. Moritz, zu einer frommen Mahnung an das bittere Leiden Jesu Christi zu Anfang des sechszehnten Jahrhunderts auf. Mählig wuchs die Andacht des Volkes zu diesem einbringlichem Bilde und wer immer des Weges vorüber zog, Jung oder Alt, geistlich oder weltlich entblößte gar ehrerbietig das Haupt und schickte einen andächtigen Seufzer hinauf zum leidenden Heilande mit der dörnenen Krone. Und das nicht ohne Grund, denn es ist auch ein Heilthum von Martyrer=Reli=

qulen als da sind: vom hl. Innozentius und Benediktus, nicht minder von der hl. Cölestina darin eingeschlossen worden. Ueber all das verlautet aber in alten Büchern eine erschreck= liche Sage von diesem Bildniße. Um das Jahr 1621 herum kam ein adeliger Pole Adalbert von Benjowski auf die hiesige Universität, um den Studien obzuliegen, in Wahrheit aber um seinen Leidenschaften Zaum und Zügel frei zu lassen. Er führte ein gar wüstes Leben, verschwen= dete sein Hab und Gut in Ueppigkeit und Zechgelagen und war ob seiner Wildheit der ganzen Studentschaft ein sonder= bares Aergerniß. Mit vielen akademischen Strafen belegt und gar oft vom damaligen Rektor Magnifikus Leo Menze= lius hart angelassen, verblieb er dennoch in seiner Un= bändigkeit. Einstmalen ging er nach Mitternacht die Schwaiger= gassen herunter, blieb dann vor dem Bildniß unsres lieben Heilandes stehen und lästerte mit so gräulichen Flüchen zu ihm hinauf, als ob er völlig von Sinnen und nicht anders, denn rasend wäre. Da, o Wunder, that der Herr seine ausgespannten Arme über seine Brust zusammen, gleichsam als wollte er sein Vaterherz ihm verschließen; der Frevler aber ward von Gottesgericht getroffen, stürzte zu Boden nieder und ist Augenblicks gähen Todes verblichen. Er wurde des andern Tags unter dem Galgen vor dem Donauthore einge= scharret; diese schauerliche Kunde aber durchlief wie ein Lauf= feuer die ganze Stadt und vermehrte unter den Einwohnern die Andacht und Verehrung zu diesem Christusbilde also, daß sie bis auf den heutigen Tag noch nicht erloschen ist. Etwa über hundert Jahre nach diesem Ereignisse kam gar eine be= trübte Zeit über Ingolstadt. Zweimal wurde es von den Oesterreichern belagert und letzlich mußten die Bayern gar

6*

abziehen, Prinz Eugenius mit einer kaiserlichen Besatznng von 4000 Mann zog ein und Ingolstadt ist von da an zehn Jahre unter kaiserlicher Abministration geblieben. Die endlosen Einquartierungen, der Druck der ohnmäßig gesteigerten Abgaben und Lasten, nicht minder das schmerzbetrübte Gefühl, ihrem selbsteigenen Landesfürsten nicht mehr anzugehören und fremdem Befehl unterthänig sein zu müssen, hatte sich nicht anders wie Blei auf aller Bürger Gemüther gelagert. In dieser großen Bedrängniß schaute der fromme Bürger Johannes Kirchmaier, Bierbräu allda und seßhaft beim jetzigen Hugl, gar oftmals zum leidenden Heiland am Pfeifthurme mit naßen Augen hinauf und rief mit großer Inbrunst um Hilfe. Mittlerweile aber hob am 12. August die Belagerung an, nach Umlauf von dreien Tagen wurden die Laufgräben eröffnet, der General Thüngen, ein gar grimmiger Mann, drohte die Stadt mit feurigen Kugeln zu beschießen und die Einwohner kamen vor Angst und Schrecken schier von Sinnen, so daß sie die Todten zu begraben vergaßen, — in diesem Elende nun machte obgedachter Herr Kirchmaier das Gelöbniß, des Herren Bildniß gänzlich erneuern zu lassen, wenn anders wieder friedliche und ruchsame Zeiten kämen. — Und sie sind gekommen, der Herr hat geholfen, das Christusbild aber, durch das der Prophet Jeremias leibhaftig uns zuruft: Siehe ich habe Dich in meine Hände gezeichnet, o Stadt, deine Mauern sind immerdar vor meinem Angesichte, schaute in gänzlich renovirter Gestalt gnädiglich herab, als unter dem Geläute sämmtlicher Glocken am 25. Januar 1715 um 10 Uhr frühe die bayrischen Fahnen unter General Mercy mit klingendem Spiele wie auch triumphirendem Freudengeschrei und Jubiliren des Volkes in Ingolstadt einzogen. — Weiters

über 41 Jahr nachher kam der furchtbaren Erdbeben wegen
eine überaus große Angst über die Menschheit und das gottes=
fürchtige Ingolstadt nahm in dieser betrübten Zeit durch eine
feierliche Bittprozeſſion ſeine Zuflucht zu dem Chriſtusbild;
blieb auch verſchont; zum Danke dafür ließ Herr Stadt=
Pfarrer H a g n mit vielen Wohlthätern daſſelbe aufs neue
faßen; was im Jahre 1824 abermals geſchah und letzlich im
Jahre 1857 wiederholt worden iſt. — Aus All dem aber
geht klärlich herfür, wie daß oftbelobtes Chriſtusbild allezeit
bei der Einwohnerſchaft in hoher Verehrung ſtund und für
ein rechtes Wahrzeichen der Barmherzigkeit Gottes, nicht
minder ſeiner Gerechtigkeit gehalten wurde, erinnernd an jene
ſchaubervolle Sage vom ſelbigen Studenten, welche die Ur=
kunde mit nachſtehenden Worten ſchließt: „den Richter aber
mögen Alle fürchten, welche wißen, daß ſie durch Sünden den
leidenden Chriſtus verachtet haben.“ —

Wer immer nächtlicher Weile oder zu Tags an dieſem
Bilde, das einſt über und über mit Votivtafeln und Weihe=
geſchenken behangen geweſen, vorübergeht, den überkommt ein
Gefühl wie Wehmuth und doch ſo voll des Troſtes. Wer
es in Acht nimmt, der weiß es. —

Das Stricker-Thürmlein.

Verräther hat es auch in dem sonst so getreuen Ingolstadt gegeben; — will uns aber um solcher Ursach willen das Herz in etwas wehmüthig und mißstimmt werden, so möge uns die Wahrheit trösten, daß dieß überall und allzeit so gewesen und also sein wird von den Tagen des Judas Iskarioth an bis zum Weltend. Waren ihrer zwei, die sich zur schlechten That verbanden, einer aus dem Soldaten, der andere aus dem Bürgerstande; Gott aber ließ es nicht zu und vereitelte ihren bösen Plan, so daß die Stadt nicht in Feindes Hand gerieth, sie beide aber zur gerechten Strafe vom Leben zum Tode gerichtet wurden; die Geschichte jedoch soll jetzt in Kurzem erzählet werden. Im April 1632 drangen die Schweden gen Ingolstadt vor und Gustav Abolph, ihr König, hob die Belagerung der Stadt von der Donau=

seite an. Die vereinigten kaiserlichen und bayrischen Truppen
schlugen ihr Lager vor dem Feldkirchnerthor auf; Kurfürst
Max verstärkte die Besatzung der Stadt und übernahm selbst
den Oberbefehl über dieselbige. Die Schweden wurden aber
nicht Herr, obgleich sie ohne Aufhören kanonirten. Mittler=
weile brach Kurfürst Maximilian sein Lager am Feldkirchner
Thor ab und zog am 1. Mai mit 30000 Mann seiner Truppen
in zwei Kolonnen gegen Regensburg, um den schwedischen
General Horn in der Besetzung dieser Reichsstadt zuvor zu=
kommen; 12000 Mann ließ er als Besatzung in der Festung
unter dem Kommando des Oberst Kratz, Grafen zu
Scharffenstein. Am selbigen ersten Maientag aber wurde
ein sicherer Graf von Farnsbach, so mit seinem Regiment
zur Besatzung gehörte, verhaftet. Der Graf war Festungs=
kommandant und soll ein Mann von ohnmäßig großer Körper=
statur, nicht minder von seltenen Geistesgaben gewesen sein;
war nur zu bedauern, daß er ebenso dem Hochmuth und der
Habsucht ergeben gewesen, was ihn auch zum Falle gebracht
hat. In der Festung ging schon länger das Gemurmel, als
ob es mit selbigen Manne in puncto der Treue nicht gar
zum besten stünde; man soll ihn auch mit etlichen schwedischen
Offizieren gar vertraulich haben reden gesehen; leider ist er
auch wirklich ein Verräther gewesen, wie es sich später her=
ausstellte; eine große Summa Geldes, nebstbei ein hoher Rang
in der schwedischen Armada waren die Lockspeise, welche den
ohnedieß unzufriedenen Kommandanten von seiner geschwornen
Pflicht abwendig machten. Als eines gefügigen Werkzeuges
bediente er sich eines abgehausten Strumpfstrickers mit
Namen Sixt Beutler. Derselbige wohnte in einem gar
ärmlichen Häuslein hinter dem Hahnenhofe und war für

Geld zu Allem zu gebrauchen. Mit diesem Menschen verkehrte Graf Farnsbach, was nicht kleinen Verdacht erregte; über all das sah man ihn einst zur Nachtszeit in des Strumpfwirkers Häuslein am Graben schlüpfen, worüber ein noch lauterer Rumor in der Stadt entstand. Insbesondere war es Hanns Demel des innern Rathes, der in selbiger Gegend einen Garten hatte und oftbesagten Sixt Beutler als ein, wie es schien, der Stadt gefährliches Subjectum nicht aus den Augen verlor. Er täuschte sich auch nicht; in der Nacht vom letzten April auf den ersten Maien hat er jenen Verräther mit einem weißen und einem rothen Strumpf angethan und ganz verdächtige Zeichen machend, auf der Stadtmauer hin und wieder gehen sehen, wo schier der schwächste Punkt der Festung gewesen. Der Mond warf gerade sein Licht dahin, so daß ihn Herr Hanns Demel deutlich erkennen konnte; der machte sogleich seine pflichtgemäße Anzeige, worauf eine Rotte Soldaten mit einem Kolonel abgeordnet wurde, den Sixt Beutler einzufahen. Sein Verhör war kurz, wasmaßen er Alles umständlich bekannte; augenbliks wurde er an derselbigen Stelle aufgehenkt, wo er den Verräther machen wollte; zum ewigen Gedächtniß und abschreckenden Exempel aber ist er in figura an dem nächst gelegenen Festungsthurme angemalt worden. Noch zappelte der Leib des Verräthers am Galgen, als auch bereits der Haupträbelsführer Graf Farnsbach gefänglich eingezogen wurde, zweifelsohne vom Strumpfwirker im Verhöre angegeben. Da er aber hartnäckig leugnete, mußte er ein ganzes Jahr im Kerker schmachten; letzlich aber des Verrathes sonnenklar überführt, ist er nach Regensburg zum kaiserlichen Feldmarschall Altringer transportiret worden, allwo er nach den Kriegsgesetzen vom Leben zum Tode verurtheilt und auf offenem Platze unter Zuströmen endlosen Volkes enthauptet worden. — So geht die Sage vom selbigen Strumpfstricker von Mund zu Munde seit urfürdenklichen Zeiten; findet auch, wie so eben gezeigt ist worden, in der Geschichte einigen Anhalt.

Das Bild auf dem Thurme — so einer der nördlichen Stadtthürme zwischen dem Fedkirchner und Harberthore ist und leicht vom Walle aus gesehen werden kann, — war bis in die jüngste Zeit noch sichtbar; man erzählt auch, wie daß der Feldmarschall-Lieutenant Ritter Santini, der vom Jahre 1737—45 Statthalter allhie gewesen, gar oft aus gerechtem Eifer mit Pistolen auf den gemalten Strumpfstricker gefeuert habe. — Hat recht gethan! —

Die hohe Schule.

nter den Seligkeiten, so der sterbliche
„Menſch von Gott in dieſem zergäng=
„lichen Leben erlangen mag, iſt dieſe
„nicht die geringſte, daß er durch fleißiges
„Studium die Perle der Wiſſenſchaft
„erwerben kann, ſo ihm die Weiſe gut
„und glücklich zu leben lehrt, ihn vor
„allen übrigen Menſchen auszeichnet und
„Gott ähnlich macht.“ Alſo drückte ſich
Papſt Pius II. in der Stiftungsbulle
der Univerſität Ingolſtadt aus, ſo er
auf inſtändiges Anhalten des Herzogs Lud=
wig des Reichen von Bayern erließ. Selbiger ruhmwürdige
Fürſt, überzeugt, daß aller Irrthum aus Mangel an Wiſſen=
ſchaft entſtehe, folgte dem Beiſpiele Erzherzogs Albrecht von
Oeſterreich, ſo die Univerſität Freiburg im Breisgau und
Wratislaus IX., Herzogs von Pommern, ſo die von Greifs=
walde ſtiftete und wollte mit Gutheißung Roms 1459 auch
eine ſolche Akademie gründen und zwar zu Ingolſtadt, ſinte=
malen, wie es in dem herzoglichen Schreiben an den Papſt

heißt, „diese Stadt auf einer weiten Ebene von dem Donau-
„fluße umgeben liege, dahero die Luft rein und gesund sei,
„auch nur sehr selten die Pest herrsche. Es befinden sich
„daselbst auch Wälder um die Stadt zu Spaziergängen ein-
„ladend, wie auch zur Jagd. Auf einer Seite sind Gärten
„und Wiesen, auf der andern unbebaute Ebenen, so zu Spiel-
„übungen aller Art überaus geeignet sind. In der Stadt
„sind herrliche Kirchen, sonderbar der Tempel zu U. L. Frau,
„welcher zu großartigen, akademischen Festen hinlänglich Raum
„bietet. Die Häuser sind geräumig, manche prachtvoll, sie
„enthalten Wohnungen für mehr als tausend Studenten. Um
„die Stadt herum liegen viele Dörfer und Ortschaften, so
„wöchentlich zweimal Lebensmittel überflüßig, auch zu billigen
„Preisen hereinbringen. Der Wein ist in etwas theuer, das
„Fleisch ist gut, das Brod vorzüglich und Fische liefert die
„Donau ebenso viel, als köstlich." — Mittlerweile ist aber
durch eingebrochene Kriegsläufte der Entschluß des für die
Wissenschaft so eifrig besorgten Herzog Ludwigs in etwas
verzögert worden. Es entbrannte nämlich zwischen ihm und
Albrecht Achilles, dem Markgrafen von Brandenburg, nebst
32 verbündeten Städten ein Krieg, so erst im Jahre 1463
durch Georg Podiebrad, König von Böhmen, beigelegt wurde.
Nach Umlauf von wieder neun Jahren endlich erließ Herzog
Ludwig von Landshut aus am 2. Januar 1472 ein offenes
Schreiben des Inhalts, wie er männiglich, weß Standes und
Ranges er immer sei, hiemit kund thue, daß er zu Ingolstadt
eine Universität gestiftet und selbige mit berühmten Doktoren
und Lehrern bestellet habe, so am Montag nach Oculi ihre
Vorlesungen anheben werden. Das Studium hat auch wirk-
lich im März seinen Anfang genommen, die feierliche Ein-

weihung der Universität selbsten aber fand erst am 26. Juni, als am Tage der heil. Martyrer Johannes und Paulus statt. Selbigem Feste wohnten der Stifter Herzog Ludwig und sein Sohn Georg, damalen siebzehnjährig, die Herzoge Otto und Christoph von Bayern, der Gesandte des Königs von Ungarn Mathias und Protonotar des apostolischen Stuhles Johannes Rabenstein, die Bischöfe von Eichstätt und Augsburg, der Weihbischof von Regensburg, nicht minder eine Menge von Prälaten, Grafen, Professoren und Studenten bei. — Zu einer Fundation der Universität sind von dem Herzog Ludwig ein Kapital von der überreichen Pfründnerstiftung, so sein Herr Vetter Ludwig im Barte gemacht hatte, nicht minder die liegenden Güter, welche die Franziskaner vor ihrer Reformation besessen hatten, angewiesen worden. Die Universität ist ganz nach dem Muster derer von Wien eingerichtet worden, ward auch der nämlichen Privilegien, Freiheiten, Ehren und Immunitäten theilhaftig gemacht und sind darin Fakultäten für Gottesgelehrtheit, kanonisches Recht, Civilrecht, Arzneikunde und Weltweisheit errichtet worden. Herzog Wilhelm erwies im Jahre 1516 der hohen Schule eine sonderbare Gnade, indem er ihr das Präsentationsrecht auf die Pfarreien Abensberg, Weinbig und Schongau verlieh. Etwas späters gewährte Papst Hadrian VI. der Universität die Wohlthat, daß ihr die Frauenkirche von Ingolstadt 50 Gulden, Weinding 80, Abensberg 40 und Schongau auch 40 Gulden jährlich entrichten mußten. Im Jahre 1524 erlaubte Papst Clemens VII., daß die Pfarrei zu St. Moritz in Ingolstadt mit all ihren Einkünften der Universität einverleibt werde, was aber erst 250 Jahre später unter Clemens XIV. zur Ausführung kam. Im Jahre 1606

erlangte Herzog Maximilian vom Papste Paul V. die Gnade,
daß er den größten Theil der Einkünfte des aufgelösten
Klosters Schamhaupten der Universität übertragen durfte.
Papst Paul wies im Jahre 1508 eine jährliche Pension von
15 Mark Silber aus den Pfarreien St. Martin in Landshut
und Unserer lieben Frau in Landau dem Universitätsver=
mögen zu. —

Der Zudrang zur hohen Schule ist ein dergestalt großer
gewesen, daß schon zu anfangs der Vorlesungen, ehe noch die
eigentliche Eröffnung statt gehabt hatte, 489 Studenten sich
einschreiben ließen. In den dreißiger Jahren des sechszehnten
Jahrhunderts erhob sich die Universität zu erstaunlichem
Glanze, und überaus großer Berühmtheit, indem Herzog Wil=
helm aus ganz Deutschland und Italien die gelehrtesten
Männer für Ingolstadt gewann. Bereits im Jahre 1516
hat der berühmte Aventinus den Grund zu einer gelehrten
Gesellschaft unter dem Protektorat des bayrischen Herzogs
Ernst, dessen Lehrer er war, gelegt. Selbige Gesellschaft
hieß Sodalitas litteraria Angelostadiensis und hatte
die gelehrtesten Männer selbiger Zeit zu Mitgliedern. Am
ersten Septembris ist nämlich M. Johannes Aventinus im
Rathe der philosophischen Fakultät erschienen, bittend im
Namen des Herzogs Ernst, so ein großer Freund der Wissen=
schaften gewesen, um die Errichtung einer neuen Burse,
welcher Mag. Urban Rieger und Mathias Kretz vor=
stehen sollten. Die philosophische Fakultät hat auch unterm
13. Oktober die Statuten genehmigt und die neue Burse ist
unter dem Namen: bursa liliorum eröffnet worden. Pro=
tektor selbiger Burse war der Herzog Ernst und nach ihm

der Kanzler Leonhardus von Eck. Nun hat sogleich ein edler Wettstreit unter den gelehrten Mitgliedern angehoben und sind von da gar zierliche Werke der Poesie, auch tiefsinnige Schriften philosophischen und historischen Inhalts ausgegangen. Da waren ein Georg von Beham aus Weiden, ein Johann Kneissel aus Ingolstadt, ein Urban Rhegius aus Lindau, ein Hieronymus Anfang von Pfaffenhofen, ein Mathias Kretz von Landsberg, ein Georg Schack von Wemding, ein David Rottmund von Buchhorn, ein Eustachius von der Alben, lauter junge strebsame Männer und Freunde des berühmten Aventinus, i. e. Johannes Turmair, so an Wissenschaft wohl alle überragte. War ein Bürgerssohn aus Abensberg und hat sich am 21. Juni 1495 auf hiesiger Universität einschreiben lassen, den Grund zu seiner Wissenschaft allhie legend. Zu Paris hat er die Magisterwürde erhalten, nachgehends zu Wien, hierauf zu Krakau, endlich auf hiesiger hohen Schule öffentlich gelehret. Nachdem er Lehrer der beiden herzoglichen Brüder Ludwig und Ernst geworden und im Jahre 1515, als Prinz Ernst Studiumshalber die hiesige Universität besuchte, mit demselbigen hieherkam, gründete er jene gelehrte Gesellschaft, von welcher oben die Rede gewesen. Als er seiner Stellung als Lehrer entbunden war, hat er sich gänzlich der Geschichtsschreibung Bayerns gewidmet. Im Auftrag und auf Kosten der Landesfürsten durchreiste er ganz Bayern, alle Archive und Bibliotheken durchsuchend. Erlebte aber die Herausgabe seines Werkes nicht mehr; denn er starb im Januar 1534 zu Regensburg. Aventinus ward nämlich von dem Kanzler Leonhard von Eck zum Erzieher seines Sohnes Oswald gen Ingolstadt berufen. Aventinus ist auch wirklich hieher gekommen, die Seinigen in Regensburg zurücklassend. Um Weihnachten fuhr er daher mit einem Wagen nach Regensburg, um selbige abzuholen, ist aber unter Weges schwer erkrankt und gab in jener Stadt in Gegenwart seiner Frau, mit welcher er sich nicht gut hauste, seiner Tochter Gisela, des Wolfgang Rysius und einer alten Frau, so ihm zufällig auswartete, den Geist auf. Liegt zu Sankt Emmeram begraben, allwo er noch einen Denkstein hat. — Jene gelehrte Gesellschaft zu Ingolstadt, seine Stiftung, erlosch mählig wieder aus Abgang der meisten Mitglieder, auch des Aventinus und nach dem Jahre 1520 findet sich in den alten Schriften nichts mehr von einer bursa liliorum. —

Nicht minder erhob sich im Jahre 1746 die hohe Schule zu Glanz und Ehre; nachdem eine Verbesserung der Universitätsstatuten vorgenommen worden war, fing das akademische Leben wieder aufs neue zu blühen an und erreichte bis zum Jahre 1752 den höchsten Grad des Ruhmes durch die Menge von Studierenden, so theils durch den Adel der Geburt, theils durch das eifrige Streben nach Wissenschaft sich ausgezeichnet haben.

Das hohe Schulgebäude selbst anlangend, hat es folgende Bewandtniß mit selbigem. Herzog Ludwig im Bart stiftete ein Spital, worin zwölf Pfründner mit ihren Angehörigen wohnen, auch täglich für seine Seelenruhe beten sollten. Selbiger Ludwig nun erbaute zu diesem Zwecke an der Schutter ein großes, geräumiges Haus; erlebte aber die Ausführung seiner Stiftung nicht mehr. Wiewohl nun sein Nachfolger Herzog Heinrich der Reiche selbe aufs neue be=

stätigte, so hatte doch die göttliche Fürsehung einen andern . Plan mit selbigem Pfründehaus. Sein Sohn Ludwig der Reiche wollte, wie oben bereits angezogen wurde, zu Ingol= stadt eine hohe Schule errichten; mittlerweile aber erlaubte ihm Papst Paul II. im Jahre 1465, die Pfründnerstiftung seines Vetters seliger aufzuheben, dero Haus zum Univer= sitätsgebäude zu verwenden und mit ihren Einkünften die Professoren und Lehrer zu besolden. Dieses Gebäude nun, so späters das alte Collegium genannt und in laufender Zeit vielfach geändert worden, stehet heute noch unter dem Namen: Die hohe Schule; sind jetzt die deutschen Schulen darin, nicht minder die Gewerbsschule. — Schon am 19. Dezember 1668 ist unter andern Punkten auch dieser den Deputirten der Universität auf den Landtag vorzubringen aufgetragen wor= den: „Die hohe Schuel selbsten würde immerdar panfälliger, „obschon mit starkh eisernen Schlaubern unterschiblicher Orthen „geholffen worden, so durffte es doch in die Läng kein Be= „standt haben, aus Ursach, daß es ein zimblich inwendig „vaßt ausgebrochenes hohes Gepäw an einem sumpfigen Orth „und zue nahendt an den Wasser stehendt." — Im Jahre 1693 war das Universitätsgebäude endlich so baufällig ge= worden, daß man ernstlich an die Erbauung eines neuen dachte, und im folgenden Jahre einen Senatsbeschluß faßte, sich an den Papst zu wenden, um aus geistlichen Gütern einen Beitrag zur Erbauung einer neuer Akademie zu erhal= ten. — Doch aus Nachstehendem scheint Alles beim Alten geblieben zu sein, denn im churfürstlichen gnädigsten Befehl an die Universität im Jahr 1748 kömmt wörtlich vor: „Die „von euch mehrmalen gebettene Herstellung des ruinosen „Universitäts=Gebäu betreff. Da seynd wir gänzlich entschlossen,

„euch hierin fahls auf das Bälbeste als immer möglich zu „willfahren und haben in dieser Absicht bereits das Nöthige „an unsere Churfürstliche Hof=Kammer ergehen lassen." — Der Verfall des Gebäudes ist nicht zu verwundern gewesen, sintemalen selbiges im letzten Kriege bald für ein Magazin, bald für ein Lazareth, bald für eine Kaserne gebraucht wurde; derentwegen der Kurfürst Max Joseph die Wiederherstellung großmüthig unterstützte und das Gebäude von innen und aussen in einem seiner Hochschule würdigen Stand versetzen ließ.

Mählich aber ist die hohe Schule durch die betrübten Zeitläufte in solch arge Zerrüttung gerathen, daß der Kurator von Vacchiery im Jahre 1783 mit einer Visitation derselben beauftragt wurde und seinen Kommissionsbericht mit nachfolgenden Worten begonnen hat: „Daß die Universität Ingolstadt ihrem Verfall und einer gänzlichen Auseinandergehung sehr nahe sey, ist nicht nur notorisch, sondern aktenmäßig seit 1773 nachgewiesen." Finanziell wurde zwar in etwas nachgeholfen, doch der Abgang der Professoren war nicht leicht mehr zu ersetzen, wie denn auch der Stubierenden immer weniger geworden sind. Somit kam auch gar bald ein Regierungsbeschluß, die Versetzung der Universität nach Landshut betreffend, welche Maßregel aus den nächst drohenden Kriegsgefahren eruirt wurde. General Moreau stand mit seinen Truppen plötzlich im Lande, Kurfürst Maximilian zusammt seiner Familie und dem Schatze mußte nach Amberg flüchten, französisches Kriegsvolk besetzte ganz Bayern. Diesen Augenblick hielt man für geeignet, die Entfernung der Universität nach Landshut, so schon im Jahre 1742 vorgeschlagen war, aufs neue zu beantragen. Solches zu betreiben wurden die

7

beiben Profefforen Gönner und Schrank als Abgeordnete nach München geschickt und bereits am 20. Mai erfolgte die churfürstliche Genehmigung. Ueber alle Maffen schnell ging nun der Umzug vor sich, so daß die Bewohner sich deffen kaum recht verfehen konnten; erst nachgehends erkannten sie, welch ein harter Schlag sie getroffen. Der 20. Mai 1800 machte also der Univerfität zu Ingolftadt für immer ein Ende; und wenn jetzo ein Ingolftädter an der hohen Schule vorüber geht und überdenkt, welch hochberühmte Männer einftens darin gelehrt, wie viele taufend junge Leute in diefen befcheidenen Räumen den Grund zu ihrem künftigen Glücke gelegt, welch ein Segen der Wiffenfchaft von da ausgegangen und welch ein Ruhm durch alle deutfchen Lande, der muß in seinem Herzen erfeufzen, also rufend: Ach, wie viel ift dir, o Stadt, genommen worden! -- Gott weiß, warum. --

Die
Professoren.

Die hohe Schule ist auf folgende Weise regieret worden. Zuvorderst stand der Kanzler, so die Vereinigung und Verknüpfung mit dem päpstlichen Stuhle und der Universität aufrecht hielt, über die Reinheit des Glaubens an der hohen Schule wachte, alleinig die Macht hatte, die akademischen Grade zu ertheilen und Doctores, Baccalaureen, Lizentiaten und Magister zu creiren. Die Kanzler der hohen Schule zu Ingolstadt sind die Bischöfe von Eichstätt gewesen. — Der erste, Wilhelmus von Reichenau, hat dieß Amt 24 Jahre verwaltet. Der jeweilige Kanzler hatte am Sitze der Universität selbsten einen Prokanzler, der im Namen des Kanzlers handelte und seine Stelle vertrat, gewöhnlich ist es einer der beiden Stadtpfarrer gewesen, so zugleich Professoren der Universität waren.

7*

Die eigentliche Oberleitung der hohen Schule aber hatte der Rektor. Ist selbiger ein Fürst oder sonst ein Adeliger gewesen, so wurde ihm ein Prorektor beigegeben. Die Amts=pflicht des Rektors war die Ueberwachung des Fleißes und der Sittlichkeit der Studenten; er mußte selbige einschreiben, die Schuldigen bestrafen oder ausschließen, auch die Zeugniße ausstellen, item den Senat berufen und selbigem vorsitzen. Zu anfangs ist die Wahl des Rektors halbjährig gewesen, nämlich am Feste des heil. Georg und am Feste des heil. Lukas; vom Jahre 1702 aber wurde er allezeit für ein Jahr gewählt. Als erster Rektor ist in Gegenwart vieler Adeligen und Prälaten am 25. Juli 1472 der Professor Dr. Christo=phorus Mendel von Steinfels aufgestellet worden. Mittler=weile mangelte es um 1486 an Professoren, die Last des Rektorats für allezeit dieselben wäre zu schwer geworden, dahero beschloß der akademische Senat mit Gutheißung des Herzogs auch Studenten unter gewissen Beschränkungen zu Rektores aufzustellen, von denen der erste der Fürst Joachim, Graf von Dettingen gewesen. — Von der Gründung der Univer=sität an durften nur Kleriker und solche, die zu den Klerikern gerechnet wurden, nämlich Unverheirathete zu Rektores gewählt werden. Kurfürst Max I. aber hob im Jahre 1642 diesen Gebrauch auf, in Folge dessen auch verheirathete Männer Zutritt zu der Dignität eines Rektors erlangt haben. Die Wahl eines Rektors ist allezeit mit großen zum Theil kirch=lichen, zum Theil weltlichen Feierlichkeiten verbunden gewesen; so gab der neuerwählte Rektor magnificus Johann Philipp Spinola, Markgraf von Genua im Collegio Ignatiano ein auserlesenes Gastmahl, so auf 270 Gulden zu stehen kam; deßgleichen veranstaltete Wenzeslaus, Ignatius von Oppers=

dorf, Baron von Dub und Friedstein ein doppeltes Festessen, eines für die fürstlichen Personen, das andere für alle akademischen Väter: Es wurde sogar im Jahre 1665 der Senatsbeschluß gefaßt, daß bei den feierlichen Aufzügen, wodurch der neugewählte Rektor allzeit von der Universität bis in die Kirche begleitet wurde, kein spanischer Wein und keine Kuchen und Backwerk mehr aufgesetzt werden dürfen, damit man mit um so größerer Decenz, auch Andacht dem Gottesdienste obliegen könne. Selbiges Dekret hatte aber die Adeligen dermassen beleibigt, daß bei dem nächsten Umzug nicht mehr, denn ein einziger Baron erschienen ist. — Der Rektor Peter Stevartius 1585 war der Erste, so für die Ausübung seines Amtes fünfzig Gulden bekam. In der Folge gestalteten sich die Einnahmen des Rektors besser. Ein herzogliches Dekret, so die Universitätsstatuten aufs neue bestätigte, weiset dem Rektor eine gewisse Gebühr beim Immatrikuliren der Studenten an, nämlich von einem Bischofe oder Fürsten drei Gulden, von einem Abte, Dompropst oder Dombechant, Grafen oder Baron zwei Gulden, von einem Kanonikus einen Gulden, von einem Freiherrn einen halben Gulden u. s. f.; item die Hälfte der Strafgelder, die ganze Gebühr für das Siegeln der Zeugniße, die eingelieferten Waffen gehörten gleichfalls dem Rektor. Selbiges Dekret bestimmte auch, daß sich der Rektor, um mehr Würde und Ansehen zu erlangen, in der Kleidung vor den übrigen auszeichnen solle. Er mußte sich auf seine Kosten im Werthe von wenigstens fünf Gulden seine Kappe von aussen mit einem Saume schmücken lassen, so kein anderer Doktor oder Magister unter der Strafe von zwei Gulden tragen durfte.

Um die Sitten selbiger Zeit näher kennen zu lernen, dienet ein Dekret der artistischen Fakultät die Kleibung der Magister betreffend. Lautet also: Unter dem Dekanate des Magister Wolfgang Deber anno Domini 1478 im Sommersemester. Am 12. Tag des Monats Septembris hat es der Fakultät gefallen, daß in Zukunft kein Magister im bloßen Talaro einherschreite, sondern auch die Kapuze eines Magisters trage unter der Strafe des Verlustes aller Vortheile der Fakultät. An demselben Tage: Hat es gefallen, daß die Magister keine zusammengehestelten Krägen noch Schnabelschuhe tragen dürfen; wer trotz der Ermahnung dabei verharret, wird aller Vortheile und Ehren dieser Fakultät beraubt. Bei der ersten Ermahnung jedoch muß er dem Dekan 2 Groschen zahlen, bei der zweiten 4, bei der dritten tritt die obige Strafe ein.

Am 9. Dezember 1482 hat selbige Fakultät abermals ein Dekret ausgehen lassen, worin die älteste Sitte aufbewahrt ist, so man dortmals bei den Feierlichkeiten der neuen Magister beobachtete. Es heißet also: Wir wollen, daß die zu Magister erhoben werden beim Empfange ihrer Würde die alten Gebräuche beobachten; sie sollen nämlich nach der Beschaffenheit der Person und ihres Vermögens Handschuhe und Messer austheilen, wie sie sich für die Doktoren und den Dekan geziemen. Für die andern einzelnen Magister sind sie zu nichts verpflichtet als zu Handschuhen, so aber nicht schlecht, sondern geziemend und gut haltbar sein müssen. —

Keinem Professor, auch wenn er vom Herzoge vorgeschlagen war, ist es erlaubt gewesen, eine Vorlesung zu hal-

ten, ehe er nicht vor dem Rektor der hohen Schule den voll=
gültigen Beweis geliefert hatte, daß er sein Lehrfach verstehe;
alsdann mußte er in die Hände des Rektors folgenden Eid
ablegen, daß er fleißig und gewissenhaft zum Nutzen seiner
Zuhörer die Lehrstunden halten, auch sich durch keinen andern
Dienst davon abhalten lassen wolle. Für eine versäumte
Lehrstynde mußte er als Strafe einen halben Gulden vom
Hundert seines Einkommens zahlen. Als Gründe, so von
der Abhaltnng der Vorlesungen entschuldigten, sind aufge=
führt gewesen: Die Tage der Krankheit nach ärztlichem Zeug=
niße, vier Tage zur Zeit der Aderläße und zwei Tage zur
Zeit der Purgation oder Leibesreinigung; item wenn der
Professor zur Zeit der Vorlesung in der Senatssitzung gewesen
oder zum Fürsten berufen worden ist.

Anlangend die Namen der ersten Professoren sollen
sie hier zur allgemeinen Kenntniß aufgezählet werden: Johann
Hofmann, Weihbischof von Regensburg, Professor der
Theologie, Karl Fromont von Paris, Professor des neuen
päpstlichen Rechtes; Wilhelm Kyrmann von Donauwörth,
Professor des kanonischen Rechtes; Johann Trabinger,
beider Rechte Doktor und Professor des Civilrechts; Chri=
stoph Mendel von Steinfels, Professor der Institu=
tionen; Andreas Nieberer, Professor der Medizin; Ulrich
Ellenbogen und Johannes Trost, Doktoren der Me=
dizin; Magister Samuel Lichtenberg, Dichter.

Im Jahre 1474 wird der erste adelige Professor
genannt Dr. Wilhelm Frauenhofer von Frauenhofen,
Professor der Institutionen. Ist derowegen mit sonderbarem

Fleiße aufzuzeichnen, auf daß unsere Zeit erkennen möge,
wie bei den Alten der Adel die akademischen Titel und
Würden nicht verachtete, noch sich schämte, zu den Professoren
gerechnet zu werden. — Im Laufe der Zeit vermehrten sich
die Professoren, bevorab in der philosophischen Fakultät in
solcher Weise, daß durch einen besondern Beschluß keinem
Professor mehr als zehn Zuhörer erlaubt wurden. Im Jahre
1490 ist es noch so weit gekommen, daß weder ein Ort,
noch eine Stunde zum Lehren übrig geblieben ist und etliche
Professoren abwechselnd lesen mußten.

Sechs Professoren hieß man Kollegiaten oder
Sextumviri; selbige lebten gemeinschaftlich im alten Kolleg
und sind von der Universität erhalten worden; die übrigen
Professoren haben ihren Unterhalt von den Bursen erhalten,
deren Vorstände sie gewesen sind; oder sie lebten von dem
Gelde, so sie von ihren Zuhörern sammelten. Daraus gehet
hervor, daß sie vom Staate aus nichts erhalten und also
kein bestimmtes Einkommen gehabt haben. Im Jahre
1551 beklagten sich die beiden Professoren Wolfgang Gotthard
und Wolfgang Zettelius, daß ihr Gehalt keineswegs ihrer
Mühe und Arbeit für die studierende Jugend entspreche und
sie bei diesen theuern Zeiten kaum ihre Familien ernähren
könnten; baten daher um eine Gehaltsaufbesserung, so ihnen
auch die Väter ihrer Fakultät einstimmig gewährten nämlich
zehn Gulden jährlich, so einstweilen aus der Fakultätskassa
bezahlt werden sollten. Etwas späters finden wir schon be=
stimmte Jahresgehalte der Professoren; so sind im Jahre 1590
dem Professor des kanonischen Rechtes Heinrich Canisius
300 fl. versprochen worden und von dem Rechtsprofessor

Andreas Fachinäus heißt es, daß er tausend Gulden hatte, ein Einkommen, wie es vor ihm noch keiner gehabt hat. — In Folge eines Besuches, so Herzog Max I. im Jahre 1599 der Universität Ingolstadt gemacht hat, sind die Gehalte der Professoren, namentlich die der Rechtsprofessoren bedeutend erhöht worden; Professor Hell und Dennich haben 400 und Professor Rath 300 fl. erhalten. Im Jahre 1636 berief Kurfürst Maximilian den Rechtsprofessor Christoph Besold von Tübingen mit einem Gehalte von 700 Gulden an seine Ingolstädter Hochschule.

Eine der blühendsten Zeiten der Universität ist um das Jahr 1540 herum gewesen, als fast in allen Fächern die ausgezeichnetsten Professoren glänzten. In der Theologie Eck, im Jus Caimus von Mailand und Fabius Arcas von Rom, in der Medizin Cäsar Delphinus von Parma; in den Sprachen Vitus von Amerbach; in der Beredsamkeit Sebastian Linkh von Stuttgart, in der Mathematik Petrus Apian, in der Dichtkunst Johannes Päbionäus und Johann Lorichius von Habamar.

Der Katalog der Universität vom Jahre 1613 zählt folgende Professoren auf: In der Theologie: Peter Stevartius, Prokanzler; P. Abam Tanner, Jesuit, Dekan; P. Jakob Gretser, Jesuit; P. Sebastian Heiß, Jesuit; Leo Menzelius. — Im Recht: Joachim Denichius, Dekan; Vitus Schober, Kämmerer; Johann Stuber; Simon Labrique; Johann Prucklacher. — In der Medizin: Albert Menzelius, Dekan; Petrus Brinbäus. — In der Philosophie: P. Gregor Faber,

Jesuit, war Dekan und lehrte Ethik; P. Christoph Ste=
borius, Jesuit, Metaphysik; P. Jakob Reiching, Jesuit,
Physik; P. Christoph Scheiner, Jesuit, Mathematik. —
Außer dem Senat lehrten noch: P. Felix Simon, Jesuit,
Logik; Ferdinand Waizenecker, Jurist; Johann Bau=
hof war Notar und Nikolaus Linsinger Pedell.

Der erste Notar oder Schreiber der Universität war
der Priester Johannes Altenpeckh aus Freising. War auch
zugleich Pedell, denn diese beiden Aemter sind in früheren
Zeiten vereinigt gewesen. Später kommt ein Johannes Stein
von Hilpoltstein als Notar vor, dem wegen Kränklichkeit
ein sicherer Petrus Nauer beigegeben worden ist. Als Pedell
wird im Jahre 1503 Leonhard Schroll von Beilngries ge=
nannt. Am 17.. September 1509 übernahm das Amt eines
Notars und Pedells Magister Georgius Schönloher von Imst,
so nach sechs Jahren der Geheimsekretär Herzog Ludwigs von
Landshut worden ist. Selbigem Schönloher folgte Georg
Frankenmann. Am 14. Jänner 1558 ist der hochwürdige
und fromme Mann Johannes Hortensius (im Garten) Notar
der Universität im 80 Lebensjahre des Todes verblichen;
sein Nachfolger ist Magister Johannes Pfrontner gewesen.
Am 20. Juli 1679 starb Christian Jobst, so über zwanzig
Jahre Pedell der Universität gewesen, und die meisten Pro=
fessoren begleiteten seinen Leichenzug. Als im Jahre 1690
der Universitäts=Notar Sebastian Hainold starb, hat dessen
Sohn Franziskus Willibald auf seine unterthänigste Bitte die
Stelle erhalten, woraus hervorgeht, daß um selbige Zeit
keine Kleriker mehr dieses Amt verwalteten. Am 17. Febr.
1758 entschlief sanft im Herrn Georg Agrikola, Notar der

Universität, auch derowegen der Erinnerung würdig, weil er vom Jahre 1716 an durch volle 42 Jahre der Universität diente. War ein 76 jähriger Greis, ein biederer Mann vom unbescholtenstem Charakter und aufrichtigster Frömmigkeit. Merkwürdig ist an ihm gewesen, daß er nicht eine einzige Nacht Ingolstadt verlassen hat, so lange er Universitäts-Notar gewesen, um dem Rektor und dem Senat auf jeden Wink gewärtig zu sein. Sein Leichenzug ist von einer solchen Menge von Männern, theils der Universität, theils aus andern Ständen begleitet worden, daß sich die Frauen gar nicht einmal mehr anreihen konnten. —

Die Statuten der Universität sind bei Gründung derselben 1472 verfaßt worden und mußten alle Vierteljahre den Studenten vorgelesen werden. Im Laufe der Zeit wurden sie unter Herzog Georg dem Reichen, unter Herzog Albrecht IV. vielfach verändert und vermehrt; im Jahre 1522 aber einer gänzlichen Umänderung unterworfen. Im Jahre 1562 verbesserte sie Herzog Albrecht V. und im Jahre 1642 Kurfürst Max I. aufs neue. In einem kurfürstlichen, gnädigsten Befehle vom Jahre 1748 wird unter andern Mißständen auch gerügt, daß bei der Vorlesung der Statuten fast gar keine Studenten mehr erscheinen und es wird befohlen, dagegen mit strengen Strafen einzuschreiten.

In dem Stiftungsbriefe der Universität heißt es wörtlich: Item wir haben auch zwei mit Namen ein groß und ein klein Innsigl und dazu ein Sekret, auch ein Zepter der Universität zugehörend machen lassen. Und das groß Sigl ist scheiblig (rund) und hat unser Frauen Bild in der

Mitt unter dem Tabernakl ſitzen und ein Kind an dem rechten
Arm auf der Schooß und zu derſelben Hand und Seiten ein
Schild und darin den Leo und auf der linken Hand und
Seiten ein Schild und darin die Wecklein, die Pfalz und
Bairland bedeutend. Und darumb gegraben die Gſchrift:
Sigillum majus Universitatis Ingolstatens.

Item das kleine Sigel iſt langlöt (länglicht) und
hat unſer Frauen Bild unter dem Tabernakel in der Mitt
mit dem Kind an dem rechten Arm ſteend und unter den
Füſſen ein Schild, darin Pfalz und Bairland gegeneinander
quatrirt, in der Umſchrift inhaltend: Sigillum minus Universit.
Ingolst. — Dann das Sekret iſt auch ſcheiblig und hat unſer
Frauen Bild unter dem Tabernakl auch ſteend und vor den
Füſſen ein Schild, darin ein Buech und darumb geſchrieben:
Secretum Univers. Ingolstat.

Das große Siegel war in einem eignen Kaſten ver-
ſchloſſen, zu welchem der Rektor und die vier Dekane der Fakultäten je einer einen Schlüßel hatten. Selbiges wurde in
Sachen, ſo die Privilegien, Einkünfte, Zinſen und Kontrakte
der Univerſität betraffen, gebraucht. Mit dem kleineren Siegel
ſind die Gerichtsſachen und die Zeugniſſe zu den akademiſchen
Graden, mit dem Sekrete aber die Beſchlüſſe und öffentlichen
Erlaſſe geſiegelt worden. —

Der Scepter, das Zeichen der Macht und Würde,
iſt von Silber mit einer vergoldeten Lilie geweſen und koſtete
31 Gulden; ſelbiger wurde bei feierlichen Aufzügen dem Rektor vorangetragen; war allzeit beim Rektor aufbewahret und

dieſer mußte ihn, wenn ein anderer Rektor gewählt worden
war, dem neuen übergeben. Die Kleidung der Profeſ=
ſoren iſt ein Rock von dunkler Farbe geweſen, darüber ein
Mantel mit offnen Aermeln, der Saum von Sammt oder Seide;
das Cingulum oder der Gürtel war früher bei den Philo=
ſophen in Gebrauch, iſt aber nach einem bittlichen Geſuche
an den Herzog am 3. Juli 1500 abgeſchafft worden. Dazu
gehörte noch ein Hut von Tuch und ſpäter von Leder. Der
Profeſſoren Kleidung anlangend iſt ſelbige noch mehr erſicht=
lich aus einem feſtlichen Akte, ſo an. 1605 bei Creirung dreier
Profeſſoren zu Doktores der heiligen Theologie ſtatt hatte
und genau aufgezeichnet iſt. Es ſind hiezu neue Mäntel,
nicht minder Doktorhüte, wie ſie ſelbe vorhero nicht hatten,
angeſchafft worden. Selbige Mäntel ſind von violettfarbe=
nem Tuche geweſen mit einem ſcharlachrothen Saume und
hatten den Zuſchnitt ähnlich dem Rektor=Mantel, mit ſtehen=
dem Kragen, von den Schultern herabhängend und vornen
offen. Die übrigen Inſignien der theologiſchen Doktorwürde
das Buch mit den Kränzen; die in Geſtalt eines Kreuzes an=
gezündeten Lichter, der Ring und der Gürtel wurden von 4
adeligen Schülern des Gymnaſiums vorausgetragen.

In den Geſchichtsbüchern kommen manche Fälle vor von
Profeſſoren, ſo entweder mit Geld= oder Kerkerſtra=
fen belegt wurden. Im Jahre 1610 iſt angezeigt wor=
den, daß ein ſicherer Kandidat der philoſophiſchen Magiſter=
würde nicht ſelten in etwas anrüchig de rebus Religionis
ſpreche. Vom Pedelle vorgeführt hat er ſein Vergehen ein=
geſtanden, ſelbiges mit Scherz oder Unbedachtſamkeit entſchul=
bigend. Deßungeachtet iſt er zum Ablegen des Mantels, ſo

er bereits der Sitte gemäß anhatte, verurtheilt worden, item sollte ihm der Grad des Magisterii verweigert werden. Weinend zog er den Mantel aus, kniefällig bittend um Milberung der Strafe. Weil alle Kandidaten Fürsprache einlegten, ist er endlich als der letzte wieder aufgenommen worden, nachdem er öffentlich das Glaubensbekenntniß abgelegt hat.

Schließlich ist ein Erlaß des Herzogs Wilhelm an den akademischen Senat zu erwähnen, dieweil er von dem damaligen Zustande der hohen Schule, wie auch von der großen Sorgfalt des Herzogs für dieselbige Zeugniß gibt. Erlaß aber lautet also:

Von Gottes Gnaden Herzog Wilhelm.

Unsern gnädigen Gruß zuvor würdigen ersamen hochgelehrten lieben getreuen.

Wir haben diese Täg von unsern Räthen was sie unsrer hohen Schul zu gueten verschiener Zeit bey euch gehandelt auch in einem und andern angestellt und hinterlassen, unterschiedlichen lautern Bericht angehört, bey dem wir's also durchaus bleiben lassen.

Dann was erstlich das lang dictiren bey allen Fakultäten belangt, sehen wir nit wie das ohne Versaumniß der Jugend beschehen möge, als mit dem der mereste Theil ordentlicher Leßstund zugebracht wird, so es denn auch dem Alten Brauch zuwider, ist unser Bevelch, das solches gänzlich abgestellt, da aber etwas zu dictirn für nöthig geacht, dasselb nach der Lektion oder zu einer andern Zeit beschehe.

Bei der Juriſtenfakultät wollen wir uns getröſten, ſie werden das exercitium ihres Consistorii, wie das vor der Zeit geweſt, mit nichten zerfallen laſſen, inmaſſen dann jetzt ihr Erbiethen geſtanden, und damit ſie ihre Scholarn, welche als erwachſene frembde Perſonen bisher meiſten Rumor und Unruhe erweckht, deſto beſſer in Zucht halten können, wollen wir der Fakultät das Schutterhaus und Garten daran einraumen, ſo vor der Zeit für die patres Soc. Jesu erkauft worden, darin ſie mögen einen jungen Doctor oder Magiſtern verordnen, der auf die Scholares juris Acht gebe. —

Was dann der Scholarn nächtliche Unruhe und Rumorn, auch die übermäßigen Zehrungen anbetrifft, hetten wir uns gleichwohl verſehen, ihr ſolltet durch fleiſſiges Obhalten und Strafen mehr Zucht und Ruhe erhalten haben, inmaſſen nun viel Jahr her oftmal was mit euch verſchaft worden, auch die Statuta und derſelben Reformation mitbringen.

Weil aber diesfalls die Folg und Nachdruck bey euch nit, und aber keineswegs gemeynet ſeyn will dergl. Ungebühr und Gefahr alſo bei unſrer hohen Schul zu geſtatten, ſo gedenkhen wir in Kurz oder ander nothwendig einſehen zu verordnen; damit ruhigen erbaren und fleißigen Scholaren gebührender Schutz gehalten und ſolch Uebel wie ſeither filfältig fürgangen abgeſtellt werde.

Wollten wir euch nit bergen und beſchieht an dem Allen unſer Will und Meynung.

Datum München 10. Febr. 1582.

Wilhelmus.

Joanni Eckis theologo invicto fratri de se bene merito Simon Eckium m. p. Vixt annos 56. ob. 1543. 4 idus Febr. sub merid.

Dr. Eckius.

nstreitig ist Dr. Eckius, so die längste Zeit seines Lebens allhier zugebracht hat, auch daselbst gestorben ist, ein hochberühmter Mann seiner Zeit gewesen. Verdient dahero · in einem eigenen Kapitel abgehandelt zu werden. Ward geboren zu Eck im Allgäu, weßhalb er auch seinen Namen Mayer in Eckius latinisirt hat, am 13. November 1486. Seine Eltern hielten ·sich in dem Gebiet des Klosters Ottobeuren auf. Im sechsten Jahre seines Alters hub Eckius zu lernen an unter Martino, seines Vaters Bruder, zu Rottenburg, von dem er auferzogen wurde; darauf kam er gen Tübingen, hörte die Red und Dichtkunst unter dem berühmten Henrico Bebelio. In der Philosophie hatte er für seinen Lehrmeister Paulum Scriptoris, einem Minoriten, welcher die Sententias Occami auslegte. In der Ethik

ober Sittenlehre ging er in die Schule des Gregorii
Reisch, eines Kartheusers, so zu selbiger Zeit für den
besten Philosophum gehalten wurde und sich mit einem recht
gelehrten Werke: Margarita Philosophica genannt, berühmt
gemacht hatte. In der Mathematik, so er mit gutem Fort=
gang ergriff, hatte er Gelegenheit sich der Unterweisung
Schäfflers, eines ausgemachten Mathematikers und Pro=
fessors zu Tübingen zu untergeben. Im Jahre 1497, mit=
hin im eilften seines Alters, setzte er seine Studia zu Hei=
delberg fort. Seines Vaters Bruder Martinus Majoris
Eckius, ein zu Rottenburg in großem Reichthum und An=
sehen stehender Mann, gab ihm mit freigebiger Hilfsleistung
hiezu allen Vorschub: durch dessen Behuf er dann im drei=
zehnten Jahr des Alters die Philosophie bereits hinter sich
gelegt hatte, zuletzt Benedikt Farmer zum Lehrer habend.

Anno 1501 im Monat Januar ließ er sich zum Magi=
ster philosophiae machen; verlegte sich auch in diesem und
folgendem Jahre mit sonderbarem Fleiße in Köln auf die
Theologie unter Anweisung Theoborichs von Sustern,
eines Mannes von großem Rufe der Gelehrsamkeit. Im
Jahre 1502 zog er von Köln nach Freiburg und überkam
alda die Professurstelle der Philosophie, da er denn nicht
mehr denn 15 Jahre alt war, welche Kanzel er in die neun
Jahre mit großen Ruhm versehen. Obwohlen selbst Lehr=
meister schämte er sich nicht, beinebens noch einen Schüler
abzugeben, in welchem Absehen er unter dem berühmten
Udalrico Zasio in die sechs Jahre die Jura hörete; bei
Georgio Northofer von Northofen, einem überaus
gelehrten Mann, mit welchem er sich auch im oftmaligen
Disputiren fleißig übte, auf ein neues der Theologie oblag.

8

Im Jahre 1508 wurde er Licentiatus Theologiae; zwei Jahre nachgehends lehrte er zu Freiburg die Theologie; aber eben im letztbemeldeten Jahre 1510 seines Alters im 24ſten wurde er von denen Herzogen in Bayern, Wilhelm, Ludwig und Erneſt, ſo ihn durch ein von ihm ausgegebenes Buch, das er an Sonnebergium, den Kanzler Ludwigs, ſeinen guten Freund, geſchickt hat, kennen gelernt hatten, nach In= golſtadt berufen, allwo er auch im September anlangte und noch in ſelbigem Monate den 17. Tag eine Diſputation von dem Stand der kleinen Kinder hielt, ſo ohne Taufe dahin= ſterben und behauptete, daß ſie nicht allein poenam damni oder die Entziehung der göttlichen Beſchauung, aber auch nicht poenam sensus oder das Feuer wie andere Verdammte, ſondern eine mittlere Gattung der Pein zu leiden hätten. Die Herzoge aus Bayern übergaben ihm die erſte und vor= nehmſte Lehrkanzel in der Theologie; das solenne Principium hielt er noch ſelbiges Jahr den 13. November als an ſeinem Geburtstage Sein unſtillbarer Durſt nach Wiſſenſchaft aber veranlaßte ihn, die Gelehrten auch auf fremden Akademien aufzuſuchen und ſich mit ſelbigen in der Diſputirkunſt zu üben; ſolchergeſtalten verfügte er ſich an. 1515 in Welſchland nach Bononien und brachte allda bei einem Monat lang mit gelehrten Unterredungen zu. Aus gleicher Urſache beſuchte er die hohe Schule zu Wien in Oeſterreich und brachte ſich allda mit Diſputiren ein großes Lob zuwegen. Im Auftrag der Herzoge mußte er zu Ariſtoteles einen Kommentar ſchrei= ben, welches Werk er ſich ſo hitzig angelegen ſein ließ, daß er ſelbiges innerhalb ſechs Wochen vollendete, jedoch von ſich ſelbſt bekennend, daß er dieſe ſechs Wochen kaum ſo viel als eine Nachtigall geſchlafen habe. Daß Eckius ein namhafter

Redner gewesen, wann solches aus seinen Homilien nicht er=
scheinete, gäben genugsam am Tag die lateinischen Orationes,
deren er eine im Jahre 1517 Henrico, dem verstorbenen
Bischof von Augsburg gehalten, wie er dann auch anno 1519
Kaiser Maximilian eine Leichpredigt zu sprechen die Ehre
hatte. Allenthalben zeiget er in seinen Predigen eine unge=
zwungene Beredsamkeit, er war nicht trocken in den Gedan=
ken, jedoch auch nicht ausgelassen in den Worten und hohen
Concepten: seine Red war durchaus lebhaft, mannlich, auf=
erbaulich.

Als einen unvergleichlichen Helden hat sich aber Eckius
in den Glaubensstreitigkeiten erwiesen, so im sechzehnten
Jahrhunderte aufgetauchet sind. Wie ein anderer David
warf er mit denen Kieseln seiner Gelehrsamkeit, Bibelkunde
und Scharfsinn die Goliathen der sogenannten Reformation
zu Boden. Aus der Disputation zu Leipzig 1519 gegen
Karlstatt und Luther, zu Baden in der Schweiz 1526 gegen
Ökolampadius, nicht minder auf dem Reichstag zu Augsburg
ging er siegreich hervor.

Auf selbigem Reichstag war Eckius sowohl von Kaiser
Karl V., als auch den gesammten katholischen Fürsten des
deutschen Reiches dermassen angesehen und in hohen Ehren
gehalten, daß er allen andern Theologis weitaus vorgezogen
worden ist. Papst Leo X. berief Eckium durch ein eignes
Breve nach Rom, ernannte ihn zu einem aus den 16 Gottes=
gelehrten, so in seiner und aller Kardinäle Gegenwart auf=
getragen worden war, die Lehrsätze Lutheri zu untersuchen;
oftmals pflegte er mit selbigem heimblich und vertraute Un=

8*

terrebung und übergab ihm die wieder Lutherum verfaßte päpstliche Bulle, um selbige in Deutschland aller Orten kund zu machen. Nicht minder als sein Vorfahrer hegte Papst Abrianus VI. eine sonderbare Hochachtung vor Eckio, er entbot selbigen durch zwei Brevia nach Rom und als er eine Congregation nur von vier Männern, so er das Religions= wesen übergeben, angeordnet, war Eckius unter deren Zahl begriffen. Ein gleiches that Clemens VII., des Abriani Nachfolger, so lange Eckius zu Rom verweilte. Hielt sich einmal ein ganzes Jahr zu Rom auf, allwo er am dritten Sonntag im Advent eine Predigt hielt, so er über Nacht verfertigte.

Während einer Pest, die 1521 zu Ingolstadt grassirte, entflohen alle Professoren; Eckius hat in dem Kloster Pol= ling seinen Aufenthalt gesucht; auch allborten unermüdet, schrieb er wider Luther seine vier Bücher über das Fegfeuer, so er also unterschrieb: Pollingae Monasterio Canonicorum Regularium 26. Septembris 1521. Bis zur Säkularisation hat man in der Bibliothek selbigen Stiftes ein Angedenken von Eckio gezeiget, nämlich eine gemalte Tafel, worunter ge= schrieben stand: Joannes Eckius Artium, Decretorum et Theologiae Doctor, peste Ingolstadii saeviente huc ad Fra- tres fama et amore eorum allectus secessit et ob rei me- moriam hoc monumentum fieri curavit 1521. Auch fand sich in gedachter Pollingischen Bibliothek ein großer Tomus in Folio von Eck mit eigner Hand geschrieben, in welchem er seine hebräischen Uebungen, so er Zeit seiner Verweilung in selbigem Stift vorgenommen, aufgezeichnet hat. Daraus ist klärlich zu ersehen, wie daß Eckius in dem Hebräischen über=

aus wohl müsse beschlagen gewesen sein; welches noch mehr
erhellet aus dem, was er in der Zuschrift seines Commen=
tarii in den Propheten Aggäum an Philippum, den Fürst=
bischof zu Freysing, schreibt: „Der ich über sechs und
„zweynzig Jahr in der heiligen Sprach erfahren bin, da ich,
„so oft es die Zeit zugelassen, unter dem Beschensteiner
„den ersten Grund dazu gelegt, zu Rom unter dem Leviten
„Helia, einem ausgemachten Grammatico der Juden, darauf
„gebauet und allhie zu Ingolstadt unter Capnione, dem
„berühmtesten Manne, wie auch hernach zu Winterszeit mit
„P. Staffelsteiner mich in denen Commentariis geübt
„habe." — Männiglich kann daraus erkennen, welch einen
Eifer und tiefe Wissenschaft Eckius gehabt haben müsse, da
er schon in dem Einen Stücke dem Studium mit solch eiser=
nem Fleiße obgelegen.

Bücher ließ Eckius so viele ausgehen, daß wir eher
ermüden bei der Aufzählung, als er bei der Verfassung der=
selben. Man sollte es kaum glauben, daß ein einiger Mann
so viel zu leisten im Stande gewesen wäre. Seine loci
communes i. e. jene Stellen aus hl. Schrift, den Concilien
und hl. Vätern, so man in denen wider die Irrlehrer vor=
fallenden Streitigkeiten allzeit solle bei Handen haben, waren
so hoch und werth gehalten, daß selbiges Büchlein noch bei
Lebzeiten des Auctoris mehr denn 15 mal nachgedruckt wor=
den und zwar an denen berühmtesten Orten zu Paris, Lyon,
Köln, Tübingen ꝛc. ꝛc. Eckius übersetzte es zwei Jahre her=
nach selbst in das Teutsche; dedizirte es Henrico VIII., König
von England, so zu selbiger Zeit noch eifrig katholisch war
und ist zu vermuthen, Eckius habe dieß Büchlein selbst mit

sich nach England als eine Schankung für den König ge=
bracht, allwohin er 1525 im Sommer persönlich abgereiset,
um sich mit dem König, dem Bischof von Rochester und dem
Kanzler Thomas Morus zu besprechen.

Anlangend seine Person ist Eckius ein nicht gar großer,
aber stark untersetzter Mann gewesen von schwarzen Haaren
und Augen, so voll Leben und Feuer waren. Auf der Kan=
zel, nicht minder auf dem Lehrstuhl und beim Disputiren
war er nicht anders denn ein gewaltiger Löwe anzuschauen.
Er riß hin und von der Schärfe seiner schlagenden Gründe
sind seine Gegner zumeist ganz stumm geworden, so daß sie
oftmals kaum mehr ein einiges Wörtlein zu sprechen vermoch=
ten. So sehr er den Irrthum haßte, so menschlich fühlte
er für den Irrenden, so daß er selbst von Luther gar
freundliche Briefe erhielt und Martin Bucer von ihm
sagte: „Diesen Mann sollte man stellen über die ganze
„Glaubenssach und der Teutschen Nation beständiges Heil
„auf ihn bauen, gleichwie zu Augsburg der ganze Religions=
„handel ihm ist anvertraut worden." Trotz des Ernstes aber
in seinem ganzen Auftreten war er doch dem Scherze und
heiterer Laune nicht abgeneigt, was nicht selten aus seinen
Handlungen und Worten hervorblitzt. Dem Konrad Som,
der ihn zur Disputation nach Bern, aber viel zu spat, auf=
forderte, schrieb er zurück: In Deinem Schreiben, das mir
gestern zu Nacht am 30. Dezembris geantwurt ist, forderst
Du mich auf Disputation gen Bern, die ausgeschrieben ist
auf den 5. Tag Januarii. Vermeinst, ich soll in diesen
sommerlangen Tagen gen Bern fliegen? — Als Melanch=
thon mit den Seinigen zu Augsburg bei der Stelle: der

Glaube allein (fides sola) macht selig, das Wörtlein: sola fallen ließ und ausstrich, sagte Eckius lächelnd: die Sola wollte man den Schustern heimstellen! — Der Argula von Grumbach, geborne von Stauf, zu Lenting seßhaft, so eine eifrige Anhängerin Luthers gewesen, schickte er einfach einen Spinnrocken nebst Spindel zu, als sie ihn zu einer Glaubensdisputation mit ihr einladen ließ. Die vielen und weiten Reisen, so er zu machen hatte, unternahm er allzeit zu Pferd, nur von einem Diener begleitet. „Diese Wanderzüge, läßt er sich selbst vernehmen, kosten mich schwer „Geld," woher es kam, daß er bisweilen gänzlich vom Gelde entblößt gewesen, obwohlen ihm seine Stellen, nicht minder sein Bücherschreiben nicht ein geringes eintrugen. Ueber all das ist er ein gar großer Freund der Armen gewesen, so ihn schier ausgezogen und denen er mit vollen Händen gab, sich selbsten aber sehr knapp und genau haltend. Vorhero hatte Eckius die untere Pfarrei zu St. Moritz versehen; indem aber das Pfarrhaus so baufällig war, daß es nothwendig mußte erneuert werden und Eckius wegen so vielfältiger und wichtiger Geschäften solchem Werke abzuwarten weder Zeit noch Lust hatte, also traf er mit dem obern Pfarrer Dr. Georg Hauer einen Tausch und wurde nun Akademischer Pfarrer bei unser lieben Frau, das Haus beziehend, worin die Collegia Juris canonici gehalten wurden, weßhalb es Kanonistenhäusl genannt ward. Steht anjetzo noch. Aber auch diese Frauenpfarre verließ er wieder, weil, wie er in seinem Pfarrbuche bemerkt, „meine Einnahmen 209 Gulden, „die Ausgaben aber 241 Gulden waren. Zu meines Vor„fahrers, des Johann Adorf Zeiten, machte der Fleischconto „im Jahre 1446 nur 23 fl. 7 kr., bei mir aber 1527 —

„42 fl. 22 kr. — im Jahre 1528 aber gar 50 fl. 46 kr. „und brauche doch nicht mehr als dieser."

In selbigen Zeiten ist es Gebrauch gewesen, daß an gewissen Festtagen des Jahres die Kapläne, der Meßner, der Organist und der Schulmeister vom Pfarrer zu Gast geladen wurden, allwo auch Wein aufgesetzet wurde. Nun sagt unser Eckius: „Adorf hat für Wein nie mehr bezahlt als 15 kr., höchstens 20 kr. Ich aber, obgleich ich nicht mittrinke, bezahle 33 kr., ja sogar 42 kr. Adorf bezahlte dem Barbier für's ganze Jahr nur 51 kr. 3 hl. und der Köchin 4 fl. 12 kr. 6 hl. Lohn, und in der Fasten alle Tage einen Heller Biergeld. Ich aber gib meiner Köchin heuer im Jahre 1527: 7 fl. Lohn und zum Markt und neuen Jahr 2 fl." — Dreimal im Jahre pflegte Eckius eine Mahlzeit zu geben und ausser seinem Kirchenpersonale auch die Vornehmen der Stadt einzuladen. Ein von ihm aufgezeichneter Küchenzettel enthält für den St. Johannistag:

1. Ain Kapun und ain Henn in der Suppen,
2. ain heissessen Visch (in Essig),
3. Wildpret in ainem Pfeffer,
4. ain Kraut mit Würst und Fleisch,
5. prattness, Hasen, Kapun, Vögel,
6. ain galte Hennen (die nicht mehr legt)
7. Käss und pürn und Öpfel.

Viermal ist Eckius Rektor Magnifikus gewesen, zweimal Vizerektor; beinebens auch Kanzler, apostolischer Nuntius, Domherr zu Eichstätt, item Stadtpfarrer und obgleich ihn seine wissenschaftlichen Arbeiten, wie auch die mannichfachen Aufträge von Seite des Kaisers, der Päpste und Universitäten schier zu erdrücken schienen, verwaltete er sothane Aemter mit gewissenhaftester Strenge und Pünktlichkeit; schrieb mit eigner Hand eine Kirchenagende, so annoch vorhanden ist, besuchte die Kranken, hörte unermüdet Beicht und bestieg alle Sonn= und Feiertäge fleißig die Kirchenkanzel und predigte seinem Pfarrvolke. Ueber all das kam der bleiche Tod und machte auch diesem vielbewegten Leben ein Ende. Am 13. Februar 1543 um die Mittagszeit hat er die Zeitlichkeit verlassen. Sein Bruder Simon Eckius setzte ihm ein Denkmal, so in der Corpus Christi Kapelle an der Wand angebracht ist, sein Brustbild darstellend mit der lateinischen Unterschrift: Joanni Eckis theologo invicto fratri de se bene merito Simon Eckium m. p. Vixit annos 56. ob. 1543. 4. idus Febr. sub meridiem; sein Grabstein liegt aber am Boden vor dem Sakramentshäuslein; ist ihm auch ein ewiger Jahrtag gestiftet; sein Doktorhut ist im Pfarrarchiv aufbewahrt und kann allda gesehen werden. Wird einem beim Anschauen selbigen Hutes sonderbar zu Muthe, bedenkend, welch großer Geist und tapferer Glaubensheld ihn getragen. Gott lohn's ihm! —

Die
Herrn Jesuiten.

it dem Ableiben des Dr. Jngelius und dem Abgange des Dr Plueml 1508 ist, wie die Annalen schreiben, die theologische Fakultät an der Universität zu Jngolstadt erloschen, „bis sie wieder erweckt wird, „was der Allmächtige nach kurzer Zeit geben möchte." — Mittlerweile ist Alles dem Stadtpfarrer zu Unserer Lieben Frau M. Johannes Pettendorfer übergeben worden, so nach des Herzogs Willen, obwohl er nur Baccalaureus gewesen, doch die theologischen Vorlesungen gehalten hat, auch zum akademischen Senat gegangen ist. Auf die Lehrkanzel der heiligen Theologie ist zwar ein sicherer Achatius Haiswasser, Prediger von Ellwangen, berufen worden, so auch am 3. Juni vor dem Senate erschienen ist, die Bedingungen auseinandersetzend, unter welchen er die Stelle anzunehmen Willens sei, nämlich: jährlich 200 Gulden, alle Kosten für die Erlangung des Doktorgrades wie für die Ueberbringung seiner Sachen gen Jngolstadt, item die Wohnung

des Dr Zingelius. Ueber all das haben sich die akademi=
schen Väter, so über diese Anmassung höchlich erbost waren,
an den Herzog gewandt; erhielten aber von selbigem den
Auftrag, genannten Haismasser zu entlassen und sich um einen
andern umzusehen. Man wendete sich nun per litteras an
andere zwei Prediger, an den von Bamberg und von Schor=
rendorf; beide aber schlugen die Berufung ab. Nachgehends
ist der Doktor Locher gen Tübingen geschickt worden, um
einen tauglichen Professor der heiligen Theologie zu suchen;
ist aber gleichfalls unverrichteter Dinge wieder zurückgekehrt.
Also hat sich der ganze Handel ein volles Jahr hinausgescho=
ben. Der mittlerweile zum Rektor ernannte M. Johannes
Pettendorfer ist nach Italien gegangen und hat zu Ferrara
den Doktorgrad genommen. Nach seiner Rückkehr stellte er
die theologische Fakultät wieder her, sich den Provinzial der
Karmeliten Dr. Johannes Forti zu Hilfe rufend und mit
selbigem mehrere Baccalaureen und Lizentiaten kreirend.

Während bis zum Jahre 1522 nur zwei Professoren die
theologische Fakultät bildeten, ist jetzt zu Dr. Eck und Dr. Mar=
staller ein dritter hinzugekommen, nämlich Dr. Nikolaus Ap=
pelles von Egweil, so wegen seiner ausserordentlichen Gelehr=
samkeit der Universität zur sonderbaren Zierde gereichte. Ge=
nannter Apelles war es, so sich noch als Professor, um sich
gründlicher in seiner Wissenschaft auszubilden, nicht geschämt
hat, bei Dr. Johannes Reuchlin die griechische und hebräische
Sprache zu lernen.

Im Jahre 1548 hatte die Theologie bereits wieder nur
Einen Professor, den Dominikaner Dr. Balthasar Fanneman;

darum schrieb Herzog Wilhelm, sehend, wie die theologische
Fakultät seit dem Tode des Dr. Eck dergestalt darniederliege,
daß sie kaum Einen brauchbaren Professor mehr zählte, gen
Rom an Papst Paul III., selbigen bringend bittend, ihm doch
aus Italien tüchtige und ausgezeichnete Theologen für seine
Universität, deren Wachsthum und Gedeihen ihm so sehr am
Herzen gelegen ist, zu schicken, so bei den anjetzt in Deutschland herrschenden Religionswirren gar hochnothwendig wären. Der Kardinal Alexander Farnese, dem dies Geschäft
übertragen worden ist, hat sich alsbann mit dem heil. Ignatius in's Benehmen gesetzt, so der Stifter der Gesellschaft
Jesu gewesen. Selbiger Ordensstifter nun schickte auch drei
Theologen von den Seinigen gen Bayern. Waren Claudius Jaius aus Savoyen, Alphons Salmeron aus
Spanien und Petrus Canisius aus den Niederlanden.
Vom Herzoge sind sie zu München in Gnaden aufgenommen,
dem Kanzler der Universität Leonhard von Eck auf's nach-
drucksamste empfohlen, auch durch den herzoglichen Geheim-
Sekretair Heinrich Schweiker gen Ingolstadt geleitet worden,
woselbst sie am 13. November 1549 eingetroffen sind. Im
Schoberischen Gasthofe speisten sie zu Nachts und mit ihnen
der Rektor der Universität Dr. Zoanetti, sowie sämmtliche
Professoren. Im Namen derselben hielt der Frauenpfarrer
Georg Theander eine Begrüßungsrede an die Patres, so
P. Canisius alsbald für sich und seine Kollegen beantwortete, dankend für die liebevolle Aufnahme und Bewirthung.
Ueber All das ist ihnen im alten Kolleg ihre Wohnung angewiesen, die Speisen aber täglich zweimal aus dem neuen
oder Georgianischen Kolleg geschickt worden. Am 26. November haben Salmeron und Canisius nach vorausgegange-

ner Rede feierlich ihre Vorlesungen angehoben, ersterer über Paulus an die Römer, letzterer über das vierte Buch des Magisters sententiarum. Jaius, so den Beiden nur zu einem rechten Anfang beigegeben war, hub unterdessen das Psalterium zu erklären an. Mittlerweile ist aber Herzog Wilhelm gestorben, item sein treuer Kanzler von Eck; als Kurator der Universität ist ein sicherer Dr. Stockhammer aufgestellet worden, so in Betreff der Jesuiten und des selbigen zu erbauenden Kollegiums gegentheiliger Ansicht gewesen zu sein schien, wasgestalten die Jesuiten, nicht ohne Furcht wegen der Erfüllung ihrer Erwartungen, allgemach die Universität wiederum verließen. Zuerst ging Claudius Jaius zum Karbinal-Bischof nach Augsburg, von wo er gen Wien geschickt worden ist und nachdem er dort das erste Jesuitenkollegium in Deutschland aufgerichtet hatte, bald darauf selig im Herrn entschlief. Ist ein so liebevoller und freundlicher Mann gewesen, daß man ihn mit vollem Rechte einen andern Paulum genannt hat, so Allen Alles geworden. Hierauf hat der hochgelehrte Salmeron die hohe Schule verlassen und ist mit dem Bischof von Verona Alois Lipomano, so als kaiserlicher Gesandter hier durchreiste, nach Italien gezogen. Von ihm ist das Sprüchwort gegangen, als er mit P. Lainez zu Venedig geprebigt hat, er bereite seinen Zuhörern eine köstliche Mahlzeit der auserlesensten Speisen, so aber ob der Tiefe der Gedanken nicht Jedermanns Verstande zugänglich seien, während Lainez ein ebenso kostbares Mahl zurichte nach dem Geschmacke eines Jeden, gut zerschnitten und hergerichtet für die Verstandeskräfte Aller. — Nur Canisius ist zurückgeblieben; ihm ist an die Seite für Salmeron gesetzt worden und fast zwei Jahre sein Collega gewesen: **Nikolaus Gauba-**

nus, Doktor zu Bologna, kurz zuvor Rektor des Collegiums zu Venedig; selbiger hat den Paulus an die Römer zu boziren fortgesetzet. Privatim unterrichtete er auch die Jünglinge und Theologie Studirenden und übte sie im Disputiren. M. Petrus Schorichius, so mit Dr. Gaudanus hieher gekommen war, wechselte in der Philosophie und in der griechischen Sprache ab; aber auch er kam noch in selbigem Jahre nach Wien. Johannes Brancacius bediente eine Zeit lang die Patres; ist jedoch bald nach Rom, woher er gekommen ist, zurückgeschickt worden. Im Jahre 1552 sind auch Petrus Canisius und Nikolaus Gaudanus nach Wien berufen worden, wohin sie König Ferdinand, so die katholische Religion in Oesterreich mehr in Gefahr vermeinte, als in Bayern, vom Papste und von seinem Schwiegersohne Herzog Albrecht erbat und ihnen einen eignen Abgeordneten entgegenschickte. Im März bestiegen sie ein Schiff auf der Donau und traten ihre Reise an, nicht ohne viele Thränen der Professoren und des Volkes, mit sich nehmend einen sichern Jodok Kastner, einen talentvollen jungen Mann, so des Herzogs Ernst, Bischof von Freising, wie auch des Markgrafen Philipp von Baden Präceptor gewesen, aber des Hof- und Weltlebens satt sich in die Gesellschaft Jesu begeben und an. 1577 zu Hall in Tyrol gestorben ist.

Herzog Albrecht, so nur ungern in die Abreise der Jesuiten gewilligt hatte, faßte nun den ernstlichen Vorsatz, sie zurückzurufen und eine bleibende Niederlassung für sie zu gründen. Die Sache ist vornehmlich durch zwei Männer betrieben worden, durch Wiguleus Hund und Heinrich Schweiker; jener ward nach Wien geschickt mit dem Auftrage, vom Kaifer Ferdinand den Canifius wieder zu erhalten, fo das Collegium von Ingolstadt nach dem Mufter des von Wien einrichten follte; Schweiker aber ift nach Rom gefendet worden zum heiligen Ignaz von Lojola, um mit ihm das ganze Gefchäft in Betreff des neuen Collegii zu verhandeln. Im Herbfte diefes Jahres kam Dr. Canifius von Prag hieher, allwo er an der Errichtung eines Collegii gearbeitet hatte. Balb darauf erfchienen von München Wiguleus Hundius, fo dem Stockhammer als Univerfitäts-Kurator nachgefolgt war, Simon Eckius, damals Kanzler von Burghaufen und Heinrich Schweicker mit einem andern Hofkammerrath. Als felbige lang und viel über den Ort und die Geftalt des Gebäudes, welches Baumeifter Stella für diefen Zweck aufgezeichnet hatte, und über andere verfchiedene Bedingungen fich berathen hatten, ift endlich im Monat Dezember befchloffen worden, daß den Vätern einftweilen jener Theil des alten Collegii wieder zur Wohnung eingeräumt werde, fo fie bereits früher bewohnten, bis über einen paffenberen Platz Gelegenheit fich ergeben hätte; mittlerweile ift ihnen fo viele Unterftützung zugewiefen worden, als nöthig zur Verpflegung zweier Profefforen der Theologie und zur Eröffnung einer öffentlichen Schule, zu welcher fowohl die Knaben aus der Stadt felbft, als auch aus der Umgegend unentgeltlichen Zutritt hätten. Alle gegenfeitigen Bedingniffe find fchriftlich aufgezeichnet worden und ein Exemplar hievon ward dem Herzog Albrecht gen München, das andere dem heiligen Ignatius von Lojola gen Rom überfendet, zugleich mit einem dringenden Briefe des Herzogs vom 11. Mai 1556, ihm fo bald als möglich Leute für das neue Kollegium zu fchicken, jedwedem Manne 300 Goldkronen als Reifegeld anweifend.

Am 7. Juli, in die Sti. Willibaldi, sind auch 18 Je=
suiten hier angekommen, unter denen **Thomas Lentulus**
aus Rimwegen, **Johannes Couvillon** aus Flandern,
Hermanus Thyrrhäus und **Theodorus Peltanus**
aus Geldern die vorzüglichsten gewesen waren. Wurden
freundlich und liebevoll von den akademischen Vätern aufge=
nommen; aus den Professoren sind Rektor Weber, Zoanetti,
Everhard und Agrikola zum Empfange dagewesen. Nach drei
Tagen zogen sie aus dem Gasthause in das alte Kolleg und
sind von dem Vizekanzler Georg Theander mit einer Rede
in Latein begrüßt worden. Couvillon und Thyrrhäus wur=
den auf Befehl des Herzogs sogleich der Universität zugetheilt,
nachdem sie zuvor den vorgeschriebenen Eid geleistet hatten.
Auch Peltanus hob die griechische und lateinische Sprache
öffentlich zu lehren an; andere bozirten die Philosophie und
schlossen sich an die artistische Fakultät an. Ueber all das
sind auch die andern 15 Jesuiten auf Befehl des Herzogs
der Universität zugetheilt worden; doch entstanden, weil sie
sich ihre Vorlesungen nicht honoriren ließen, bald Uneinig=
keiten zwischen ihnen und den magistris artium, so ohne Ge=
halt nur von den Honorarien und Instruktionen leben muß=
ten. Wurden aber bald nachher durch einen Brief des Her=
zogs wieder besänftiget und ist eine Zeit lang Ruhe gewesen.
Also haben die Jesuiten ihren ständigen Sitz zu Ingolstadt
aufgeschlagen und ein Kollegium gegründet, so über zweihun=
dert Jahre das Bollwerk des Glaubens, auch die Pflanz=
schule des Ordens für ganz Deutschland geblieben ist. Der
heilige Ignatius hat es seinen Benjamin genannt, dieweil
es das jüngste und letzte war, so bei seinen Lebzeiten gestif=
tet worden, denn er ist am 31. Juli 1556 gestorben. Die

Briefe, so der Herzog Albrecht mit dem heiligen Ordensstif=
ter in dieser Angelegenheit gewechselt, sind in Abschrift noch
vorhanden. — Es sind aber noch mehrmals Streitigkei=
ten entstanden, an 1564 zwischen den artistischen Professo=
ren und Jesuiten und wiederum an. 1567; der erstere Kampf
ist durch Erasmum Vendium, letzterer durch Eisengrein und
Petrum Canisium geschlichtet worden; die Jesuiten zogen sich
von allen Würden und Ehrenstellen der Fakultät zurück und
der Friede wurde bei einem Freundschaftsmahle, dem alle
Partheien beiwohnten, beschlossen.

Nachdem aber später die Streitigkeiten auf's neue an=
huben, eine vom Herzog gesandte Kommission die Ruhe nicht
gänzlich herzustellen vermögend war, trat plötzlich der Jesuiten=
Provinzial **Paul Hoffäus** mit einem Plane hervor, so
allen unerwartet, dennoch von allen gebilligt wurde. Die
Jesuiten zogen nämlich ihre philosophischen Schulen, wie Schü=
ler nach München und ließen nur zwei Professoren für die
Theologie zurück. Der Plan ist am 28. September 1573
ausgeführt worden und nun war Ruhe. Durch diesen Ab=
gang aber hat sowohl die Stadt als die Universität einen
empfindlichen Schaden erlitten, was nur zu bald eingesehen
worden ist. Es wandten sich dahero bereits 1575 bei Ge=
legenheit einer Jagd die Väter des akademischen Senates bitt=
lich an den Herzog; weil sich aber die Sache ob des Reichs=
tages zu Regensburg in Etwas hinausgezogen, wiederholten
sie ihr inständiges Bittgesuch des folgenden Jahres 1576.
Ueber all das ist ein Vergleich zwischen dem Jesuitenprovin=
zial **Paul Hoffäus** einerseits und den artistischen Professoren
andrerseits getroffen worden, in Folge dessen bereits für das

9

nächste Schuljahr sechs Jesuiten = Professores von München nach Ingolstadt gekommen sind. Selbige fanden das neue vom Herzog Albrecht erbaute Kollegium, so ursprünglich für ein Seminar bestimmt, nun aber für sie erweitert und für klösterliche Zwecke hergerichtet worden war, nicht minder mit einem barangebauten Kirchlein versehen, so noch in die= sem Jahre am Feste des heiligen Bartholomäus vom Weih= bischof von Eichstätt Wolfgang Hollius zu Ehren des heili= gen Hieronymus eingeweiht worden ist. Die Patres sind am 20. Juni in ihr neues Kollegium eingezogen, dessen Do= tation der Herzog in seinem Stiftungsbriefe vom Thomas= Abend 1576 auf jährliche 4000 Gulden festsetzte. Aus ge= nanntem Kirchlein ist später die große Kirche zum hei= ligen Kreuze entstanden, zu welcher am Tage des heiligen Hieronymus 1587 feierlich der Grundstein gelegt worden ist. Wurde 1589 unter großen Festlichkeiten eingeweiht, wobei das Merkwürdige zu erwähnen ist, daß der zwölfjährige Prinz Ferdinand, so hier studirte, nach dem Mahl und der Vesper in dem neuen Tempel an das zahlreiche Volk eine eindring= liche, auch zierlich gearbeitete Rede hielt. Im Jahre 1593 hatten die Prinzen Philipp und Ferdinand von Köln einen kostbaren Reliquienschatz anhergebracht, sonder= bar von den Leibern der heiligen Martyrer zu Trier und der heiligen Ursula und ihrer Gefährtinnen. Den größten Theil davon verehrten sie in die heilige Kreuzkirche. Selbige Reli= quien nun wurden am 21. Oktober in feierlicher Prozession, so unsre vier Prinzen und alle akademischen Väter, sämmt= liche Studenten von Abel, auch unzähliges Volk mit bren= nenden Kerzen begleiteten, in jenen Tempel gebracht und der allgemeinen Verehrung ausgestellt.

Am 7. Mai 1622, Samstag nach Christi Himmelfahrt, hub die Feierlichkeit zu Ehren der Heiligsprechung des heiligen Ignatius und Xaverius an, so acht Tage dauerte. Sämmtliche Professoren der hohen Schule beeiferten sich in brüderlicher Liebe dieß Fest mitzufeiern. Nicht zufrieden allen Gottesdiensten beizuwohnen, ließen sie auf ihre Kosten zwischen den beiden Thoren der Kreuzkirche einen Triumphbogen errichten, so eine Höhe von 50 Fuß hatte; die theologische Fakultät opferte überdieß eine weiße Kerze im Werthe von 53 Gulden; die philosophische Fakultät bestritt die Kosten zu dem Theater, so drei Tage hindurch aufgeführt wurde. Am Sonntag ober den 8. Mai hat der Hochwürdigste Fürstbischof von Eichstätt und Kanzler der Universität unter zahlreichster Assistenz und bei auserlesener Chormusik ein Pontifikalamt gehalten, dem der durchlauchtigste Herzog von Neuburg nebst seiner Gemahlin anwohnten. Der Rektor Magnifikus, auch Prokanzler der Universität, Leo Menzelius hielt die Festpredigt. Das philosophische Kollegium erwählte des andern Tages in feierlicher Versammlung den heiligen Franz Xaver zum Schutzpatron ihrer Fakultät. Die Jesuiten vertheilten Fleisch und Brob an zwölf hundert Arme aus der Stadt und der Umgegend, auch speisten sie insbesonders in ihrem Konvikthofe 372 Männer an 36 Tischen, wobei denselben die ausgezeichnetsten Professoren und vornehmsten Studenten im Bedienen behilflich gewesen sind. —

Nicht bloß zeitlicher Segen, sondern auch geistige Kraft und geistliche Hilfe und Trost sind von dem hiesigen Jesuitenkollegium ausgegangen, maßen darin viel hochberühmte Ge-

9*

lehrte die Wissenschaften doziret und wahrhaft fromme Män=
ner ein fast heiligmäßiges Leben geführet haben. Vor Allem
P. Petrus Canisius, dessen Seligsprechung in jüngster
Zeit vor sich gegangen ist, so allein durch seinen Katechismum
tausende von Seelen gerettet und im christlichen Glauben be=
festiget hat. Diese seine summa doctrinae Christianae ist das
erste von den Herrn Jesuitern herausgegebene Buch gewesen.
Canisius stand bei den Ingolstädtern in überaus großem
Ansehen, massen er nicht allein ihre Gemüther durch seine
Vorlesungen auf der Universität gewonnen, sondern sie auch
häufig durch geistliche Anreden zur Tugend und Frömmigkeit
aufgemuntert hat. Erstlich hat er lateinische Anreden an die
Akademiker im Collegium Georgianum gehalten, woselbst ihm
der damalige Regens M. Erasmus Wolfius eine neue Kan=
zel machen ließ; dann hat er sich auch auf das deutsche Pre=
digen verlegt, von dem er sich mehr Nutzen beim Volke zu
versprechen schien; und zwar machte er den Anfang damit in
der Kapelle der Leprosen, dann in dem Kirchlein zum heili=
gen Kreuze ausserhalb dem Kreuzthore; einigemale predigte
er auch in der Pfarrkirche zum heiligen Mauritius, überall
bei ungeheurem Zulaufe des Volkes. Einmal hat er auch
eine öffentliche Disputation über die Kommunion unter bei=
den Gestalten gehalten bei Gelegenheit, als er dem Johannes
Fabri die Doktorwürde verlieh. Canisius ist auch zum Rek=
tor Magnifikus und zweimal zum Vizekanzler der Universität
erwählet worden. An. 1597 den 21. Dezember starb er zu
Freiburg in der Schweiz 77 Jahre alt. — Von dem gott=
seligen Leben des P. Jakobus Rem, so gleichfalls in die=
sem Collegio gelebt, ist ein mehreres in einem eignen Kapi=
tel dieses Buches erzählet. Am 29. Jänner 1625 ist zu

unendlichem Leidwesen des Ordens, der Universität, ja der ganzen wissenschaftlichen Welt begraben worden P. Jakobus Gretser, dessen Gelehrsamkeit Päpste und Kaiser zu Rathe gezogen und dessen wissenschaftliche Werke 17 große Foliobände umfassen. War am Charfreitag an. 1562 zu Markdorf Diözese Konstanz am Bodensee geboren und ist mit 17 Jahr in die Gesellschaft Jesu eingetreten; hat zu Ingolstadt 26 Jahre doziret, 22 Jahre Theologie, 3 Jahre Philosophie und ein Jahr die griechische Sprache. Die Stunde seines Todes voraussagend ist er 63 Jahre sanft im Herrn entschlafen voll von Tugenden und Verdiensten, erschöpft durch seine Wißbegierde. Als die Anatomici nach seinem Tode ihn öffneten, haben sie das Hirn in seinem Haupte fast gänzlich ausgetrocknet gefunden. — Ueber vierzig Jahre lehrte auf hiesiger Universität P. Reyner Fabricius aus Löwen zuvor die Beredsamkeit, dann die Ethik. Hatte als Zuhörer die höchsten Fürsten Deutschlands, den Erzherzog Ferdinand, die Herzoge von Bayern zc. zc. und starb allhier 1625 fast hundert Jahre alt. Er soll auch den heiligen Stanislaus Kostka, als er von Wien nach Dillingen entfloh, auf Befehl der Obern gen Rom in das Noviziat zum heiligen Andreas begleitet haben. Ausser den obgenannten Patres sind noch allhie gestorben (denn nur diese bin ich Willens anzuführen, massen sonst bei der Menge hochberühmter Väter, so zu Ingolstadt gelehrt, kein Ende zu finden wäre), P. Balthasar Hagel aus Murnau 1616, so in Entscheidung der schwierigsten Gewissensfälle eine europäische Berühmtheit hatte; P. Oswald Coscanus aus Hall in Tyrol 1637, so 16 Jahre hindurch allhier die Moraltheologie bei ungeheurem Zulauf und Nutzen vorgetragen hat; P. Georg Haman

aus Freiburg 1641 so sich durch seine Liebenswürdigkeit noch
mehr, als durch den Glanz seiner Wissenschaft die Herzen
aller Akademiker in einer Weise gewonnen hat, daß er von
Allen im Leben als ein Vater geliebt und im Tode schmerz-
lich betrauert worden ist; P. Johannes de Dicastillo
aus Neapel 1653, so hier als Studienpräfekt sein Leben beschlossen, nachdem er zu Toledo, Madrid und Wien die Theologie gelehrt und die gründlichsten Werke ausgegeben hatte;
P. Georg Lyprand aus Breisgau 1665, so volle 23 Jahre
als Professor eine Zierde der hohen Schule gewesen, dessen
Kenntniß beider Rechte ihm eben so großen Ruhm verschaffte,
als die Heiligkeit seines Lebenswandels; P. Servilian
Veihelin aus Ellwangen 1675 Provinzial des Ordens und
Rektor des hiesigen Kollegiums, dessen prachtvolles Leichen-
begängniß von der Liebe und Achtung, in welcher er stand,
ein glänzendes Zeugniß abgegeben hat; P. Ferdinand Or-
ban von Kammer 1732, Beichtvater des Herzogs Johann
Wilhelm, so mit Leibnitz und den berühmtesten Männern
seiner Zeit in gelehrtem Briefwechsel gestanden, mit sonderbarem Fleiße und genauer Kenntniß das sogenannte Orba-
nische Museum, das erste in Bayern, sammelte und der Universität hinterlassen hat; P. Christoph Haunolb von
Altenthan 1689, so in seiner Jugend ob des Adels seiner
Geburt Edelknabe am Hofe gewesen, nachgehends aber durch
die Tiefe seines Verstandes, die Reife seines Urtheils und die
Klarheit seiner Darstellungsgabe unter die größten Geister
seines Jahrhunderts gezählt wurde. —

Auch ist hiebei nicht zu vergessen P. Christophorus
Scheiner, so, wenn auch nicht zu Ingolstadt gestorben, den-

noch lange allda gelehrt, als ein hellglänzendes Gestirn der
Wissenschaft, an dessen Glanze sich nicht blos die Mitwelt,
auch noch die Nachwelt erfreut. — Gedachter Scheiner ist zu
Wald bei Mindelheim geboren, jung in die Gesellschaft Jesu
getreten und zu Ingolstadt Professor der Mathematik gewor=
den. Im Monate März 1611 hat er auf dem Thurme der
heiligen Kreuzkirche zuerst die Sonnenflecken entdeckt, welche
Neuigkeit er sogleich seinem Schüler und Nachfolger P. Jo=
hannes Cysatus mittheilte und nachgehends auch von vie=
len Professoren bestätiget wurde. Nach acht Jahren hat sich
aber der berühmte Astronom Galiläi die Ehre der ersten
Entdeckung angemaßt, jedoch der gelehrte Marx Welser zu
Augsburg, dann Scheiner selbst in seiner Rosa Ursina und
später der berühmteste Astronom Lalande widerlegten Galiläi's
Behauptungen über dessen Priorität der Entdeckung. Die
Instrumente, deren sich Scheiner bei seinen Beobachtungen
bedient hat, sind lange Zeit im mathematischen Museum des
Kollegiums aufbewahrt gewesen und sein Porträt, nebst dem
seines Schülers Cysatus, sind annoch umgeben von ihren In=
strumenten auf dem Chore des Congregationssaales Maria
Victoria zu sehen. Einiges Andere, was Scheiner noch zum
Nutzen der Astronomen zuerst erfunden hat, erwähnt der Eng=
länder Pristley in seiner Geschichte der Optik. Scheiner ist
dreimal von Ingolstadt gen Innsbruck zum Erzherzog Maxi=
milian berufen worden. Später verweilte er zu Rom und
ist von da nach Schlesien geschickt worden, wo er der erste
Rektor des Kollegiums von Neisse geworden ist, so Erzherzog
Karl, Bruder Kaiser Ferdinand II., gegründet hatte, dessen
Beichtvater er gewesen ist. Er ist auch zu Neisse am 18. Juli
1650 des Todes verblichen 77 Jahre alt. War ein Mann

von ausgezeichneter, engelreiner Frömmigkeit, besonders gei=
zig mit der Zeit und dem Schlafe; täglich um mehrere Stun=
den früher als die andern aufstehend, um länger studiren zu
können.

Item ist erwähnenswerth P. Ignatius Kögler aus
Landsberg, so hier mehrere Jahre Mathematik dozirte; anno
1715 aber in die Missionen nach China geschickt worden ist
und dortselbst als ein Mann in jeglicher Art der Mathema=
tik, sonderbar in der Astronomie hocherfahren vom Kaiser
dem astronomischen Tribunal als Mandarin beigegeben wurde.
Durch diese Titel und Würden hat er es wenigstens dahin
gebracht, daß er in der grimmigen Christenverfolgung unter
dem Kaiser Jum=tsching schier die einzige Säule der christ=
lichen Religion gewesen ist. An. 1746 am 29. März ist er
zu Peking 66 Jahre alt gestorben. Seine Leiche ist auf Be=
fehl und Kosten des Kaisers mit unglaublicher Pracht nach
katholischem Ritus zur Erde bestattet worden.

Doch nicht bloß Wissenschaft und Gelehrsamkeit verbrei=
teten die Väter aus der Gesellschaft Jesu; selbige zeichneten
sich auch durch christliche Liebe aus, in der Geschichte
Ingolstadts ein unvergängliches Denkmal sich setzend. Im
Jahre 1632 wüthete in der Stadt eine furchtbare Pest und
vierzehn Jesuiten sanken in die Gruft, nachdem sie am
Bette der Sterbenden sich die Krankheit geholt hatten. Im
Jahre 1634 sind zwei feindliche Heere erschienen, eines un=
ter dem Herzog von Weimar, das andere unter dem Gene=
ral Horn, in der Gegend von Ingolstadt, denen die kaiser=
liche Armee nachfolgte, wodurch nicht blos die Feldfrüchte

gänzlich verwüstet wurden, sondern, weil auch eine zahlreiche Besatzung in die Stadt gelegt worden ist, die ungarischen Fieber am heftigsten zu wüthen anhoben. In diesen betrübten Zeitläuften sind die Herren Jesuiter wahre Engel des Trostes gewesen. Selbige wichen Tag und Nacht nicht von den Betten der Sterbenden; durch ganz besondern Eifer zeichnete sich P. Balthasar Kettler aus Hohenwart aus; selbiger ist auch der erste gewesen, so von der Seuche angesteckt dahingerafft wurde; ihm folgten nach 14 Jesuiten als Opfer ihres heiligen Berufes noch.

Ueber all das, mag man über die Herren Jesuiter benken, wie man will; mag man über ihr Institutum und ihr Wirken was immer für eine Ansicht haben, das wird kein Vernünftiger, so nur in etwas eine Geschichtskenntniß besitzt, leugnen können, daß selbige zur Zeit ihres hiesigen Wirkens Großes geleistet, daß selbige bevorab über Ingolstadt unaussprechlichen Segen verbreitet, daß selbige die Stadt in zeitlicher wie in geistiger Hinsicht so mächtig erhoben haben, daß der Universitätskurator von Bachiery, so im Jahre 1783 mit einer Visitation derselbigen beauftragt gewesen, seinen Kommissionsbericht mit folgenden Worten anhebt: „Daß die Universität Ingolstadt ihrem Verfalle und einer gänzlichen Auseinandergehung sehr nahe sei, ist nicht nur notorisch, sondern aktenmäßig seit 1773 nachgewiesen."

1773 ist aber das Jahr der Aufhebung der Gesellschaft Jesu gewesen. War ein großer Schlag für die Stadt, wie für die Universität; Ingolstadt hat dadurch einen großen Theil seines Lebens und seiner Nahrung eingebüßt. Die

Väter zerstreuten sich; einzelne sind noch hier geblieben und alte Leute erinnern sich jetzt noch mit wehmüthiger Freude an den letzten Jesuitenpater, so im Alter blind geworden, doch allzeit noch bis zu seinem Tode das heilige Meßopfer in der ehemaligen Kirche seines Ordens darbrachte, bis auch er heimgegangen ist zu seinen Brüdern, arm und verlassen wie ein ächter Diener Jesu Christi. — Die Jesuitengüter sind seit der Aufhebung durch eine kurfürstliche Deputation verwaltet und zum größten Theile zum Unterhalt des Alber= tinischen Studien=Institutes verwendet worden. Im Jahre 1789 ward der Johanniter Ritterorden in dem obern Lande von Bayern eingeführt und demselben die Jesuiten= güter übergeben; die Kirche hat nun Maltheserkirche ge= heissen. Nachgehends ist selbige ein Militairheumagazin ge= worden und die Klostergebäude die sogenannte Konviktkaserne. Im Jahre 1860 ist das Meiste gänzlich abgebrochen worden, um ein bombenfestes Militairlazareth darauf zu bauen. Be= reits an. 1814 sind bei Execrirung der Kirche die Gebeine aus der Gruft nach dem Gottesacker geschafft und 1860 bei gänzlicher Demolirung der Kirche die noch vorhandenen Ueberreste gleichfalls dahin in ein Einziges mit einem gar armseligen Kreuzlein versehenes Grab gebracht worden. Es ist aber auf Anregung eines Mannes, so nicht wollte, daß man des Segens und Ruhmes vergesse, so einstmals von die= ser Kirche und dem Kollegium der Gesellschaft Jesu ausge= gangen, in der Stadt gesammelt worden und nun schmückt ein gar stattliches Denkmal den Grabeshügel, worauf die einfachen Worte stehen: „Den Vätern aus der Gesellschaft Jesu das dankbare Ingolstadt." —

Die Studenten.

Kaum hatte die hohe Schule zu Ingolstadt ihren Anfang genommen, als bereits eine solche Menge von Männer und Jünglingen aus geistlich und weltlichem Stande anhergekommen ist, daß i. J. 1472 schon 489 Studenten gezählt wurden. Selbige Studenten sind für den Anfang in vier Nationen getheilt worden: In die bayrische, so die Böhmen, Mähzrer, Desterreicher, Italiener, Griechen und Schweden mitein- geschlossen; in die rheinische, so die Studenten jenseits des Rheins umfaßte; in die fränkische, wozu Hessen, Westphalen, Thüringeu, Hannover und Dänemark gezählt wurden; letzlich die sächsische, so aus Sachsen, Schlesiern, Preußen, Russen, Litthauern und Polen bestand. Jedwede dieser Abtheilungen hatte ihren eignen Vertreter mit der Vollmacht, jedes Seme- ster einen Rektor zu wählen. Nachgehends ist an die Stelle dieser Bevollmächtigten der akademische Senat getreten, als die Zahl der Professoren und Studenten mählig angewachsen. — Nach dem Beispiele der hohen Schulen zu Wien und Freiburg sind auch auf hiesiger Universität die sogenannten Bursen eingeführt und in dem Stiftungsbrief denen Magistern. der freien Künste erlaubt worden, Bursen halten zu dürfen. Gedachte Bursen sind eine Art öffentlicher Institute oder Kollegien gewesen, worin viele Studenten gemeinschaftlich beisammen wohnten; standen unter der Leitung der philosophischen Fakultät und hatten ihre eigenen Statuten, so bereits im Jahre 1478 verfaßt und bestätiget wurden. Der Vorstand der Burse hieß Conventor, dem ein Prokurator zur Seite stand, so die Oekonomie des Hauses zu besorgen hatte. Der Grund ihrer Aufrichtung mag etwa folgender gewesen sein, erstens, damit die studirende Jugend mit geringeren Ausgaben und Kösten lebe, für's zweite damit selbige fürbaß in Zucht und Ordnung gehalten werden möge; schließlich, daß sie allzeit eine Gelegenheit zur Uebung, auch eine gute Nußanwendung der Zeit habe. — Solcher Bursen hat es zu Ingolstadt nach Rottmar sieben gegeben: die echten Akten der philosophischen Fakultät aber zählen deren mindestens elf auf, nämlich: die Drachenburse, die Löwen =, Pfauen = und Adlerburse, die Sonne=, Rosen= und Lilienburse, die englische Burse, die Pariser= und die Wienerburse, die Burse des Aristoteles. Die Adlerburse hat vormals die Dingolfingerburse geheißen. Die Statuten der Pfauenburse sind annoch erhalten und wir sehen daraus, wie scharf und strenge die Gesetze der Bursen gewesen sind, da sie für Alle die nämlichen waren. Trotzdem sind sie aber häufig übertreten worden und die Schranken mußten durch neue Anordnungen immer enger gezogen werden; so heißt es in der Ordnung der Wachthuet, so sich im Jahre 1508 unser Herzog Albrecht mit sammt dem

Rektor der Universität und dem Bürgermeister und Rath der
Stadt zur Befriedung bei Tag und Nacht, fürgenommen hat:
Die Konventores sollen ihre Bursen zu Stund an, so man
Ave Maria läut, zu Nachts zuschließen und alle Nacht mit
Fleiß visitiren. Die Thüren müssen verriegelt sein unter der
Straf eines halben Gulden. Genannte Bursen haben sich
aber nicht lange gehalten; zumeist ist wohl der Abgang der
Studenten daran schuld, eine Haupturfache aber trägt die
Zügellosigkeit der Studenten, so von Jahr zu Jahr größer
geworden und sich nicht mehr in den Bursen einschränken
lassen wollte. Die traurigen und höchst verderblichen Kriegs=
läuften haben gleichfalls störend auf das Universitätsleben
eingewirket; die Gesetze wurden nicht mehr geachtet und die
Uebertretung derselben nicht mehr bestrafet; so ist es gekom=
men, daß die Universität Ingolstadt nachmalen in gänzlichen
Verruf gerieth. Auf solche Weise hörten die Bursen all=
mählig auf, sind in Privathäuser, zumeist ob ihrer größern
Räumlichkeiten willen in Gasthöfe verwandelt worden, dahero
nach das Gasthaus zum Adler, zur Sonne, zum Löwen zc.
und durch Kauf in den Besitz der Bürger gekommen.

Nun wohnten die Studenten in Privathäusern, was
nächst der großen Ungebundenheit auch noch einen andern
Uebelstand hervorgerufen hat. Durch die Habsucht der Bür=
ger sind nämlich die Miethpreise auf unerträgliche Weise
erhöhet worden, so daß es selbst bis zu den Ohren des Her=
zog Albrecht gen München gedrungen. Selbiger Fürst, der
studirenden Jugend großgünstig geneigt, hat sogleich eine
Kommission abgeordnet, so alle vermiethbaren Lokalitäten in
den Bürgershäusern in Augenschein nehmen und billige Preise

dafür festsetzen mußte, über welche hinaus kein Miethsherr
bei höchster Ungnade des Landesherrn, item empfindlicher
Geldstrafe gehen durfte. Die Taxa ist an. 1558 auf einer
Tafel öffentlich im Hohenschulgebäude aufgehängt worden. —

Die Kleidung, so die Studenten zu tragen pflegten,
ist, wie aus alten Bildern, auch Grabsteinen zu ersehen, aus
einem kurzen spanischen Mantel, enger und kurzer Hose, aus
Schuhen und einem Birette oder Hute bestanden. Manich=
fache Ueberschreitungen hierin melden häufig die Annalen,
worauf aber allzeit scharfe Dekrete von Seite des Herzogs,
wie strenge Verbote von Seite des akademischen Senats er=
lassen wurden. So wurden an. 1642 mächtige Befehle er=
theilt, daß kein Student sich eine Kleidung anschaffe, so eher
einem Militairsmann oder Komödianten gleich; item daß kei=
ner mit Stiefeln und Sporen bei den Vorlesungen erscheine
Im Jahre 1670 ist ein Verbot ausgegangen, so allen Stu=
denten ohne Unterschied und zwar bei Tag wie bei Nacht
jedwede Gattung von Waffen zu tragen aufs strengste unter=
sagte. — Als am Feste der gnadenreichen Geburt unsers
lieben Herrn und Heilands an. 1690 der feierliche Umgang
mit dem neuerwählten Rektor Magnifikus statt hatte, begleite=
ten die adeligen Akademiker den Zug mit Degen an der Sei=
ten, also auch zum Opfer gehend, was den Professoren höch=
lich mißfiel. — Acht Jahre später hat sich ein sonderbarer
Streit entsponnen. Ein sicherer Zeilerus, so ein Student
Jurisprudentiae gewesen, hatte auf seinem Hute Federn ge=
tragen; die vornehmen Studenten sind aber der Meinung
gewesen, selbiges sei ein bloßes Vorrecht des Adels, nahmen
ihm dahero gewaltsamer Weise die Federn ab, sie zerreißend.

Der Handel ward vor den akademischen Senat gebracht, so
nach reiflichem Ueberlegen also entschied, erstens seien die abe=
ligen Studenten verpflichtet, dem Beraubten die Federn wie=
der zu ersetzen, nachgehends sei genannter Zeilerus keineswegs
zu verurtheilen, da nirgendwo das Privilegium zu finden
sei, daß nur die adeligen Studenten Federn auf dem Hute
tragen dürfen. Im Jahre 1748 ist den vornehmen Stu=
denten erlaubt worden, bei der Frohnleichnamsprozession mit
einem Degen an der Seite zu erscheinen.

Hermanus Antonius von Klingensberg, so kurfürstlicher
Rath auch Professor der Institutionen allhie gewesen, ließ
um 1719 herum eine Geschrift ausgehen, enthaltend alle
Fürsten, Grafen und Barone, so die hiesige Universi=
tät Studirens halber frequentiret haben. Wir finden dar=
unter die glänzenden Namen der Erzherzoge von Oester=
reich, der Herzoge von Bayern, der Markgrafen von
Brandenburg und Baden, der Landgrafen von Leuch=
tenberg, der Grafen von Oettingen, Kastell, Truchseß
von Waldburg, Löwenstein, Fugger, Ortenburg,
Montfort, Törring, Schwarzenberg; man könnte aber
füglich auch ein Verzeichniß anfetzen von Studenten, so nicht
so fast durch den Adel der Geburt, als durch Fleiß und Ge=
lehrsamkeit hervorleuchteten und sich solchergestalten zu den
höchsten Aemtern im Staate und in der Kirche emporgeschwun=
gen haben; sind allein 43 Studenten aufzuzählen, so nach=
gehends Bischöfe und Erzbischöfe geworden sind.
Auch hat es unter den jungen Leuten, so allhie den Studiis
obgelegen, gar manche gegeben, deren Zukunft in manichfa=
cher Hinsicht merk= und denkwürdig gewesen ist. Sollen einige

namentlich aufgeführt werden. Im Jahre 1501 ist einge=
geschrieben worden jener Wolfgang Fabri, auch Capito
genannt, geboren an. 1478 zu Hagenau im Elsaß. Sein
Vater wollte ihn bei der Medizin haben; er aber hat sich
nachgehends der Theologie zugewendet. Der hebräischen
Sprache ist er mit sonderbarem Fleiße obgelegen, sich hiezu
eines getauften Juden bebienend. Machte sich unverzüglich
an Melanchton und Bucer, so aus der Schule Luthers her=
vorgegangen; in deren Umgang er soviel gewonnen, daß er
des neuen Glaubens erster Theologus genannt wurde. —
Der berühmte Johannes Kochläus ist gleichfalls auf hie=
siger Universität gewesen, hat eigentlich Dobeneck geheißen,
aber von seinem Geburtsort Wendelstein bei Nürnberg erhielt
er den Namen Wendelsteiner oder Cochläus. Zu Köln hat
er die Magisterwürde, zu Ferrara den Doktorhut erhalten;
ist von Jugend auf den theologischen Wissenschaften ergeben
und allzeit des Lutheri heftiger Gegner gewesen: war auf den
Reichstagen zu Worms, Regensburg, Augsburg und aber=
mals zu Regensburg, wo er mit Buzer disputirte. Selbiger
Kochläus ist der Freund Willibald Pirkheimers gewesen und
73 Jahre alt zu Breslau, woselbst er Kanonikus war, am
20. Jänner 1552 gestorben. — Johannes Ablzréiter,
ein hochberühmter Mann und nachgehends ausgezeichneter
Kanzler zu München disputirte öffentlich im Jahre 1620 aus
der Jurisprudenz mit solchem Beifalle der Anwesenden, so
unschwer dessen künftigen Ruhmeslauf andentete. — Im
Jahre 1636 kam auch der merkwürdige Mann Bartholo=
mäus Holzhauser auf die hohe Schule zu Ingolstadt;
selbiger wollte unter die Kandidaten des Magisterii aufge=
nommen werden; da er aber die nothwendigen Kosten nicht

zu leisten vermögend war, hat er der philosophischen Fakul=
tät versprochen, er werde, sobald er Priester geworden, in der
Kapelle der hl. Katharina Aushilfe leisten. Ist nachgehends
der Stifter des berühmten Institutes der Bartholomäer ge=
worden, so Weltpriester gewesen, die in Gemeinschaft lebten,
und zu Bingen am Rhein, nicht zu Ingolstadt, wie Etliche
meinen, hochbetagt gestorben. —

Könnten noch viele berühmte Studenten aufgeführt wer=
den, ist aber der Kürze wegen besser einen Blick in das
eigentliche Studentenleben zu Ingolstadt zu werfen. Den
Fleiß derselben anlangend sind in den Jahrbüchern der
Universität gar viele Beispiele aufgezeichnet; so gaben im
Jahre 1639 die drei vornehmen Polen Franz Dobrazynski,
Kasimir a Malinsky und Michael Waszynzinsky ein sonder=
bares Beispiel des Eifers, indem sie freiwillig nach vollende=
ter Physik unter den Akademikern, sich wiederum an das
Gymnasium begaben, um unter Abamus Herler nicht ohne
großes Lob ihres Fleißes die Rhetorik zu studiren. Item
wird im Jahre 1741 Erwähnung gethan von zwei Grafen
von Königseck, so mit den übrigen Philosophen sich um das
Baccalaureat beworben haben, keine Mühe und Beschwerde
scheuend. Deßungeachtet aber ist auch das Gegentheil vom
Eifer nicht ohne traurige Beispiele. Bereits im Jahre 1560
wird über abnehmenden Fleiß der Studenten beim Besuche
der Vorlesungen geklagt. Die Statuten von Anhörung der=
selben erneuert und der Beschluß gefaßt, jeder einzelne Stu=
dent muß drei Lektionen im Tage anhören; gegen die Nach=
lässigen soll Untersuchung eingeleitet werden. Am 11. Sep=
tember 1593 haben die Väter in pleno concilio beschlossen:

die Faulen zuerst zu mahnen, nachgehends in den Carcer zu
sperren, letzlich von der Universität auszuschließen. Zweimal
1667 — 69 veranstalteten die Rechtsprofessoren unversehends
durch Anschlag an die schwarze Tafel eine Prüfung ihrer Zu=
hörer, sich deren Schriften geben lassend; das letztemal wäre
schier deßhalb unter den Studenten ein Auflauf entstanden,
wurde aber durch Androhung der strengsten Strafen unter=
drückt. — Im März des Jahres 1770 sind unter dem Rek=
tor Petrus, Baron von Ickstedt, zwei Studenten wegen der
öffentlichen Note der Nachlässigkeit von der Universität aus=
geschlossen worden. —

Auf was Weise sich die Studenten unter=
halten haben, selbiges wird häufig in denen Annalibus
kundgethan. Sonderbar liebten sie die Jagd, so zu dama=
ligen Zeiten, wo um Ingolstadt herum noch viel Waldung
gewesen, leichtlich angekommen ist. Sind aber schon früh=
zeitig derohalben Streitigkeiten entstanden, wie vom Jahre
1508 zu lesen ist, und an 1683 mußte gar ein sicherer Stu=
dent, Namens Doppler, an das Hofjagdgericht in München
gefangen abgeführt werden, so der venatio furtiva angeklagt
war. Gleichfalls haben sich die Akademiker am Reiten
und Fechten ergötzet; so mußten dem Herzog 1692 eigends
die für solche Spiele freien Stunden angegeben werden, die
er dann zu diesem Zwecke bestimmte. Im Jahre 1693 haben
die Studenten zu Ehren des neugebornen Kurprinzen ein
gar stattliches Ritterspiel i. e. Turnier aufgeführt, wozu
alle Professoren eingeladen worden sind. Daß die akademi=
sche Jugend zeitweise in ihren Vergnügungen und Lustbar=
keiten auch excessive geworden ist, davon mögen einige

Beispiele hier angegeben werden, zugleich als ein Beweis von
der Moralität jener Zeit und wie daß die Welt sich
allzeit gleich bleibt. Schon im erſten Jahre der Univerſität,
noch unter dem Vizerektorat des Wilhelm von Werden ſind
etliche Studenten exkludirt worden. An. 1513 iſt der Student Lukas Vehlin von Memmingen eingeſperrt worden aus
Urſach, weil er nächtlicher Weile ein altes Weiblein erbärm-
lich mißhandelte. Durch die Bemühung des Frauenpfarrers
Balthaſar Huebmair ward er aber heimlich aus dem Thurm
befreiet und ſeiner Bande ledig. Ob dieſes Vergehens iſt
aber der Pfarrer um zehn Rheiniſche Gulden geſtraft und
drei Tage lang in einer Stube des Doktor Zingels feſtgehal-
ten worden, ſo daß ihm nicht einmal durch ein Fenſter der
Ausblick geſtattet war. Ueberdies ward er gezwungen, dem
verletzten Weiblein alle Bedürfniſſe zu beſtreiten, und wenn
ſie ſollte des Tods verbleichen, genannten Lukas Vehlin der
Univerſität einzuliefern. — Am 10. Jänner 1514 hat ein
abeliger Student Laurentius Stainlinger von Stainlingen
Nachts um 11 Uhr im Hauſe des Weinwirths Johannes
Kelbl einen gewaltigen Lärmen erregt, auf den Herrn des
Hauſes ſelbſten mit dem Schwerte einbringend. Doch von
ſeinen Gefährten daran verhindert iſt er aus dem Hauſe geworfen worden. Stainlinger durchſtieß jedoch das Fenſter
und verwundete den Kelbl. Da ging ein Geſchrei durch die
ganze Stadt, als wäre ein furchtbares Verbrechen begangen
worden; man eilte zu den Waffen und der Bürgermeiſter der
Stadt iſt mit bewaffneter Hand zum Hauſe des Rektor Magnifikus gelaufen, begehrend jenen Stainlinger einzuſperren,
weil Johannes Kelbel töttlich von ihm verwundet worden
ſei und bereits in Zügen liege. Konnte aber vom Rektor

10*

Magnifikus nichts anders erhalten als die Erlaubniß, das Haus, worin Stainlinger wohnhaft sei, zu bewachen; der Handel selbst sei auf Morgen zu verschieben. Als nun des andern Tages die Untersuchung anhob, hat sich herausgestellt, daß genannter Bürger Kelbel völlig gesund gewesen, einzig ein Zahn sei ihm eingeschlagen worden, für den er keinen Schadenersatz verlangte. Der Stadtrath ward nachgehends zum Gespötte und selbst von den Bürgern ausgelacht, daß wegen eines einzigen eingeschlagenen Zahnes ein solcher Numor erhoben und circa 30 bis 40 Bürger zu den Waffen gerufen wurden, so von 11 Uhr Nachts bis zum Mittag bei der großen Winterskälte unter Waffen stehen und den grimmigsten Frost aushalten mußten. — Einen ernsteren Ausgang hatte eine akademische Versammlung, so am 7. November 1586 im Collegium Georgianum abgehalten worden ist; es wurde beschlossen, daß das Collegium gleich bei einbrechender Nacht geschlossen und nicht vor Sonnenaufgang geöffnet werde; daß jeder dem Regens die Waffen ausliefere, daß die Würfel und Brettspiele, die unmäßigen Trinkgelage aufhören sollen, daß man dem Regens und seinem Stellvertreter in Zukunft mehr Achtung erweise. — Um das Jahr 1595 lebte allhie eine akademische Bürgerin, eine junge Wittib, so eines gar leichtsinnigen Lebenswandels gewesen und ob ihres ärgerlichen Beispiels mehrmals vorgefordert und hart angelassen, auch gezwungen worden ist, all ihre Kostgänger zu entlassen. Deßungeachtet ist ein gewisser Student Caspar Scioppius aus Franken, ein Jurist aufgetreten, selbige Vettel öffentlich vertheidigend zu nicht geringem Aergernisse der Universität wie der ganzen Stadt. — Im Jahre 1607 ist am Faßnachtsmontag zur Nachtszeit in der Schwaigergasse

eine Rauferei entſtanden und der Student Karl Hunger
erſtochen worden; ein um ſo kläglicheres Exempel, als ſelbi=
ger Hunger noch vor wenigen Tagen ſich entſchloſſen hatte,
eine aufrichtige Beicht über ſeine Sünden abzulegen, aber
wegen der nahen luſtigen Faßnachtszeit es verſchoben hatte,
nun aber vom Tode hingerafft, lebend es nicht mehr voll=
führen konnte. Mittlerweile hat die Moralität arg zu wanken
angehoben und es ſind an. 1674 eigens zwei Kommiſſäre
Dr. Pelkhofer und Dr. Leibl vom Kurfürſten geſchickt worden,
dem Uebel zu ſteuern und überhaupt eine feſtere Eintracht
unter den drei Behörden herzuſtellen, nämlich der Univerſität,
dem Militair und der Stadt. Der akademiſche Senat be=
klagte ſich bitter, daß verdächtige und gefährliche Zuſammen=
künfte in der Stadt geduldet, daß die öffentlichen Dirnen
nicht entfernt werden, daß die Nachtwachen nicht gehalten,
daß von den allzu müſſigen Soldaten die Studenten ſowohl
mit Worten als auch thätlich beleidiget werden, daß der
Statthalter ſeine Klagen gegen die Studenten meiſtens gleich
nach München referire, ſtatt ſie zuvor an den Rektor der
Univerſität zu bringen. — Auf dieß iſt gar heftig hin und
wieder bisputiret worden und erſt nach langen und vielen
Reden und Begütigen der Kommiſſion ein Frieden erzielet
worden. — Iſt auch ein ſtarker Verdacht geweſen, daß zwei
Akademiker einen Brand veranlaßten, ſo am 21. Juni 1684
um Mitternacht einen Stadel, den Schaffſtall und mehrere
Oekonomiegebäude der Herren Jeſuiter eingeäſchert hat. —
Im Monat Jänner 1695 ſind zwei Studenten wegen ge=
wiſſer ſchwerer Vergehen nicht bloß von der Univerſität und
der Stadt, ſondern auch vom ganzen Diſtrikt Ingolſtadt re=
legirt worden. — Beim Beginne des Jahres 1702 iſt von

dem durchlauchtigsten Kurfürst ein scharfer Befehl an die
Universität ergangen, darin der Professoren Nachgiebigkeit
gegen die Studenten aufs' strengste getadelt und ihnen be=
fohlen wurde, Zucht und Ordnung von Allen ohne Ansehen
der Person zu fordern. Auch wurde an die hohe Schule
ein kurfürstliches Dekret angeschlagen, worin den Studenten
bei Strafe der Relegation verboten war, alles nächtliche
Herumschwärmen, jenes unordentliche Geschrei und Rumoren,
injuriöse Stören der Nachtwachen, alles Hinausgehen in die
Felder und Wälder mit Flinten, auch alle nächtlichen Trink=
gelage bis über die Zeit. Nachgehends ist auch der Besuch
der öffentlichen Tänze zur Nachtszeit und maskirt scharf ver=
boten worden. Beweisen diese Befehle einerseits einen merk=
lichen Nachlaß guter Sitte und Zucht, so sind sie anderseits
von sehr vielen Studenten wenig oder gar nicht beobachtet
worden, wie solches die Annalen ziemlich deutlich durchblicken
lassen.' — Im Jahre 1605 ließ Herzog Maximilian an die
Universität ein Schreiben ausgehen, so unter anderen folgen=
des enthält: „Soviel dan zum dritten der alldort anwe=
„senden Studenten Uebung des Waydwerks belangen thuet,
„wissen wir uns gleichwohl unser hievor an euch ausgefertig=
„ten Bevelchen gnädigst zu erinnern, bey denen wir es dann,
„soviel das Pürschen in den Auen belanget, nochmal bewen=
„den lassen. Damit aber danach der allda studirenden Ju=
„gend ihre Recreationes nit geschmälert, auch sonsten aller=
„hand Ungelegenheiten vermieden werden, wollen wir ihnen
„hiemit gnädigst bewilligen, daß sie das kleine Waidwerk,
„wie vor Alters her, jedoch mit guter Bescheidenheit und
„ohne meniglichs Schaden und Nachtheil, darauf Ihr dann
„gutes Aufsehen und Ordnung halten sollet, unverwehrt ge=

„brauchen mögen, inmaßen wir beßwegen an unſern gehei=
„men Rath und Statthaltern, daß er ihnen dießfalls keinen
„Einhalt thuen ſolle, Bevelch ausfertigen, und den neuen
„Wildpann in den Feldern wiederumb aufzuheben verfügen
„laſſen. Im Uebrigen vermahnen wir euch, daß Ihr eurem
„Ambt und Pflichten nach in allen gute Ordnung, auch auf
„der ſtudirenden Jugend, ſonderlich aber unſrer Landeskinder,
„welche empfangenem Berichte nach ſchier dissolutiores als
„andere ſein wöllen, Mores und Verhaltung ſowohl als die
„Lernung fleißige Achtung gebet und ſie in ſcharfer, guter
„Zucht haltet, damit die Zeit und Unkoſten an ihnen nit
„übel angelegt und ſie künftig aineſt dem Vaterland zu ge=
„brauchen ſeyen, inmaſſen wir deſſen zu euch gnädigſtes Ver=
„trauen tragen und bleiben auch beynebens mit Gnaden
„wohlgewogen.“ —

Sollen auch etliche ſogenannte Studentenſtreiche
angeführet werden. Um 1596 herum graſſirte in der Stadt
eine Geſellſchaft oder beſſer ein Haufen müſſiger junger Leute
aus den Studenten, ſo ſich die „Brenner“ nannten. Iſt
unter ſelbigen ein Geſetz geweſen, daß ſie bald dieſen, bald
jenen unverſehends überfallen nnd ihn mit einer brennenden
Fackel oder Reiſig ſo lange plagen, bis er auf ſeine Koſten
ihnen eine Gaſterei zu bereiten verſpricht. Dieſen hatte ſich
ein Weſtphale Gerard von Lebenburg beigeſellet, ein an Geiſt
und Körper blühender Jüngling. Am Tage nach Maria
Lichtmeß hat ſich die Brennerſchaar ihn zum Ziele ausge=
wählet. Er ſagte zu; es wird gelagert, gegeſſen, getrunken
bis in die tiefe Nacht ohne Maß und Ziel. Endlich hat die
Trunkenheit zum Schlafe gezwungen; die Genoſſen entfern=

ten sich und ließen Gerarbum allein. Dieser, vom Schlafe
überwältigt und vom Weine voll, willens sich auszuziehen,
war es nicht mehr ganz vermögeub, sondern fiel auf sein
Bett. Gählings zündete das brennende Licht seine Unterhose
und in wenigen Augenblicken ist er in hellem Feuer gestan=
ben; er schreit, er weint, er wälzt sich auf dem Boden; doch
als die Leute herbeikamen, ist er schon totaliter verbrannt
gewesen, kaum mehr zum kennen. Lebte doch noch acht Tage
und verschied unter grausamen Schmerzen, so er mit christli=
cher Gebulb ertragen hat. — Im Jahre 1609 hat Marti=
nus Morenski, ein Pole und Lizentiat der Theologie, den
Antrag gestellt, die Doktorwürde privatim zu empfangen.
Solches hat das theologische Kollegium verneint, indem es
höchlich beleidigt anführte, einen solchen Grab ohne öffentliche
Festlichkeit zu ertheilen, sei sowohl in dieser, als in jeder
andern Fakultät unerhört. Nun trug sich selbiger Pole zur
öffentlichen Promotion an. Er wird zugelassen, der Pro=
motor bezeichnet, der Tag bestimmt, das Gastmahl bereitet,
die Handschuhe und die Fackeln hergerichtet, als jener plötz=
lich wider alles Erwarten seinen Sinn ändert (wenn er je
Willens gewesen) dem Dekane melbend, daß sein Beutel zu
solchen Ausgaben nicht voll genug sei. Die akademischen
Väter über die Maßen erzürnt, verurtheilten ihn zu allen
Kosten für die Professoren und den Pedell. Der Pole schickte
ihnen aber nur 43 Gulden. Nachgehends aber ging er in
sich und erhielt, demüthig und öffentlich um Verzeihung bit=
tend, am 2. September bennoch die Doktorwürde. — Im
Jänner 1642 hat sich ein frecher und gefährlicher Aufstand
erhoben. Denn als ein gewisser Wappelzheimer, so ein aus=
schweifenber Mensch, auch fast keiner Vorlesungen Zuhörer,

überdieß vieler Nachtschwärmereien schuldig, item ein Ver-
ächter und Spötter des Rektor Magnifikus gewesen, so damals
Manzius war, nach einstimmigem Beschluße der akademischen
Väter von der Universität und der Stadt ausgeschlossen und
bereits vom Pedell in die Gewalt der Schaarwächter übergeben gewesen, so ihn aus der Stadt bringen sollten, stürzte
sich eine große Menge von Studenten auf die Wächter und
ihnen die Waffen entreißend verwundeten sie drei davon
schwer, dem Schuldigen auf diese Weise Gelegenheit machend,
durch das Kreuzthor zu entfliehen. Sogleich ist ein Bote
mit einem Schreiben an den Kurfürsten geschickt worden, der
umgehend die Antwort erließ, daß hier mit den schärfsten
Strafen einzuschreiten wäre. Mittlerweile haben sich aber
die Haupträdelsführer selbst gestellt, ihre Schuld demüthig
bekannt und um Verzeihung angehalten. Ist derowegen die
wohlverdiente Strafe der Relegation in drei Thaler und
einen Tag Carcer umgewandelt worden. — Eine noch be-
denklichere Zwietracht erhob sich um das Jahr 1643 unter
den einzelnen Nationen. Die Polen, die Deutschen und die
Böhmen sind unter sich uneins geworden, wobei es nicht
selten zum Blutvergießen gekommen ist; ein Graf Palsi wurde
tödtlich verwundet. So viele Mühe sich auch der Senat gegeben, konnte die Unruhe doch lange nicht erstickt werden,
noch viele Jahre fortdauernd.

An. 1485 ist unter den Studenten ein Auflauf entstanden, wobei Georg Ilsung den Johannes Häring tödtlich verwundet hat. Item ist an. 1487 von den Studenten gegen
die akademischen Väter tumultuirt worden, weil selbige zwei
Studenten länger im Karzer ließen, als ihnen billig geschle-

nen. Sie waren ins Schloß auf verbotenen Wegen mit
Hilfe einiger Kammerzofen eingedrungen. Der Karzer ist
mit eisernen Instrumenten aufgesprengt und die zwei Studen=
ten befreiet worden.

Gar häufig und meistentheils mit traurigem Ende sind
die Kämpfe der Studenten mit den Soldaten ge=
wesen. Zu Anfang des Jahres 1668 haben die neu ange=
worbenen Soldaten, so in der Stadt, zum Theil sogar in
den Häusern der akademischen Bürger einquartirt waren, mit
oder ohne Schuld der Studenten Veranlassung zum Streite
gegeben. Reibereien und namentlich nächtliche Ruhestörungen
fanden statt, als auf einmal an der Säule des Brunnens,
beim Bade, so man Rosenbad heisset, ein Zettel angeheftet
war, auf welchen alle Studenten, jedoch ohne Waffen, zur
hohen Schule befohlen worden sind, dort ihre Klagen beim
akademischen Senat wider die neuen Soldaten vorzubringen.
Es sind auch an dreihundert Studenten zusammengekommen.
Ein Graf mit zwei Baronen, denen sich drei nicht adelige
Studenten angeschlossen haben, sind vorgelassen worden
und nachdem man ihre keineswegs demüthig vorgebrach=
ten Klagen angehöret, ist Beschluß gefaßt worden, mit dem
Statthalter Grafen von Arco darüber zu conferiren. Sel=
biger Graf ist aber ein kluger und humaner Mann gewesen,
so die Rechte der akademischen Jugend dem Militair gegen=
über aufrecht zu halten versprochen hat. Somit ist Ruhe
eingetreten; der Student aber, so jenen Zettel angeschlagen,
ist trotz alles Erforschens und Inquirirens nicht entdeckt wor=
den. — Zwei Jahre später ist ein Streit entbrannt, so daß
sich derohalben die akademischen Väter sechs und zwanzigmal

ad plenum concilium verfammeln mußten. Die Studenten, so auf ihre Privilegien eiferfüchtig gewesen, glaubten sich darin von dem Hauptmann Pienzenau in Abwesenheit des Statthalters verkürzet. Am meisten hat sie das Verbot in Harnisch gebracht, mit der Büchse vor die Thore der Stadt gehen zu dürfen. Studenten, so zur Nachtszeit also ergriffen worden sind, haben die Soldaten mit Prügeln traktiret. Bald darauf konnte man auf einem angehefteten Zettel lesen, alle Studenten sollten nicht bloß die öffentlichen und privat Vorlesungen meiden, sondern sogar die Stadt verlassen. Ja die Frechheit eines Studenten ist sogar soweit gegangen, Namens der Studenten an den Herzog von Neuburg einen Brief zu schreiben, worin er selbigen zur Einnahme der Stadt aufmuntert, er bedürfe zu diesem Zwecke nur dreihundert Soldaten, schrieb er, die übrige Hilfe würden die Studenten leisten. Der Herzog hat natürlich über diesen Brief gelacht und selbigen sogleich an den Kurfürsten gen München geschickt. Von dort ist sogleich eine Kommission hieher gekommen, Graf Törring, Doktor Giggenbach und Doktor Willison und es hob eine scharfe Untersuchung an. Der Verfasser des Zettels wie des verrätherischen Briefes ist aber doch nicht entdeckt worden, obwohl die Haupträbelsführer im Schlosse eingesperret wurden, die Stube eines Jeden von einem Soldaten bewacht. Drei Akademiker vom ersten Adel mußten sogleich die Universität verlassen. Ein anderer von den Grafen, auf welchen der Hauptverdacht des neuburgischen Briefes gefallen ist, hatte sich bereits vorher aus der Stadt und dem Lande begeben. In der Aula Albertina ist den sämmtlichen Studenten eine scharfe Ermahnungsrede von den Kommissären gehalten worden, so noch denselben Tag gen München ab-

reisten; den Studenten aber sind die Thore der Stadt wie=
der geöffnet worden, die ihnen vom ersten Anfang des Tu=
multes fest verschlossen geblieben sind. — Am 3. Juli 1682
ist jener Soldat enthauptet worden, so einige Monate zuvor
den Studenten beider Rechte Widmann umgebracht hatte. —
Vom anfangenden Jänner bis ausgehendem Dezember 1699
haben fortwährende Kämpfe zwischen Soldaten und Studen=
ten stattgefunden; häufig ist es zu Mord und Todschlag ge=
kommen, ohne Wunden ist es niemalen ausgegangen. Und
was das Traurigste dabei gewesen ist, daß kein Beschluß,
kein Verbot, keine Strafe irgend Etwas dagegen ausrichtete.
— Am 23. Mai 1701 hat man den Studierenden beider
Rechte Anton Sigmund Baron von Rosenberg begraben, so
am 10. Mai Abends sechs Uhr, als ein überaus heftiger
Zusammenstoß zwischen Studenten und Soldaten statt hatte,
nur von der Seite zusah und von einem gemeinen Soldaten
erschossen worden ist. Bei demselben Tumult ist auch der
Student Bromberger von Schrobenhausen, gleichfalls Jurist,
elendiglich umgekommen, so mit der Helleparte eines Solda=
ten am Kopfe getroffen, am 15. Mai seiner Wunde erlegen
ist. Auch von den Soldaten sind viele verwundet und ver=
stümmelt worden. — Unsre Soldaten, so noch voll Kampf=
begierde an. 1715 aus dem Kriege heimkehrten, vermochten
nicht lange mit den Akademikern Frieden zu halten. Am 6.
Mai ist Fürstensteiner, ein Student der Physik, auf offner
Straße von zwei Soldaten angefallen und mit vielen Wun=
den getödtet worden. Herentgegen wurde am 23. Mai ein
Soldat von einem Studenten todtgeschlagen. — Im Monate
März 1737 ist der Sohn des Rechtsprofessors de Haibe, be=
reits Lizentiat der beiden Rechte, auffer dem Donauthore un=

ter den Stauben lustwandelnd, plötzlich und ohne alles Ver=
muthen von einem Fähnbrich ermordet worden. Der Leichnam
ward am 20. März begraben. Da lange hin und her un=
tersucht worden ist, stand plötzlich an der Wand des hohen
Schulgebäudes ein Zettel, worin die Studenten aufgefordert
wurden, die Stadt zu verlassen aus Ursach, weil der Mord
des be Haibe noch nicht gerächt sei. Nun ist die Sache ernst=
lich in Angriff genommen worden, und es ward über den
Mörder das Todesurtheil ausgesprochen. Selbiger Fähnbrich
aber hat sich zu den Franziskanern geflüchtet, sich des geist=
lichen Asylrechtes bedienend und dahero frei durchkommend.
Nach einem zehnjährigen Exil hat er die Gnade erlangt, wie=
der in das Vaterland zurückkehren zu dürfen.

Ueber alles das wollen wir aber n i c h t a l l z e i t d e n
S c h a t t e n d e s S t u d e n t e n l e b e n s betrachten, sondern
a u c h d a s L i c h t. In den Annalibus wird vom Jahre 1577
berichtet, wie das Kollegium Albertinum oder Konvikt durch
Frömmigkeit und Gottesfurcht anhob zu blühen und diese
Konviktoren die ersten gewesen, so sich in die Sodalität auf=
nehmen ließen, welche zur sonderbaren Vermehrung der Ehre
Gottes, wie auch der Gottesgebärerin aufgerichtet worden ist.
Aus selbiger Sodalität ist nachgehends die hochberühmte aka=
demische Congregation hervorgegangen. Im Jahre 1602 ist
der Student der Rhetorik und der erste aus dem Kollegium
Ignatianum, Berchtolbus Baron von Wolkenstein aus Tyrol
zum Rektor Magnifikus gewählt worden aus Ursach, wie die
Akten melden, selbiger Wolkenstein ein ernster, bescheidener
und überaus gottesfürchtiger Jüngling gewesen ist. Wir
vermögen aber dieses Kapitel von denen Studenten nicht

würdiger zu schließen, als mit der Tagesordnung, so sich der Hochfürstliche, durchlauchtige Student Johannes Theodorus, Herzog in Bayern, selbsten vorgeschrieben und während seiner Studienzeit zu Ingolstadt gehalten hat, um sich selbsten einen Nutzen, der ganzen Hochlöblichen Universität aber ein Exempel zu geben: (also hat sie sein Oberhofmeister Scipio von Balaise schriftlich hinterlassen.)

Um 7 Uhr stehen Seine Durchlaucht auf, bis 8 Uhr zum Gebet, anziehen und eine Suppen zu nehmen.

Um 8 Uhr bis 10 Uhr werden Seine Durchlaucht das Studieren mit Reverendo P. Mayr S. J. Dero Beichtvatern und Dero Instruktore Ihro Hochwürden Herrn Calin vornehmen.

Um 10 bis 11 Uhr gehen Seine Durchlaucht zur Heil. Meß in Dero Herzogl. Wohnungs Kapellen und die übrige Zeit Recreation. Unter welcher Zeit Seine Durchlaucht diejenigen, denen der Zugang gnädigst gestattet ist, sehen oder die, so etwas unterthänigst anzubringen, gnädigst anhören werden.

Um 11 bis 12 Uhr seynd Seine Durchlaucht beschäftiget in denen Wissenschaften von der Geographica, Historia Morali-Politica unter Herrn von Schollenberg, Dero Kurfürstl. Durchlaucht in Bayern Revisions Rath und Seiner Hochfürstl. Durchlaucht Kurprinz Cabinets Secretario.

Um 12 Uhr zur Mittags Tafel, übrigens aber bis 2¹/₄ Uhr zur Recreation.

Um 2¹/₄ bis 4¹/₄ Uhr studiren Seine Durchlaucht wiederum mit obigem P. Mayr und Herrn Calin Hochwürden.

Von 4½ Uhr bis 5 Uhr Recreation. — Von 5 bis 6 Uhr mit Herrn von Schollenberg. Von 6 bis 8 Uhr Refreation. Um 8 Uhr gehen Seine Durchlaucht zum Nachtspeisen.

Um 10 Uhr zum Schlafen.

Alle Donnerstag gehen Seine Durchlaucht auf die Reitschuel.

Alle Sonn= und Feiertäg eine halbstündige geistliche Conferenz.

Alle Donnerstäg eine halbstündige Repetition in der Arithmetika oder Mathematika unter Reverendo P. Ring S. J. solcher Gestalten, daß selbige mit einer geistlichen Conferenz von Donnerstag zu Donnerstag alternire.

Alle Sonn= und Feiertäg, auch Donnerstäg ganzer Vakanz Zeit hindurch und bis 8 Uhr Nachts. Erchtag aber, als nur halben Recreations Tag Abend und bis obiger Uhrszeit ist denen auf allhiesiger Hochlöblichen Universität in Studiis sich befindenden Herren Cavaliers der gnädigste Zutritt bewilliget. Die Montäg, Mittwoch und Freitag nach geendigten Studiis von 6 bis 8 Uhr aber soll Sich Seine Durchlaucht der Herren Professoren dieser Hochlöblichen Universität schätzbarste Unterhaltung, Gelehrsamkeit und hohe Wissenschaft durch unterschiedlich der Geist und Sinnreichen Wohlberedenheiten zu Nutzen ziehen.

Die Dichter Ingolstadts.

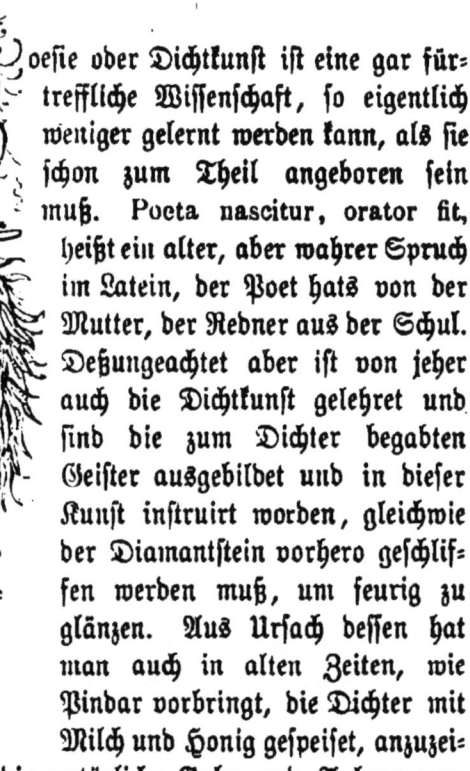

Poesie oder Dichtkunst ist eine gar fürtreffliche Wissenschaft, so eigentlich weniger gelernt werden kann, als sie schon zum Theil angeboren sein muß. Poeta nascitur, orator fit, heißt ein alter, aber wahrer Spruch im Latein, der Poet hats von der Mutter, der Redner aus der Schul. Deßungeachtet aber ist von jeher auch die Dichtkunst gelehret und sind die zum Dichter begabten Geister ausgebildet und in dieser Kunst instruirt worden, gleichwie der Diamantstein vorhero geschliffen werden muß, um feurig zu glänzen. Aus Ursach dessen hat man auch in alten Zeiten, wie Pindar vorbringt, die Dichter mit Milch und Honig gespeiset, anzuzeigen durch die Milch die natürliche Gabe und Anlage zum Dichten, durch den Honig aber die unverdrossene Arbeit, wo=

durch jene zur Kunst geworden ist. Hat daher auf allen hohen Schulen und Lehranstalten auch eine Kanzel für die
Dichtkunst gegeben, item auf der Universität zu Ingolstadt,
allwo die ruhmreichsten und hochberühmtesten Poeten gelebt
und gelehret haben. — Sollen hier der Reihe nach aufgeführet werden. —

Konrad Celtes, so der erste gekrönte Dichter in
Deutschland gewesen, ist an. 1492 gen Ingolstadt gekommen
von Würzburg, allwo er Humaniora lehrte. Studirte zu
Köln am Rhein gegen den Willen seiner Eltern, so ihn zur
Landwirthschaft haben wollten. Nachdem er alle hohen Schulen, so damalen in Deutschland und Italien blühten, besucht
hatte, ist er vom Kaiser Friedrich III. zu Nürnberg als Dichter gekrönt worden. Nach Umlauf eines Jahres kam er hieher am 2. Jänner und hat anfangs als ausserordentlicher
Professor die Humaniora dociret, 1494 aber ist er zum or-
dentlichen Professor der Beredsamkeit und Dichtkunst er-
nannt worden. Ging ann. 1498 von Ingolstadt wieder
fort, als scheinbaren Grund in seiner 26. Ode angebend, daß
er das Bier nicht liebe, item sei die Stadt eine langweilig
und freudenlos. Im Jahre 1501 ist er vom Kaiser Maximilian I. nach Wien gerufen worden, allwo er noch die sieben Jahre seines Lebens als Professor und Bibliothekar zu-
brachte. Ward auch mit dem sonderbaren Vorrechte begna-
digt, diejenigen zu Dichtern zu krönen, so er immer dazu als
würdig erachtete. Celtes ist zu Wien gestorben 1508 seines
Alters 49 Jahr; ist ein unsteter Geist gewesen, so nirgend
auf lange Zeit Ruhe fand. Durch sein Bemühen ist auch
die Sodalität vom Rhein und der Donau entstanden, so in

Deutschland unter allen gelehrten Gesellschaften die erste war und zugleich der Anstoß zu ungemein großer Beförderung der Wissenschaft. Celtes hat viele Schriften ausgehen lassen, das beste darunter sind seine vier Bücher Gedichte, von welchen er zwei zu Ingolstadt verfaßte, (scheint demnach, daß das Bier doch auch begeistern und ad parnassum führen könne).

Nun kommen Johann Stab von Ingolstadt und Jakob Locher von Ehingen, beide gekrönte Dichter. Letzterer hat das Licht der Welt 1471 zu Ehingen in Würtemberg erblickt und zweifelsohne in seiner schwäbischen Vaterstadt die ersten Studien gemacht. Nachgehends begab er sich nach Italien, die hohen Schulen von Padua und Bologna besuchend. Daselbst sind seine Lehrer gewesen: Philipp Berrald, der große Philosoph, Philolog und Redner, Johann Calpurnius, Martin Musurus, item Rossus, Niger und Sikulus. Also bereichert mit geistigen Schätzen ist er froh wieder in sein Vaterland zurückgekehrt, 1489 Ingolstadt zu seinem Aufenthalte wählend, allwo er sich den 15. Junius unter dem Rektorate des Johannes von Ramelsbach und Johannes von Adorf in die Universitäts-Matrikel als akademischer Bürger einschreiben ließ. Nachdem allhie Konrad Celtes sein Lehrer gewesen, hat er sich über eine Weile wieder von hier weg gen Basel begeben, Willens den Sebastian Brant zu hören. Möglicherweise hat er nach vollendeten Studiis bereits in Italien den Beinamen: Philomusas i. e. ein Liebhaber der Musen, nach der Gewohnheit jener Zeit an sich genommen. An 1495 ist er Professor der Rede und Dichtkunst an der Hohenschule zu Freiburg im Breisgau geworden; 1498 kam er aber das andremal gen Ingolstadt nicht mehr als Schüler, sondern als Lehrer. Locher war nunmehro gekrönter Dichter, denn er bekam von Kaiser Maximilian I. zu Freiburg, auf Anhalten des Konrad Stürzels von Bucham, kaiserlichen Kanzlers, den Lorbeer. Zu Ingolstadt erhielt Locher die Lehrkanzel der Dichtkunst unter dem Rektorate des Georg Schwebermair. Nach Umlauf von fünf Jahren finden wir Locher wieder in Freiburg. Dieß ging aber so. Der Prokanzler der hohen Schule zu Ingolstadt Georg Zingelius, ein ernsthafter Mann und ehrwürdiger Priester, mochte die heidnischen Klassiker nicht leiden, selbigen die christlichen Poeten: Prudentium, Baptistam Mantuanum weitaus vorziehend. Dieß brachte den Locher, so der neueren Richtung anhing, gewaltig in Harnisch und er rächte sich durch viele Spottgedichte. Als er letzlich gar die jungen Leute aus den Vornehmsten der Universität an einem Sonntage wie Landsknechte unter großem Rumor und Lärmen aufmarschiren ließ, also Hohn sprechend allen Gesetzen und Vorschriften der hohen Schule, mußte er von hinnen weichen. Doch auch in Freiburg bekam er bald Händel mit Zasius, Wimpfeling und schier mit der ganzen Universität; demzufolge erhielt er 1506 seinen Abschied. Wohin wollte er nun gehen? — Abermals lenkte er seine Schritte nach Ingolstadt, woselbst er nach dem Tode Zingelii 1508 wieder einen Lehrstuhl bekommen zu haben scheint. In währender Pest hieselbst 1521 floh er nach Ulm, kehrte jedoch wieder zurück, sobald die Seuche ein Ende genommen hatte. Jakob Locher hatte einen überaus anziehenden Vortrag, verbunden mit ausgebreiteten Kenntnissen und tiefer Wissenschaft; das lockte die Studenten gewaltig an und wie er selbst

11*

versichert, muß sein Hörsaal über die Maßen stark von Schü=
lern angefüllt gewesen sein. Er zählet sie selbsten auf seine
Zuhörer, nicht ohne gewiße Prahlerei und Eitelkeit, nämlich,
Matthäus Lang, Kardinalerzbischof von Salzburg, Jakob,
Markgraf zu Baden und Erzbischof von Trier, Ernst, Her=
zog in Bayern, Friedrich und Wilhelm, Markgrafen zu
Brandenburg, Karl und Christoph, Markgrafen zu Baden,
Christoph von Stadion, Bischof von Augsburg, Christoph von
Schrofenstein, Bischof von Brixen, Johann, Abt von Kemp=
ten, die Grafen von Werdenberg, Helfenstein, Oettingen, Ho=
henlohe, Fürstenberg, Montfort und Barbièr. — Ist nicht
geraume Zeit angestanden, als Locher aufs neue Händel an=
fing und zwar mit der Universität, deren ausdrückliches Ver=
bot er nicht achtete, indem er zu seinen Vorlesungen mit der
Glocke das Zeichen geben ließ. Ward beßhalb am 10. April
1506 um zwei Gulden gestraft mit der Androhung einer
noch größeren Strafe im Wiederholungsfalle. Locher ist ein
sehr unruhiger, zänkischer, auch satyrischer und hitziger Kopf
gewesen, item seine besten Freunde schwer beleidigend und
nicht ungerupft lassend. Sein Talent, wie auch der große
Ruhm, so er genoß, machten ihn übermüthig, so daß er sein
Temperament nicht in Schranken gehalten. Mittlerweile
muß aber Locher in eine ruhigere Gemüthsverfassung getre=
ten sein, dieweil man nichts mehr von ferneren Streitigkei=
ten findet; mag daran das Alter Schuld gewesen sein, viel=
leicht auch sein Ehegespons, so er am 17. September 1515
ehlichte, obwohl er bereits 45 Jahre alt war. Hat Ursula
geheißen und ist zweifelsohne eines Professoren Tochter ge=
wesen. Soll ein Ausbund von Schönheit gewesen sein und
wie es in der Hochzeitrede heißt, so der berühmte Matthias

Alber gehalten, einen schlanken Wuchs, sprechende Augen und einen adeligen Geist gehabt haben. Er gewann auch mehrere Kinder bei ihr, indem er ausdrücklich die Professoren Leonhard von Eck und Michael Marstaller seine Gevattern nennt. Ob selbige Kinder aber am Leben geblieben und sein Geschlecht fortgepflanzet haben, ist nicht zuverlässig anzugeben. Um einen tüchtigen Lehrer in der Gottesgelehrtheit nach Ingolstadt zu bekommen, weil diese Kanzel durch Zingelii Absterben lebig wurde, ist Locher 1508 zu diesem Zwecke vom akademischen Senat gen Tübingen geschickt worden, kam aber auch, wie andere, unverrichteter Dinge wieder zurück und die theologische Fakultät blieb über ein ganzes Jahr unbesetzt. Item war Locher 1512 zu Passau anwesend, als in der Charwochen 294 Häuser daselbst abgebrannt sind und hat dieses traurige Ereigniß in einem Carmen besungen. Ueber all das ist unser Locher an. 1528 des Todes verblichen, seines Alters 56 Jahre und ist hier feierlich begraben worden, nicht ohne Nachruhm eines großen Dichters und eines Mannes der Wissenschaft.

Unter den in die Matrikel der Universität eingezeichneten erscheinet an. 1517 ein sicherer Tranquillus Parthenius aus Dalmatien, so auch ein gekrönter Dichter gewesen ist; item an. 1534 Simon Lemnius, ein sehr gewandter Dichter, im Latein wie im Griechischen zu Hause. Von Geburt ein Etschländer hat er auf der Wittenberger Hohenschule den Dr. Luther, auch seine Anhänger mit beissenden Satyren verfolgt; begab sich alsbann aus Sachsen gen Ingolstadt und ist an. 1550 zu Chur in Graubündten gestorben. Als neuer Professor nennet sich im Jahre 1545 Johannes Päblioneus, so ein ausgezeichneter Redner und gekrönter Dichter, nicht minder ein ob seiner Kenntnisse hochberühmter Mann gewesen. Hat viele Schriften ausgehen lassen und am 30. November 1550 das Zeitliche verlassen. An der Ostseite der Frauenkirche befindet sich sein Grabstein, auf welchem unter Andern die Worte stehen: Berühmt durch sein Gedächtniß, geübt in der Kunst zu sprechen, ein glücklicher Redner, ein erhabener Dichter, lehrte er die schönen Künste auf Kosten seines Fürsten, ist darob geliebt vom Volke, geliebt von seinen Schülern gewesen. An 1564 kam Hannarbus Camerius als tüchtiger Professor der griechischen Literatur hieher, ist beredt und freundlich gewesen, wie auch sein Namen als Nachahmer des Theokrit und Virgil weitum berühmt geworden. Hat viele Schriften hinterlassen und als gekrönter Dichter sich selbst also unterschrieben: Kaiserlicher Pfalzgraf und des katholischen Königs Philipp von Spanien in Holland Vasall. Im Maien des Jahres 1568 ist allhie Magister Vitus Jakobäus, Professor der Dichtkunst und Universitäts Notar gestorben. Ging, am Podagra leidend, in's Bad nach Göppingen, verblich aber unter Wegs. Hat viel geschrieben, auch schön gedichtet.

Im Jahre 1571 hat der erlauchte und Hochwürdigste Martinus Eisengrein, Doktor der Theologie, Protonotar, apostolischer und kaiserlicher Pfalzgraf, den ersten Dichter gekrönt. Selbiger Dichter ist gewesen der hochgelehrte Herr Philipp Menzelius, Professor der Dichtkunst. An 1572 schmückte er mit der Poetenkrone in Gegenwart der erlauchtesten Männer, worunter sich der Hochwürdigste in Gott Herr Georgius Neupeck, würdigster Prälat von Scheyern, befand, den Magister Engerdum. An. 1575 aber den Johannes Bregelium, nicht minder Valentin Rottmar, auch Bartholomäus Hueber von Landshut. — Valentin Rottmar, der Verfasser der Jahrbücher der Universität, ist von Salzburg mit Weib und Kindern am 4. Mai 1565 nach Ingolstadt gekommen; sein Gemahl, so eine geborne Kempter aus Konstanz gewesen, erkrankte unter Wegs und ist allhie bereits am 16. Mai des Todes verblichen. War erst 22 Jahre und Mutter zweier Kinder; hat mit ihrem Herrn viert- halb Jahre in großer Liebe und Treue gehauset. Doch ist er nicht lange Wittwer geblieben, hielt bereits am 28. August seine zweite Hochzeit mit einer Jungfrau von Ingolstadt, Anna Hopfeurin; zu Ehren dieses Festes haben etliche da- malen ausgezeichnete und gelehrte Studenten Philipp Men- zelius, Gabriel Mayrbifius und Simon Schwarz Glück- wünschungsgedichte verfaßt. Rottmar hat zu Anfang des Maien 1572 seine Professur der Dichtkunst in voller Ver- sammlung der akademischen Väter niedergelegt, aus Ursach, weil ihm zu Augsburg ein ehrenvolles Amt angetragen wor- den ist. Um die leergewordene Stelle supplizirte alsbald Johannes Engerbus und erhielt die Lehrkanzel der Dicht- kunst, da er auch dem Herzog gut empfohlen war; bereits am 19. Juni hat er seine Vorlesung feierlich begonnen. Rott- marus ist aber 1574 wiederum nach Ingolstadt berufen und als Professor der Eloquenz aufgestellt worden. Im Jahre 1581 beförderte er den ersten Band der Annalen der Uni- versität zum Druck: allein er wurde, bevor das Werk gänz- lich aus der Druckerei gekommen, durch einen frühzeitigen Tod hinweg geraffet. Hatte auf seinem Sterbbette seinen vertrauten Freund und Collegen Engerbum gebeten, er möchte

dieß Buch als einen partum posthumum von ihm noch völ=
lig herausgeben. — Uebrigens war Rottmar in der Grie=
chisch und Lateinischen Literatur sonderlich versirt, ein voll=
kommener Redner und auch ein unvergleichlicher Poet, und
ist zu bedauren, daß seine vielfältigen Orationes funebres,
auch auserlesene Carmina in keiner Collection zusammen ge=
druckt worden. Hat die Geschichte der Gnadenkapelle zu
Altötting in ausnehmend schöne Verse gebracht; unsre liebe
Frau wird ihm wohl dafür den Lohn in der Ewigkeit gege=
ben haben. — Oftgenannter gekrönte Dichter Engerdus, auch
Steunechton genannt, ist aus Neustadt in Thüringen gewe=
sen und hat die Annalen der Universität zu schreiben fort=
gesetzet. Eine sonderbare Festlichkeit stellte die philosophische
Fakultät am 6. Oktober 1572 an, indem sie dreißig aus den
ihrigen öffentlich den Doktorhut verliehen, darunter ist auch
Johannes Engerdus, der gekrönte Dichter gewesen. Dieser
Feierlichkeit wohnten bei der Markgraf Philipp von Baden,
der Abt von Scheyern, Abgesandte der Prälaten von St.
Stephan und Wettenhausen, der Kanzler des Grafen von
Dettingen, die akademischen Väter Alle, in summa der gesammte
Adel und alle Würdenträger der Universität. Genannten
Engerdus haben mit der Poetenkrone geschmückt Johannes
Richardus Offanäus, Rechtsprofessor und Fr. Johannes Do=
minikus Heß, ein Franziskaner. Die festliche Feier dieses
Tages schloß ein Gastmahl, dem 178 Gäste anwohnten, ist
auf 89 Gulden zu stehen gekommen. Als Herr Philippus
Menzelius, Doktor und Professor der Medizin am 17. Sep=
tember 1576 Hochzeit hielt mit der edlen und tugendreichen
Jungfrau Elisabetha Peisserin, hat Engerdus ein gar auser=

lesenes Carmen nuptiale i. e. Hochzeitsgedicht verfasset, so allgemeinen Beifall gefunden.

Weil er auf der hohen Schule zu Ingolstadt studiret, auch die meisten seiner Oden allhie verfasset, ist Jakob Balde mit Recht zu den Dichtern Ingolstadts zu rechnen. War in dem Städtchen Ensisheim im Elsaß geboren und hat der feurige Dichter im kalten Monate des Jänner 1603 das Licht der Welt erblickt. Damalen gehörte Elsaß noch zum deutschen Reiche; demzufolge ist Balde der Geburt nach ein Deutscher; sein Leben und Wirken machen ihn aber zum Bayer. Achtzehnjährig ist er hieher gekommen, hat sich die Doktorwürde der freien Künste und der Lebensweisheit erworben und sich letzlich der Rechtskunde mit sonderbarem Fleiße und Eifer gewidmet. Heiter und des Lebens sich freuend ist er, ohne ausgelassen zu sein, schon damals dem Gesang und der Musik eifrigst ergeben gewesen. Eine alte Ueberlieferung erzählt, wie unser Balde zu jener Zeit einem Mädchen, dem er in Liebe zugethan war, zu Nachts ein Ständchen dargebracht habe. Selbiges war in der Nähe des Klosters Gnadenthal, als plötzlich die Klosterfrauen, so in den Chor gingen, die Metten zu singen anhuben. Dieß hat unsern Balde also bewegt, daß er ausrufend: Cantatum satis est, frangito barbiton, seine Leyer gen die Mauer warf, daß sie zertrümmerte und zur Stunde andern Sinnes geworden, Willens in den Orden der Gesellschaft Jesu einzutreten. So viel ist gewiß, daß der Obere, weil er den lebenslustigen Jüngling kannte, seiner Bitte anfangs wenig Glauben schenkte und mit der Aufnahme in etwas zauderte. Doch Balde ist fest geblieben und nachgehends eine Zierde des Ordens ge-

worden. Hat das Ordenskleid am 1. Juli 1624 im 21.
Jahre seines Alters genommen und zu Landsberg das Noviziat gemacht. Die Ordensgelübde legte er aber erst an. 1640
am 31. Juli ab und hat zufrieden in seinem Berufe gelebt,
wie aus vielen seiner Gedichte erhellt. Zu Ingolstadt lehrte
er die Beredsamkeit mit solchem Beifall, daß sein Ruf aus
weiter Ferne die vornehmsten Jünglinge, ja Fürstensöhne und
Männer vom höchsten Ansehen zu seinem Lehrstuhle zog und
daß der große Kurfürst Max I. ihn als Prediger auf die
Kanzel seiner Hofkirche rief, allwo er den Jeremias Drechsel
ablösete, item ihm den ehrenvollen Auftrag gab, Brunners
Geschichte Bayerns fortzusetzen. Auch als Missionär scheint
Balde eine Zeit lang zu Konstantinopel gewirkt zu haben,
wenigst sind einige seiner Lieder so geschrieben, als wäre er
im Lande der Türken gewesen. Sein Orden schickte ihn als
Prediger nach Landshut, Amberg und schließlich nach Neuburg, woselbst er an. 1654 im 54. Jahre seines Lebens angekommen und vierzehn Jahre später an einem Zehrfieber
des Todes verblichen ist.

Balde war schlank und hager; nennet sich selbsten scherz-
weise den dürren Dichter. „Kein weiches verzärteltes Haus-
„geräth," sagt er, „kein Schmerbauch, der im Armstuhle
„dampft, ist an mir. Der Bimsstein glättete und verklärte
„Alles. Durchleuchtend fast am Körper bin ich nur gewich-
„tiger als mein Schatten. Abgelegt habe ich das Thier, die
„Fäulniß, die Fesseln der Gefangenschaft; ein Halbgott schwebe
„ich schon zwischen Schatten und Göttern, leicht und frei wie
„der Maja Sohn. Noch ein wenig Staub, und ich glühe
„wie ein Funke empor — mich hebt die Luft." — Viele

spotteten des hagern Dichters und er rächte sich scherzend in zwei Satyren, dem Lobe der Magern und Fetten. Gar sehr plagten ihn Fieber, Husten und Katarrh. Ausnehmend schön verwünschte er diesen als Lebenszehrer und Lungenbohrer, als Räuber der Stimme, als Ausgeburt des Cerberus oder eines Krokobiles oder der Furien.

Und in diesem schwachen Leibe wohnte eine so schöne Seele, ein so großer Geist! — Als Mensch war er die lautere Liebe, bieder und offen, ohne alles Falsch, anspruchslos, witzig und heiter, wie er z. B. als Ignatius dem Klosterbruder erschien und Wein für sich begehrte; wie er dem jungen Prinzen von Neuburg die am Baume gebackenen Zwetschgen zeigte. Als Christ und Priester glühte sein Herz nur für Jesus; das Opfer des neuen Bundes war daher sein Ein und Alles; als die Körperkraft ihm gebrach, selbiges selbst zu entrichten, wohnte er doch demselben täglich knieend bei und erschien dem Volke, in Andacht zerfließend, ein Heiliger. Deßgleichen war sein Herz für Maria entflammt; seine schönsten Lieder gehören ihr; jede zarte Empfindung, jeden süßen Trieb des Herzens weihte er ihr; ihre Fürbitte flehte er an für sich und andere, für seinen Fürsten, sein Vaterland in jeder Noth. Der höchste Ruhm ists ihm, Mariens Sänger zu heissen. Du, ruft er ihr zu, der die Berge der Welt, als du zum Himmel aufstiegst, den Scheitel neigten. Du des Lebens Heilquell, Schatten der Müden, du in Flammen glänzender Rosenbusch! Du Taube, die einst des Friedens Oelzweig über die Ströme der Sündfluth brachte, Regenbogen der Gnade über dunklen Wolken, du Schöne, deren Glanz die Welt erleuchtet, deren Lieblichkeit den Frühling wieder bringt! Du Kryſtall, in dem ſich Himmel, Sonne, Mond und Sterne ſpiegeln! — Als Dichter war er in allen Fächern groß, erreichte jedoch als Lyriker den höchſten Ruhm, denn hierin ſteht er in vielen Stücken dem erſten Muſter, dem Horatius gleich, an Reichthum eigenthümlicher Wendun= gen, genialer Kompoſition, Fülle von Bildern und Menge weiſer Lebensregeln übertrifft er ihn. Darum nannten ihn Freunde und Feinde ſeines Ordens den deutſchen Horaz. Die Rathsherrn von Nürnberg looſten um Balde's Feder und der, ſo ſie erhielt, bewahrte ſelbige in einer ſilbernen Kap= ſel. Als Balde von Amberg über Nürnberg und Altdorf nach Neuburg reiſte, erzeugten ihm die Profeſſoren jener Univerſität alle Ehren und baten ihn, irgend Etwas in ihre Bücher zu ſchreiben. Papſt Alexander VII. ſchickte ihm für die Widmung ſeiner Urania eine goldne Medaille 12 Duka= ten ſchwer, ſo Balde am 24. September 1665 am Altare der Muttergottes aufhing. Der gelehrte Niederländer Barläus, der einzige Leibnitz und Herder verehrten in ihm einen der größten Dichter.

Aus Urſach deſſen ſollen wir Ingolſtädter uns darob herzlich freuen, daß genannter Dichter Jakobus Balde allhie geiſtig wiedergeboren ward, hieſelbſt gelebt und ſeine ſchön= ſten Lieder gedichtet hat! —

Der selige P. Rem
und der
Bürgersaal.

arum ich die zwei vereine, wird Manchem auffallend erscheinen. Der Grund ist aber folgender, weil des frommen Priesters Bildniß, nicht minder seine Gebeine und sonstigen Andenken von ihm dortselbst aufbewahret sind. Mit diesem Manne hat es aber ein gar denkwürdiges Bewenden. Zu Bregenz gebürtig trat er als zwanzigjähriger Jüngling in die Gesellschaft Jesu. Nach etlichen Jahren ist er nach Ingolstadt geschickt worden und weil sein Herz in seltener Liebe zur allzeit reinen Jungfrau und Gottesmutter Maria entbrennet war, errichtete er, ihre Ehre zu vermehren, im Jahre 1595 eine marianische Versammlung oder Colloquium,

wie man es geheissen, unter der Anrufung der dreimal wun=
derbarlichen Mutter, welcher Titel ihn allzeit in solche Lie=
besglut versetzte, daß er, wenn selbiger in der Litanei aus=
gesprochen wurde, vor Inbrunst der Andacht in die Höhe er=
hoben und wohl drei Schuh hoch über der Erde frei schwe=
bend erblickt wurde. Solches ist noch in figura in einer hin=
teren Ecke des Bürgersaales dargestellet. Ueber alles das
war er ein sonderbarer Liebhaber der Keuschheit, so daß er
nicht mit Unrecht eine Blume der Jungfräulichkeit genannt
werden konnte. Er hatte auch die Gabe der Prophezeiung
in hohem Grade und war ob seines heiligen Lebenswandels
weit und breit berühmt. Gar häufig hat er bei dem hoch=
heiligen Geheimniße der Messe sich in der Luft schwebender
erhoben; ward auch nicht selten von den armen Seelen im
Fegfeuer um seine Hilfe angerufen. Natürlich war dieß Ge=
fäß der Heiligkeit dem höllischen Feinde ein Dorn im Auge
und er peinigte ihn durch die allerärgsten Versuchungen. So
ist annoch an der Thüre ein Bildlein der Muttergottes un=
ter Glas zu sehen, welches der gottselige Mann in seinem
Breviere hatte und der Teufel ihm an drei verschiedenen
Stellen zerreissen wollte, wie es sich P. Rem mit eigner
Hand annotirte. In der Vorhalle zur rechten Seite, wenn
man hineingeht, ist ein hölzern Kästlein mit dem Bilde
Rem's; nach Eröffnung desselben sieht man seine Gebeine
gar armselig gefaßt, verdienten wohl eine reichere Zierrath
und etwas mehr Werthschätzung. Auf der Stiege zum Chore
ist das Originalbild des seligen P. Rem: sein schier farb=
loses, ganz abgemagertes Antlitz zeigt deutlich die Strengheit
seines Lebens und seine Abtödtung; zudem aber schaut den=
noch eine frohfromme Milde aus seinen Augen, die einem

ganz wohl thut und heilig stimmt. Unter dem Bildniß ste=
hen die Worte auf lateinisch geschrieben:

R. P. Jakobus Rem. Brigantinus, eximius Deiparae
V. cultor, cui cultui augendo Colloquii Mariani coetum ere-
xit a. 1595. Vir a vitae innocentia, Virginitatis flore, luce
prophetica et sanctitatis fama notus, inter sacrificandum
saepe sublimis a terra in aere visus et a piis defunctorum
manibus opem rogatus. Obiit Ingolstadt 12. Oct. a. 1618
aet. 72 relig. 52. In convictibus 48 a. exactis.

Anlangend den Bürgersaal, so ist derselbige im Lande
Bayern der fürtrefflichste und schönste und eine sonderbare
Zierde der Stadt. Im Jahre 1732 war P. Franz See=
dorf, Professor der Theologie und Präses der lateinischen
Kongregation, ein gar unternehmender und seeleneifriger
Mann. Gedachter Seedorf nun kaufte einen freien Platz, an
die heilige Kreuzkirche anstossend, Willens ein eignes Orato=
rium für seine Bruderschaft darauf zu bauen. Und also ent=
stand der ausnehmend schöne Bürgersaal, so bis zum Jahre
1736 vollendet war. Ueberaus kunstreich ist der Plafond von
den Gebrüdern Asam gemalt, die Verehrung der Himmels=
königin Maria in allen vier Welttheilen vorstellend; die Oel=
gemälde an den Seitenwänden, so die vornehmsten Verehrer
Mariä aus der Heiligenlegende enthalten, sind von nicht
minder berühmten Meistern als von Götz, von Wohler ge=
malet; über alles Lob erhaben sind auch die Stuckatur= und
Holzschnitzarbeiten und werth in etwas genauer betrachtet zu
werden. In der Sakristei wird annoch eine prachtvolle Mon=
stranze aufbewahrt, so gar kunstreich die Seeschlacht bei Le=

panto vorstellet, welche die Christen durch Hilfe Mariä sieg=
reich wider die Türken geschlagen. Ist aus dem Sturm der
Säkularisation noch gerettet worden bis auf den Fuß, so ent=
wendet und durch einen kupfernen ersetzet wurde; die Mon=
stranze mag jetzt noch in die zwanzig Mark Silber wägen
ohne die Perlen und kostbaren Steine. Ebendaselbst ist auch
ein Kruzifix von Elfenbein zu sehen, ein Geschenk des hoch=
berühmten General Tilly, von dem später in Etwas aus=
führlicher Kunde gegeben wird. — Nach dem Jahre 1800
trat die lateinische Kongregation dieses Oratorium an die
Bruderschaft: Maria vom Siege ab, so im Jahre 1612 ge=
stiftet, zu anfangs in dem Georgikirchlein am Kaisheimer=
Hause, alsdann in einem eignen Betsaale ihren Sitz hatte,
welcher zur linken Hand der Frauenkirche stehend, nun ein
Wohnhaus geworden ist. —

Die zwei Meisters-Töchter
und ihre
Mutter.

un habe ich etwas gar düsteres zu erzählen, eine dunkle That, doch ist der Trost dabei, daß selbige That längst vorbei ist. Zu Anfangs dieses Jahrhunderts war Bayern mit Oesterreich gegen Frankreich und das Land mit österreichischem Kriegsvolke angefüllt; nicht minder unsre Stadt; die Garnison ward von wegen der französischen Angriffe auf 5000 Mann vermehrt und die Zahl der Schanzer überstieg allzeit tausend Mann, da die Festung mit zwölftausend Palisaden umgeben werden mußte, welche man aus den kurfürstlichen Waldungen beischaffte. Dazumal ereignete sich nun das, wie folgt. Zwei Soldaten eines böhmischen Regiments, das allhie im Standquatier lag, mit Namen Luzian

und Hofer, waren der erste in der Harberstraße, der andere
hinter dem Ballhaus in einem Sattlerhäuslein einloschirt.
Sind aber allzeit beisammen und mehrentheils bei der Lacher-
melberswittwe Frau Maria Helena Praudtnerin gewesen,
so ein eignes Haus (neben dem Poliziner) und gutes Geschäft,
auch zwei Töchter hatte, die eine dreizehnjährig mit Namen
Johanna, die andere im zwanzigsten Jahre hat Helena
geheißen und war im Brautstand, die Hochzeit ist nur ob der
heiligen Fastenzeit in etwas verschoben worden. Besagte
Soldaten nun sind schier täglich in diesem Hause gewesen,
halfen bei der Arbeit mit und bekamen hiefür überaus viel
an Essen und Trinken, auch Geld. Ohneracht dieser Wohl-
thaten aber faßten sie schwarze Mordgedanken. Mehrmals
waren schon den Melbersleuten diverse Sachen abhanden
gekommen in Geld und Waaren; darob sie nicht geringen
Schrecken hatten und sich jedwede Nacht vor Einbruch fürch-
teten. Um allen Verdacht von sich abzulenken, erboten sich
die beiden Soldaten im Hause zu wachen, der Luzi lud sogar für die Helena, so eine überaus starke und kräftige
Weibsperson war und nicht wenig Kurasche hatte, ein Ge-
wehr, aber blind. Als es nun Nacht geworden, gingen die
drei wohlgefaßter über eine Stiege in ihre Schlafkammer;
die Soldaten aber sind herunten geblieben, kartenspielend und
zechend. Ueber all das ist die Mitternacht herangekommen;
da machten die Soldaten ein Gepolter und Rumoren; Helena
ist gählings aus dem Bette gesprungen und lief mit dem
Gewehre die Stiege hinunter, allwo sie Luzi ergriff, zu Boden warf und würgte, mit vielen Messerstichen grausam verwundete; er konnte ihr aber nebst seinem Spießgesellen erst
bis gegen Morgen Herr werden, sie wehrte sich nicht anders,

als wäre sie eine Riesin und hätte unmenschliche Kraft; sie war aber auch so zerschunden, daß man sie kaum mehr erkennen mochte. Mittlerweile die drei also kämpften, eilte die Mutter auf den Lärmen herab, so aber Hofer augenblicks niedergestochen, daß sie todt auf die Stiege hinfiel. Das kleine Mägdlein aber schloff vor übergroßer Angst in das Ofenloch; als es aber nach geraumer Zeit nichts mehr hörte und herfür kam, packte es Hofer und nahm es zwischen die Füsse, selbiges abschlachtend nicht anders, als wenn es ein Schlachtthier wäre, obwohl es gar kläglich rief und mit aufgehobenen Händen jammerte, ihm nicht das Leben zu nehmen. — Nun hatten die Mörder höchste Zeit zur Flucht, denn es graute bereits der Morgen; sie stiegen gegen den Poliziner hinüber und entflohen; Luzi ließ aber seinen Stock, wie ihn dazumal die österreichischen Soldaten zu tragen pflegten, in der Reiher liegen. — Als nun beim Tage die Nachbarsleute mit Leitern eingestiegen waren, weil sich im ganzen Hause nichts rührte, fanden sie die grausam Ermordeten in ihrem Blute und wie ein Pfeil ging die entsetzliche Kunde von Mund zu Mund. Der Verdacht fiel des gefundenen Stockes wegen sogleich auf das Militair. Dasselbige wurde auch nach wenigen Stunden aufgestellt und auf das strengste untersucht, bei welcher Untersuchung man an Hofer und Luzi noch frische Blutflecken fand. Wurden sogleich auf das Stockhaus gebracht, woselbst sie Alles reumüthig eingestanden, namentlich vergoß Hofer die bittersten Zähren, ein über das anderemal rufend: O ich höre noch das entsetzliche Bitten des kleinen Mägdleins in meinen Ohren, das ich so grausam abgeschlachtet habe. Die Unthat, so am 17. März 1800 geschehen ist, ward bereits am Dreifaltigkeits-Montag

12*

durch den Tod gesühnt. Zur selben Zeit als die Ingolstädter
mit dem Kreuze nach Bettbrunn gingen, sind auch die beiden
Missethäter durch den Strick vom Leben zum Tode gebracht
worden unter Zusammenströmen eines unzählbaren Volkes.
Am Tage des hl. Joseph wurden die Leichen der drei Er-
morbeten in drei Truhen nach dem St. Sebastiani Kirchhof
gebracht und allda unter viel Weinen und Wehklagen zur
Erde bestattet. Als mittlerweile dieser Gottesacker geschlossen
und ein neuer vor dem Kreuzthor errichtet worden ist, that
man die drei Grabsteine da hinaus und männiglich kann
darauf noch folgende, überaus eindringliche Mahnworte lesen.

Auf dem der älteren Tochter:

> Begiesse hier
> Ein Bild von Dir
> Den Leichnam der Helene
> Mit einer Schwesterthräne!

> Nein — Schwestergen — nein weine nicht,
> Ich Sieh im hellern Gottes-licht
> Die unschulds Mörder schon gericht
> Vor Gottes Angesichte stehen!
> Da hilft kein zittern, jammern, beben,
> Die beyspiellosen Bösewicht,
> Die weder Blut noch Jugend
> Noch andere schöne Tugend
> An Mutter, Tochter schonten,
> Obwohl's im Hause wohnten!

* * *

Hier ruhet sanft und selig
die ehr und tugendreiche Jungfrau
Helena Prandtnerinn, bürgerl. Melberstochter
allhier. Sie war gebohren den 1. April 1780.
und ermordet den 17. März 1800.

Auf dem der Mutter:

Zum
ewigen Andenken.

Drey Gräber, die Ein Leichenkranz umschlingt,
Wo jammernd die Natur die Hände ringt,
Verschliessen hier ein holdes Schwesterpaar,
In ihrer Mitte ruht, die Sie gebahr.
Die Tochter schmückte stets die reinste Jugend,
Die Mutter krönte jede schöne Tugend,
Wie mussten Sie, geliebt, beweint von Allen,
In schwarzer Nacht gleich Rachels Kinder fallen!
Geh, Wanderer, trockne still die Thränen,
Die Menschheit bebt, den Gräul zu nennen.

*   *   *

Hier ruhet sanft und selig
die ehr und tugendreiche Frau Maria Helena
Prandtnerinn, bürgerl. Melberin allhie. Sie
war gebohren den 18. August 1745 und ermordet den 17. März 1800.
Gott habe Sie selig! —

Auf dem der jüngeren Tochter:

O Weh, hier liegt,
Vom Tod besiegt,
Im Frühling ihrer Jahre
Johanna in der Bahre!
So sanft, so mild
Wie dieses Kind
Gibts wenig mehr in Städten,
Das Merkt euch wohl, ihr Mädchen!
Der edlen Unschuld ganz zu Ehr
Kommt liebe Engel-Gottes her
Und bringt dem Himmels-Kind Johannen
Zum Angedenken später Ahnen
Im himmlischen Gelanz
Den Marter lorber Kranz!

*   *   *

Hier ruhet sanft und selig
die ehr und tugendreiche Jungfrau
Johanna Brandtnerin, bürgerl. Melberstochter
allhier. Sie war gebohren den 27. Dezember
1787 und ermordet den 17. März 1800.

Von
sonderbaren Wahrzeichen der Stadt.

ür ein Wahrzeichen kann mancherlei gelten oder ge=
halten werden; es ist aber gewiß, daß es nicht leicht
eine Stadt oder einen Markt gibt, so nicht irgend ein
Wahrzeichen oder berglei=chen mehrere hätte. Auch
Ingolstadt hat solche und dieß Kapitel soll davon handeln.

Vom Pfarrer, der klopft, geht eine gar schauer=
liche Kunde und doch wieder trostreich für die Stadt. Wenn
du in die Pfarrkirche ad Stum Mauritium dich begibst und
beine Schritte zum Hochaltare lenkest, so siehest du, ehe die
Staffeln anheben, einen röthlichen Stein am Boden liegen,
barauf ein Kreuz von Messing und ein detto Täfelein mit
ber Inschrift: Anno 1460 obiit Conradus Ulmer, plebanus
hujus ecclesiae, zu beutsch: Im Jahre 1460 starb Konrad

Ulmer, Pfarrer dieses Gotteshauses. — Selbiger Ulmer, so von 1442 bis 1460 Pfarrherr in der untern Stadt gewesen, war ein gar frommer und heiligmäßiger Mann. Er ist aus Schwaben gebürtig gewesen, nicht unwahrscheinlich aus dem Städtchen Gmünd in Würtemberg. Sein Bruder, Petrus Ulmer, aus dem Orden des hl. Augustin, ist insgemein frater de Gamundia d. h. Bruder von Gmünd genennet worden. War der Durchlauchtigen Herzogen in Bayern Hofprediger, der Gottesgelehrtheit Doktor, unter dem Bischof Johann III. von Freising dessen Weihbischof und Bischof von Mitrokomia in part. inf. Er weihte in der Augustinerkirche zu München acht Altäre am 1. Oktober 1449 und ward auf dem Kapitel zu Landau im Jahre 1430 zum Obern der rheinischen und schwäbischen Ordensprovinz erwählet. Ist zu Gmünd selig im Herrn entschlafen und in der Kirche seines Ordens begraben worden. Unser Konrabus Ulmer ist wahrscheinlich durch die Vorbitt seines bischöflichen Bruders auf die gute St. Moritz Pfarrei gekommen, so er durch den lichtscheinenden Glanz seiner Tugenden nicht wenig ehrte. Als er Pfarrer zu sein anhob, ist eine gar traurige Zeit im Bayerlande gewesen, sintemalen der alte Herr Ludwig im Barte von seinem unnatürlichen Sohne Ludwig dem Höcker im Schloße zu Neuburg belagert, gefangen und letzlich auf des Markgrafen Albrecht Schloß nach Onolzbach gebracht wurde. Schon zwei Jahre darauf mußte Konrad Ulmer die Leiche Ludwig des Höckers, den der Tod nicht ohne gerechte Zulassung Gottes so schnell ereilte, zu Grabe in die Pfarrkirche zur U. L. Sch. Frau begleiten. Im August des Jahres 1447 hielt er in seinem Gotteshause eine feierliche Leichenbesingnuß für Herzog Ludwig im

Barte, so als 81jähriger Greis aus Herzeleid im Schloße
zu Burghausen verblichen war. — Im Jahre 1430 wurde
am 4. Mai in der Sakristei der Frauenkirche eine Kiste, so
mit dem Siegel des Grafen von Oettingen verschlossen ge=
wesen, eröffnet und darin überaus kostbare Reliquien gefun=
den, welche obgenannter Graf wahrscheinlichst aus dem hei=
ligen Lande gebracht und diesem Gotteshause vermacht hatte.
Zeugen sind die Prälaten von Thierhaupten, Donauwörth
und Wilzburg gewesen, item Bartlme von der Leiter zu Bern.
Selbige Heilthümer nun wurden im Jahre 1444 in Gegen=
wart beider Stadtpfarrer, nämlich unsers Konrad Ulmer
und des Gabriel Klosen wieder in die Truhe zurückgethan
und sorgfältig verschlossen. Ulmer hielt dann noch den feier=
lichen Gottesdienst für den zu Landshut abgeleibten Herzog
Heinrich im Jahre 1450, huldigte mit allen seinen Amts=
brüdern dem neuen Herzog Ludwig dem Reichen, hat die
Judenvertreibung, so gedachter Herzog wegen ihres Wuchers
aus Ingolstadt und vierzig andern Städten des Landes be=
fohlen hatte, mitangesehen, erlebte noch, daß im Jahre 1453
Ingolstadt der Titel einer Hauptstadt verliehen worden ist,
nicht minder den Entschluß des Herzogs, allhie eine Univer=
sität zu errichten und die päpstliche Bulle vom Jahr 1459
mit der Erlaubniß hiezu. Die Errichtung selbst hat er aber
nicht mehr erlebt, sintemalen er bereits im Jahre 1460 selig
im Herrn entschlafen ist, den Ruf eines eifrigen Seelenhirten
und heiligmäßigen Mannes bis auf diese Stunde zurück=
lassend. Er verehrte mit absonderlichem Vertrauen die aller=
seligste Jungfrau Maria und betete eifrig den hl. Rosenkranz.
Wohl ist es wenig, was wir von dem frommen Priester
wissen und aufgezeichnet finden, doch verspüret die Stadt

jetzt noch nach Jahrhunderten den Segen seines heiligen Wirkens und die Kraft seiner mächtigen Vorbitte. Es geht nämlich die Sage und selbige ist durch vielfache Erfahrung bestätigt, daß um der Verdienste jenes heiligen Mannes willen in Ingolstadt nie mehr als Ein Haus abbrenne. Auch soll derselbige durch Klopfen in seiner Gruft die baldige Entstehung eines Brandes anzeigen und darauf aufmerksam machen. Es gibt Viele, so dieses Klopfen schon gehört haben wollen. Wie dem auch sei, dieß ist gewiß, daß seit unfürdenklichen Zeiten selbiger Pfarrer, der klopft, für ein rechtes Wahrzeichen Ingolstadts gehalten worden ist.

Item haben wir ein solches an dem großen röthlichen Stein, so vor dem Hause des Herrn Lebzelters Berthold liegt. Ist früher an der Gottesacker Mauer, so vor Zeiten um die obere Pfarre gegangen, der Konviktkaserne gegenüber, gelegen. Mag vielleicht ein vom Baue der Frauenkirche übriggebliebener Stein gewesen sein, auf welchem den Arbeitern der verdiente Lohn ausbezahlt wurde, aus Ursach dessen selbiger Stein in seiner Mitte eine geringe Höhlung gehabt hat. Gerade das aber hat die Sage, so über diesen Stein geht, benützt, vorgebend, der „Gott sei bei uns" habe selbigen Stein zum Trutz des Baumeisters Konrad Gläzl über die Kirche geworfen und sei leibhaftig darauf gesessen. — Gewiß ist, daß sich beim Wegbringen selbigen Steines an seine jetzige Stelle nur mit Mühe Jemand gefunden hat, Hand anzulegen und einen Wagen zu dem Zwecke herzugeben, ein Beweis, wie tief obige Sage im Volke bereits eingewurzelt gewesen. —

Zum dritten ist ein rechtes Wahrzeichen das steinerne Muttergottesbild, so an der Spitze der äußern Fronte hoch über dem Hauptportale der obern Pfarrkirche angebracht ist. Zu selbigem Frauenbildnuß haben von jeher die Bewohner Ingolstadts eine sonderbare Andacht getragen und noch zu Anfang dieses Jahrhunderts wäre kein Bürger daran vorübergegangen, so nicht fromm zu selbigem aufgeblickt und das Haupt ehrerbietig geneigt und entblößt hätte. Dieß und mehr ist freilich anders geworden; seitdem die Menschen mehr die Erde lieben, kümmern sie sich wenig mehr um das, was droben ist. Gar viele Gutthaten und Gnaden wissen jetzt noch die ältesten Leute hiesiger Stadt zu erzählen, so erlangt worden sind durch die andächtige Verehrung selbigen Bildes, so dadurch zu einem rechten Gnadenbildnuß geworden. Item knüpft sich daran noch eine uralte Sage aus der Studentenzeit, so hiemit der Vergessenheit entrissen werden soll. Ist ein lustiger Student gewesen, so im jugendlichen Leichtsinn mehr pokulirt als studirt hat, auch die Collegia schimpflich versäumet, in summa ein loderes Leben geführt. Mittlerweile sind die Examina herangerückt, in welchen der Student hätte von seinem Wissen Rechenschaft geben sollen. Es überkam ihn daher eine gewaltige Angst, zumal sein Herz doch noch gut war und er die Schande hinterdachte, so er durch seinen Leichtsinn sich und seinen lieben Eltern zugezogen. Dieß und das zermalmte sein Herz dermassen, daß er bitterlich seine Verirrungen beweinte und acht Tage lange bei eitler Nacht über die Mauer des Frauenfreithofes stieg, sich vor jenem Bilde auf die Kniee werfend und kläglich zu selbigem aufschreiend: Maria möge ihm nur dießmal behilflich sein, er wölle gewißlich sein Leben ändern. Und siehe da — dem also Flehenden fiel von oben ein Streifen Papier in die Hand, auf welchem alle Fragen ge-

schrieben gewesen sein sollen, so er beim Examen zur Beant=
wortung bekommen hat. Da er sich natürlich darauf mit
allem Fleiße vorbereitete, ist es gekommen, daß er das Era=
men glänzend bestanden hat. Jetzo aber ward der Student
ein Muster des Fleißes und ein Exemplar jeglicher Tugend,
erlangte mit großem Ruhme die Doktorwürde und soll später
der Geheimschreiber Herzogs Wilhelm geworden sein. — Sei,
wie ihm wolle, mag dieß eine Geschichte sein oder eine bloße
Sage, dieß bleibt wahr, daß die Muttergottes jedwedem, so
sie mit Liebe und Vertrauen in seinen Anliegen anruft,
Frieden und Freude, Trost und Hilfe in die Seele senkt.
Wer es nicht glaubt, der versuch's. —

Wieder ist ein Wahrzeichen und zwar das vierte: das
uralte Kruzifix, so in der Vorhalle der Kirche Maria vom
Siege zur linken Seite in einem Glasschreine hängt. Män=
niglich erkennet beim ersten Anblick desselben sein ungemein
hohes Alter, wie denn auch eine Geschrift an der Thüre be=
stätigt, daß selbiges Kruzifix bereits im Jahre 1604 schon
eine fünfhundertjährige Verehrung genossen hat. Selbige
Schrift aber lautet in Latein also: Imago Christi Crucifixi,
quae post quingentos a sua origine annos An. 1604 in
Colloquium Matris ter Admirabilis Ingolstadii translata est,
ubi eam V. P. Jakobo Rem ejusdem Colloquii Fundatori
locutam fuisse et juvenem sacrilege confitentem alapa casti-
gasse constantem traditionem habetur. Woher es an. 1604
in den Betsaal des Marianischen Colloquiums, so der gott=
selige P. Rem gründete, gekommen ist, gibt obige Schrift
nicht an, wohl aber die Sage, so davon geht und die sie
eine beständige Ueberlieferung nennet, nämlich, daß selbiges

Kruzifix mit dem frommen Pater Rem, so oftmals vor dem=
selben in Andacht kniete, vertraulich gesprochen, und daß es
einen Studenten, so gottesräuberisch beichtete, mit einem
Backenstreiche bestraft habe. Gedachtes Kreuzbild mit seinem
wehmüthig ernsten Antlitze ist ob seines ungemein hohen
Alters schon merkwürdig und verdiente derowegen die alte
Verehrung, wie auch einen schicklicheren Platz.

Nun könnte man auch ein gar altes Verslein zu den
Wahrzeichen Ingolstadts zählen, so seit unfürdenklichen Zeiten
im Munde des Volkes lebt und wovon fast eine jede Stadt
eines im Gebrauche hat. Das Unsrige heißet: Wer

> Bei der obern Pfarr kein Wind,
> In der Schulgass kein Kind,
> Am Schliffelmarkt keine Leut

gesehen hat, der hat Ingolstadt nicht gesehen.

Von
merkwürdigen Ereignissen und Zeitläuften.

hristlich ist das alte Ingol=
stadt allzeit gewesen, deßun=
geachtet hat selbiges doch man=
ches Weh und Elend erfah=
ren müssen, auch traurige und
betrübte Zeitläufte erleben.
Von solchen soll hier Kunde
werden jedoch also, daß mit den denkwürdigen Ereignissen an=
gehebt, nachgehends aber erst der bösen Tage erwähnt werde.

Herzog Albrecht ist am 24 Oktober 1579 im 51 Jahre
seines Alters des Todes verblichen; im ganzen Lande war
darob große Trauer; item zu Ingolstadt ist ihm eine feier=
liche Leichenbesingniß gehalten worden, so uns ein dort=
maliger Stadtschreiber Herr M. Aichner schriftlich hinter=
lassen, wie auch die darauffolgende Erbhuldigung Herzogs
Wilhelm. Die Geschrift hebt also an: Verzeichnus Weilands

Herzog Albrechten in Bayern 2c. hochseligen Gedechtnus,
Ableiben, Besingnus, Sibendt, achten, dreissigisten und gehal=
tenen Jahrtags an. 1597. Item wie der jetzig regierende
Landfürst und Herr Herzog Wilhelm empfangen und Iren
fürstl. Gnaden die Erbhuldigung geleist, auch anderes mehr
für unbt angebracht worden; vom 11. Augusti bis uff den
letzten d. M. 1580. Am Samstag vor Simonis und Judä
den 24 Oktober 1579 sandt Ihre fürstl. Gnaden gegen die
Nacht zwischen 7 und 8 Uhr zue München in der newn Vest
tobes verschiben. Den letzten Oktobris kamen die brei
Obrigleiten als von der Universität Dr. Fr. Martini und
Dr. S. Knab, von den fürstlichen Räthen H. v. Treutzkirchen
und Heinrich Langenmantel (damals war der H. Statthalter
nit allhie) und von einem Stattrath Hans Kraft und Wolf=
gang Steinauer uff der Trinkstuben zusammen; damals warb
durch mich Stadtschreiber obenangeregter, gedruckter fürstl.
Bevelch wegen Verkündtzettel uff die Kanzeln und der Ver=
rueff wegen Abschaffung der weltlichen Freuben (diese beeden
wurden zuvor durch mich conzipiret) verlesen, dabei liessens
die Herren beleiben und insonderheit beebe H. Doktores sich
erboten, das den Scholarn auch also sollt mundirt und an=
geschlagen werden. Den 2 Nov. 1579 ward die erst Besing=
nuß im Franziskanerkloster die Vigil angefangen, nachmals
bei St. Moritz 2c. Die innern 8 Herren, welche dieser Zeit
all allba waren, hatten lange Klagmäntel an und all 8
Gugel auf. Die zwölf Herren des äußern Raths hatten auch
lange Klagmäntel an und Klaghuett auf. Uff diese gingen
die Frauen der Innern 8 Herren in langen schwarzen Wänn=
teln und stürz auff. Die Herren des Raths und die Klag=
frauen opferten jedes alwegen 2 Semmel, kosteten beede 1 Pf.,

also das jebes 2 Pf. opfert und in den pfarren alwegen jeder 1 Pf. und die Frawen, als die Fr. Burgermeisterin und die andern Frawen in jeder pfarr ain Kerzen zum andern Opfer, ein Kerzen hielt ¹/₂ ℔ Wax und ward in ain jebe 1 fl. klain Geld halbbaten gestecket. So wurde der 8 und der 30 in den Pfarrkirchen und Klöstern, dann in der Universitätskirche nebst Leichenreden begangen. In beiden Klöstern waren Mahlzeiten von Seite der Stadt und dafür verrechnet 94 fl. 5 Schill. 15 Pf. Beiden Schulmeistern vom Requiem und den Hochämtern, die drei Besingnissen in beiden Pfarreien zu figuriren gegeben 9 fl. 1 Schill. — beiden Organisten 2 fl. — beeden Seelschwestern 4 fl. 4 Schill.

In der Wochen Jakobi 1580 ist unser gnädigster Fürst und Herr Herzog Wilhelm samt ihrer fürstl. Genaden Gemachel Renata, geborne Herzogin aus Lothringen, dero Bruder und Schwester, Herzog Ferdinand und Fr. Maria Maximiliana von München uff Landsberg, Friedberg, Aichach, Schrobenhausen gezogen und den 10 August am Tag Laurenti Abends nach 3 Uhr allher kommen, ist die Bürgerschaft mit Harniß ziemlich wohlgeputzt und mit uffgerechten Fanen für das Thonawthor entgegen gezogen, allba uff J. f. Gen. uff dem plan gewartet, wardt Hauptman Herr Thoma Mülerz und Melch. Doktor Fenderich, diesen und den Bevelchsleuten auch den Spielleuten, deren bei 16 gewesen, waren weis und blau Federn, undt als J. F. Gn. über die lange pruch herein kommen, hat man uff allen Basteyen das Geschyz, denn alles wardt uffgeführt; auch gemeiner Stadt Stückhle und die halben uff dem rothen Thurm,

Thonawthor undt uff der Mauer laſſen abgehen, das man
weit gehört hat. Jedem Burger, der ein Hackhen trug, 1
Vierling Pulver, wardt über 30 ℔ ausgeben. J. f. Gn.
ritten ſambt dero Bruder Herzog Ferdinand die ſtatt herauf
bis an die Kreuzgaſſen undt alsdann hinab in das newe
Schloß, uff der Trinkſtuben waren die Stattpfeifer, die pfiffen,
als J. f. Gn. fürritten und nachdem J. f. Gn. in das Schloß
khomen, wartet der Inner rath allda ſambtlich uff, die zuvor
bei 2 Stund brinn waren und fragt ich Stadtſchreiber den
H. Hofkanzler Kriſtoph Elſezhammern, wenn man J. f. Gn.
empfangen ſolte, der antwurttet, morgen um 8 Uhr ſoll
ein Erbarer rath wieder in das Schloß komen. Entzwiſch
zog die gerüſt Burgerſchaft durch das Schloß und Garten
uff die Glaſſee durch, alſo daß man's wohl beſichtigt hat.
Nach dieſem bekam der Her Burgermeiſter Weingerttner vom
Hof beſchaidt, J. f. Gn. wollten morgen zuem Umgang in
U. l. Fr. Kirchen reiten. Derowegen ſoll ein Erbarer Rath
ſpäter aufwarten, wie auch geſchehen.

Auch dazumal, wie jezo, war viel Uebermuth und Luxus
in der Kleiderpracht, bevorab unter dem Weibsvolk; bere-
halben iſt an. 1577 von Polizei wegen eine eigne Kleider-
ordnung erſchienen, ſo den Aufwand bei Hochzeiten und
Kindstaufen feſtgeſetzet hat und in der Kleiertracht nur den
Hauptſtäbten Ingolſtabt, Landshut, München, Burghauſen
und Straubing nachfolgende Auszeichnung bewilliget: Den
Frauen und Kindern der Patrizier Röcke von Taffent oder
Damaſt, Wamms von Atlaß, jedoch niemalen karmoiſinroth,
Barett und Hauben von Sammt, aber ohne goldene Steften
zu tragen. — Den Jungfrauen goldne und ſeibne Hauben,

13

jedoch nicht von Damaſt oder Atlaß. Die Röcke dürfen mit
Sammt verbrämt ſein, ohne aber mehr denn höchſtens
3 Ellen zu brauchen. Männer, Weiber und Jungfrauen
dürfen zwar goldne Ketten tragen, allein die des Mannes
oder der Fraw darf nicht über 100 fl. und die der Jungfraw
nicht über 60 fl. an Werth ſein, und keinem iſt geſtattet,
einen mit Edelſtein gezierten Ring zu tragen, ſo mehr denn
30 fl. gekoſtet hat. „Die ſilbernen Gürtel der Frawen und
Jungfrawen dürfen nicht vergoldet und höchſtens 20 fl. werth
ſein. Gänzlich verbot ein Geſetz von 1578 den Frawen ſil=
berne und goldene Poſſament und mit Gold oder Silber
geſtickte Aermel oder die ſogenannten ſpaniſchen Kutten zu
tragen; im Winter dürfen die Kleider mit Stein oder ſonſt
gutem Maderpelze verbrämt werden.

Denkwürdig für Ingolſtadt bleibet allzeit der **Abſchied
des Erzherzogs Ferdinand**, nachmaligen Kaiſers, von
der hieſigen hohen Schule, allwo er fünf Jahre ſtudirt hatte.
Gen Ende des Jahres 1594 kam die Kunde ſeiner Abbe=
rufung, tiefe Beſtürzung ergriff die Gemüther aller Studen=
ten, ſo ihn ob ſeiner freundlichen Beſcheidenheit überaus
liebten, derowegen bereiteten ſie ihm auch einen rührenden
und feſtlichen Abſchied. Im ſchön geſchmückten Saale des
Gymnaſiums hat die Feier ſtattgefunden. Die erſte Rede
hielt Georg Konrad Baron von Törring, alsdann trügen
acht wie Edelknaben gekleidete adelige Studenten verſchiedene
Gedichte vor. Johann Ulrich Jlſung von Kuneberg hatte
die Spitze einer Lanze eingeſteckt und prophezeite den Sieg
über die Türken; Johann Veit Baron von Törring
winkte mit einem Palmzweige, den ewigen Frieden wün=

schend; Sigmund Baron von Törring verließ die Auszeich=
nungen des Ruhmes und der Ehre; Christoph Baron Fugger,
ein Füllhorn zeigend, erflehte den Ueberfluß aller Güter;
Christoph Graf von Schwarzenberg ermunterte mit Schwert
und Kreuz zum Eifer in der Frömmigkeit; Georg Baron von
Gumpenberg wies durch ein durchstochenes Herz auf den Sieg
über die Leidenschaften; Georg Sigmund Baron Fuchs von
Fuchsberg deutete durch ein Buch und Schwert die Liebe
zur Gerechtigkeit an; Karl Baron von Fugger aber sinnbil=
dete mit einem Buche den Eifer für die Wissenschaft. Endlich
sangen zwei wie Engel gekleidete Studenten ein Abschieds=
lied. Die ganze Feier machte auf den Erzherzog und alle
Zuschauer einen mächtigen Eindruck und er ist des andern
Tages 22 Dezembris nicht ohne Vergießung heißer Zähren
von dannen geschieden. Als einen Beweis seines wohlwol=
lenden Gemüthes schickte er bald darauf zum Andenken einen
großen silber und vergoldeten Pokal, so die Gestalt eines
Kriegsschiffes hatte. Auch durch die Länge der Zeit ist die
Liebsneigung selbigen Fürstens gegen die hiesige Universität
nicht erloschen, denn im Jahre 1623 am 28. Februar, da
er bereits als Kaiser beim Reichstag zu Regensburg verweilte,
hat er ein Diplom ausgegeben, worin er der erlauchten
Rechtsfakultät die Comitivam Sacri Lateranensis palatii au-
laeque Caesareae et imperialis Consistorii verlieh, so in der
kaiserlichen Vollmacht bestand, öffentliche Notare zur Auf=
nahme von Verhandlungen der freiwilligen Gerichtsbarkeit
zu ernennen, Personen zu legitimiren, die Großjährigkeit zu
ertheilen, Wappen und Auszeichnungen zu verleihen und
ausgezeichnete Dichter zu krönen.

Ein hoher Besuch, so uns eine gleichzeitige Handschrift schildert, soll gleichfalls als etwas Denkwürdiges hier angezeigt werden. Es war am 14. August 1689 als gen Mittag Eleonora Maria, Kaiser Leopolds Schwester, Königin von Polen, dann Gemahlin Herzogs Carl V. von Lothringen, ihren Einzug zu Ingolstadt hielt; Abends folgte Kaiser Leopold selbst mit seiner Gemahlin, der König Joseph von Ungarn mit seiner Schwester, unsrer Kurfürstin. Darauf sind von Neuburg kommend die Neuburgischen Prinzen Johann, Wilhelm und Karl mit ihrer Schwester, der nachmaligen Königin von Spanien, allhie angelangt. Der Kurfürstliche Satthalter Graf Montfort hat an der Spitze der Behörden die hohen Gäste empfangen. An unsrer lieben Frauen Himmelfahrtstag am 15. August fuhren der Kaiser und die Kaiserin, der ungarische König Joseph und die Kurfürstin in Baiern, welche von Altötting mit auf Geisenfeld gekommen, wohl gar in einer schlechten Kutsche eine Viertelstunde nach 12 Uhr zu Mittag zu den H. Jesuitern in die Kirche, alldort haben seine Hofmusikanten in die 60, so alle ganz schwarz gekleidet in Sammet und in Seiden, als wenn sie lauter weltliche romanische Priester geweihet wären, das Hochamt gesungen, darunter wurde auch vorn auf dem Chor auf einem dazu bereiteten Predigtstuhle eine stattliche schöne Predigt gehalten. Nach Vollendung dieses ist der Kaiser um 2 Uhr wieder nach dem Schloß zu der Mittagsmahlzeit gefahren, war wohl schön zu sehen. Bei dem Zug gingen vorher 8 Trabanten mit den Partisanen, so wegen großer Menge Leute Platz machten. Darauf kamen die Herren Diener von allerlei Farben, schön posamirt und gemachten Livreien; diesen nach in die 60 Cavalliri zu Pferde mit

allerschönstem Aufzug, darunter waren 6 Fürsten: Lobkowiz,
Dietrichstein, Schwarzenberg, Staremberg, Dikhemstein,
NB. der sechste ist mir ausgefallen. Die übrigen 54 waren
lauter Grafen. Darauf folgten 24 kaiserliche Edelknaben zu
Fuß, dieselben waren alle gekleidet von gutem Tristenifar-
bentuch und dick verbrämt mit goldnen Borten, darunter
waren auch zwölf, so dem ungarischen König gehört, aber
mit Silber verbrämt waren. Auch von der Herzogin von
Lothringen 6 Edelknaben in grünem Tuche mit weißen Hüten
und Federn, ohne Borten, jedoch mit blühfarbenen Taffet
ausstaffirt. Item so waren auch 4 Edelknaben der Kurfürstin von Baiern zugehörig, so auch von schönem gar gutem
blauen Tuche gekleidet, dick mit Silber verbrämt mit schwarzen Hüten weiße Federn brauf und auch mit breiten silbernen Galonen eingefaßt. Thut zusammen 46 Edelknaben.
Darauf folgten 40 kaiserliche, item 12 vom ungarischen
König, 12 von der Herzogin von Innspruk, 6 von der
Kurfürstin aus Baiern, zusammen 70 Laqueien, alle ganz
schön und frisch gekleidet.

Diesem nach folgte die Leibkutsche neben jeder Seite in
die 50 Hatschiere und Karabiniers, auch alle sauber und
frisch gekleidet. In bemeldter Kaisers wohl schlechten Leibkutsche saßen die 4 kaiserl. Königlichen und Kurfürstlichen
Personen. Diesem nach fuhren wohl in einer schönen und
köstlichen Kutsche des Kurfürsten von Heidelberg, die Neu-
burger eine schöne Prinzessin und schöner Prinz allein, welche
von dem H. Vater mit Schreiben herunter geschickt worden,
um 9 Uhr selbigen Vormittags angekommen sind. Hinter
dieser Kutsche ritten wieder 2 Fürsten und 10 Cavallieri

unb zu beiden Seiten gingen ihre Lakaien und Pagen auf
bie 90. — Diesen nach folgten wieder 6 kaiserl. Hofkutschen,
jebe mit 6 Neapolitanischen Pferden bespannt und in einer
jeben Kutsche 6 Hofbamen, barauf 3 gräfliche Kutschen mit
2 Pferden, auch mit abelichem Frauenzimmer besetzt. Nota:
auf solche Weise ist er Kaiser allzeit aus= und eingefahren
und zwar am 15. August in bie obere Pfarrkirche, allwo er
bas schöne, kunstreiche Frauenbilb angesehen; bann am 16.
hat er bie Franziskanerkirche besucht, am 17. die Kloster=
frauen, wo unter der Messe ein Kurier mit einem Pakete
aus dem Reiche herunter gekommen ist. Bei der Tafel be=
fahl der Kaiser nach Neuburg aufzubrechen. Da soll man
gesehen haben, was allhier für ein Laufen, Reiten, Fahren
mit Kutschen und Wägen in der Stadt gewesen, männiglich
hat Anfangs vermeynt, es sei eine Brunst ausgekommen.
Um 3 Uhr fuhr der Kaiser, bie Kaiserin und der ungarische
König allein nach Neuburg, balb barauf bie Herzogin von
Innspruck mit ihrer Begleitung von 250 Pferden. Die
Kurfürstin blieb traurig in Ingolstadt zurück, ba über ben
angekommenen Kurier bas Gemurmel ging, der Kurfürst sei
gefangen. Sie reiste jeboch am 19. unter Kanonenbonner
gegen Neuburg ab, ba sie Tags vorher burch Hochwasser
aufgehalten warb.

Ich kann auch gar nicht verhalten, in etwas ben Kaiser
zu beschreiben, ich habe bas Glück gehabt, bass er mit seinem
Hofzuge 4 mal vor meinem Hause ist vorbei gefahren und
habe Alles gar zu wohl besichtigen können, weil man gar
zu langsam gefahren ist. So viel ich in Acht genommen,
hat's mich gebünkt, er Kaiser sey von hohem Verstande, auch

war er und die Kaiserin schlecht im schwarzen Pfaffenzeug
gekleidet ohne die geringste Hoffarth, man hat weder an ihm
noch an ihr das geringste gesehen von Edelsteinen, weder
von Armbändern, noch Hals= und Ohrenbänder und er hat
einen schlechten Degen an der Seite getragen.

Betreffend die Kaiserin, ist etwas längers von Person
und eine ganz demüthige betrübte Frau, jedoch eine tiefsinnige
verständige Frau, sie war um den Hals herum nicht also
blos und leichtfertig angekleidet, sondern der Hals an ihrem
Janker war ganz eng ausgeschnitten und oben ging ein
weißer Spitz hervor; auf dem Kopf war sie nicht also mit
ganz Puschbändern in die Höhe aufgemuzt, als wie dieser
Zeit das Frauenziffer in ihrer schädlichen Gewohnheit hat,
sondern ihre Haarlocken waren hinter, und über die Ohren
geschlagen und in der Mitte über den Kopf ein Schaibel
gleichwie eine gemeine Bürgerstochter.

Belangend den ungarischen König ist selber wohl über=
aus ein schöner Herr zu 12jährigem Alter, nicht zu groß,
nicht zu klein, aber am ganzen Leib wohlgestaltig, auch ein
galanter, expediter Herr. Betreffend unsre gnädigste Kurfürstin
ist wohl auch eine schöne Person, allem Ansehen nach sittsam,
fromm und gottesfürchtig, und eine sonderbare Liebhaberin
der Klosterfrauen.

Als Merkwürdigkeit für die hohe Schule darf allhie
aufzuzeichnen nicht vergessen werden die Ankunft der
drei bayrischen Prinzen Philipp, Ferdinand und
Karl, so im Jahre 1586 statt hatte. Selbige Prinzen

wurden von ihrem durchlauchtigsten Herrn Vater Wilhelmus
mit einer auserwählten adeligen Begleitung zum Studium
anher geschickt. Als sie ihre Namen in die Universitäts
Matrikel eintrugen, verehrten sie dem Rektor Magnifikus
drei silberne Becher im Werth von ungefähr hundert Gulden.
Auch der Notar, Pedell und Quintus, wie sie ihn damals
nannten, haben vier und dreißig Gulden erhalten. Am 6.
Februar ist im Hause der Prinzen selbst (das heutige Bezirks-
amt) die Ceremonie der sogenannten Depositio in Gegenwart
aller Professoren gefeiert worden, so die durchlauchtigsten
Fürsten am selbigen Tage Alle zur Tafel einluden. Wenige
Tage nach ihrer Ankunft gaben die Prinzen ein lichtschei-
nendes Beispiel ihrer Frömmigkeit, denn da die Leiche eines
verstorbenen Akademikers Nikolaus Aurillot von Paris zur
Erde bestattet wurde, haben selbige auch die Prinzen zusamt
den übrigen Studenten begleitet. — Am 12. Mai 1587 hat
Dr. Stevartius eine theologische Disputation veranstaltet,
so die drei bayrischen Prinzen durch ihre Anwesenheit verherrlichten; die zwei älteren machten sich dabei durch ihr
Argumentiren der ganzen Nachwelt denkwürdig; denn sie
disputirten nicht allein aus dem Gedächtniß, von einer
großen Schaar Studierender umgeben, was in so zartem
Alter (der älteste Philipp war nur 11 Jahr) des höchsten
Lobes würdig ist; sondern sie haben auch eine wunderbare
Freiheit des Geistes und Eleganz des Vortrags bewiesen, so
zwar, daß keine Ueberstürzung, keine Zögerung, keine Wie-
derholung zu bemerken gewesen. Auch gaben sie, obwohl
viel hin und her disputiret, selbst vom Präsidenten darein
geredet worden ist, keinerlei Zeichen irgend einer Verzagtheit,
Furcht oder Aengstlichkeit. Bald darauf disputirten sie mit

eben solchem Ruhme aus der Philosophie, obwohl sie kaum
zwei Stunden zuvor das Thema erhalten hatten. Selbige
Prinzen predigten auch im neuen Saale des Gymnasiums
über die Herrlichkeiten der allerseligsten Jungfrau Maria in
Gegenwart einer ungeheuern Anzahl von Studenten und
anderer erlauchter Männer aus dem Adel, so daß männiglich es kaum glauben konnte, solche Wissenschaft mit solcher
Jugend gepaart zu sehen.

Eine sonderbare Merkwürdigkeit hat im Jahre 1593
zu Ingolstadt stattgefunden, nämlich eine Bischofsweihe.
Johannes Bogherinus, des durchlauchtigsten Erzherzogs
Ferdinand Hofmeister und Theologe ist am Sonntag Invoca-
vit in der hl. Kreuzkirche unter den üblichen Ceremonien zum
Bischofe von Tergeste gesalbt und geweihet worden. Es wohn-
ten dieser heiligen Handlung bei oder vielmehr es verrichte-
ten selbige drei Weihbischöfe, der von Eichstätt nämlich, der
von Regensburg und der von Augsburg. Der Erstere dieser
Bischöfe ertheilte bei dieser Gelegenheit auch die min-
dern Weihen dem vornehmen und adeligen Jünglinge Johann
Pourcelet aus Lothringen, Sohn des Statthalters von
Tull; das Sakrament der Firmung aber dem hochadeligen
Jüngling Otto Heinrich, Grafen von Schwarzenberg,
Sohn des Vizedoms von Straubing, dem der durchlauchtigste
Erzherzog selbst Pathe gewesen ist. —

Ueber die Massen merk- auch denkwürdig ist der Cri-
minalprozeß gegen Hieronymus von Stauff. Selbiger
Stauff, Freiherr von Ehrenfels, so des Herzogs Wilhelm
Hofmeister gewesen, kam mit den beiden Herzogen Wilhelm

und Ludwig an. 1516 zum Landtag nach Ingolstadt. Drei Tage nach ihrer Ankunft ließen die Herzoge durch den Hofmeister Christoph von Laymingen der Landschaft Meldung thun, daß sie in persona erscheinen werden, um etwas zu eröffnen. Sind auch erschienen und Herzog Wilhelm trug vor, wie daß sie sich genöthiget gesehen, den Hofmeister Hieronymus von Stauff aus beweglichen Ursachen gefänglich einzuziehen, ausserdem sonsten zwischen ihnen Brüdern und der Landschaft neue Uneinigkeiten entstanden wären. Sintemalen sie aber nach Stauffs bösen Handlungen anjetzo nicht ohne Sorge wären, selbiger möchte heimblich gewarnet werden oder es möchten andere Nachtheile daraus erfolgen, so wollen sie ohne der Landschaft Rath und Gutdünken nicht weiter verfahren. — Darauf entfernten sich die Herzoge und Wolfgang, Graf zu Haag, berichtete den Ständen, was die nächste Ursache zu Stauffs Verhaftung gewesen, vorbringend, was ihm die Herzogin Wittib Kunigunda wehmüthigen Herzens anvertrauet habe.

Als im verflossenen Dezembris Herzog Wilhelm zum Landtag gen Landshut abreisen wollte, sei der Hofmeister Stauffer eilig zu dessen Schwester, der Herzogin Sabina zu Würtemberg gekommen und habe sie gebeten, ihren Bruder zu warnen, indem die Landschaft ihn gefangen zu setzen beschlossen habe. Er, Stauff, wolle voran gehen und durch seine Freunde bei der Landschaft dieses zu verhindern suchen. Die junge Herzogin habe dieses der Mutter berichtet, so aber der Angabe nicht glaubend antwortete, die bayrische Landschaft sei viel zu fromm und ehrlich, um so etwas zu thun.

Darauf habe die Herzogin Mutter, ihm, dem Grafen von Haag selbst geschrieben, er möge bei der Landschaft auf Entfernung des Hofmeisters Stauff antragen. Ein ähnliches Schreiben, sagte Christoph von Laymingen, sei auch ihm zugekommen.

Auf diese Anzeigen wurde noch kein Landschaftsbeschluß gefaßt. Nachdem aber bei nächster Sitzung Herzog Wilhelm 13 Artikel vorlas, deren Stauff bezüchtigt wurde und der Herzog auch bestätigte, daß selbiger solche in Gegenwart seiner Räthe bereits einbekannt habe, ist von der Landschaft beschlossen worden, es solle auf den nächsten Erchtag ein strenger Rechtstag angesetzet und verkündet werden. Vergebens haben die Herren von Stauff Joachim und Bernharbin für ihren Vetter Hieronymus um einen Redner Vorbitt gethan und als sich hiezu Niemand fand, zur Schonung ihres Namens und Standes um Strafe lebenslänglichen Gefängnisses für ihn; Herzog Wilhelm erwiderte darauf: es werde ein kurzer Tag zur Verhandlung dieser Sache anberaumet und wiewohl sich auch die von Ingolstadt über bemelten Stauffer das Recht zu sitzen gegen uns etwas beschwärt, und sich dessen zu erlassen unterthäniglich gebeten, so haben wir doch beed Gebrüder ihnen solches aus landesfürstlicher Obrigkeit zu tun verschafft, das wollten wir euch darnach gnediger Meinung auch nit verhalten.

Stauffers Prozeß wurde nun dem landesherrlichen Gericht zu Ingolstadt übergeben und er selbst über einige Punkte der Tortur unterworfen. Nachdem Stauffer seine Geständnisse im Beisein der fürstlichen Räthe, des Oberrichters von

Ingolstadt, des innern und äußern Rathes bestätiget hatte, ist also zu Recht erkannt worden: Hieronymus von Stauff Ehrenfels, Herzogs Wilhelms Hofmeister, sey mit dem Schwerte vom Leben zum Tode hinzurichten. Dieses Urtheil wurde bereits am 8. April in der neunten Morgenstunde an dem Salzmarkte zu Ingolstadt auf einer aufgerichteten Bühne, so mit blutrothem Tuche behangen gewesen, vor einer großen Menge Volks aus allen umliegenden Ortschaften vollzogen. Fünfhundert geharnischte Bürger zu Pferd haben die Ordnung und Sicherheit aufrecht erhalten. —

Die wider Stauff erhobenen Anklagen bestanden darin: daß Stauff, als ihn sein Herr, Herzog Wilhelm, zum Kaiser gen Worms sendete, um die Vermittlung und gütlichen Vertrag mit Herzog Ludwig zu bewirken, diesem selbst den Rath gegeben habe, sich in Nichts einzulassen, was er bloß aus Bosheit gethan habe; daß er im Streite seines Herrn mit den Herzogen von Neuburg über den Besitz der Stadt Wemding sich von dem Letzteren Vortheile bedungen habe; daß er das Schloß Falkenstein und nachgehends ein Dorf sich wiederrechtlich zugeeignet habe; daß er aus Verdruß, weil der Herzog Wilhelm den Gumpenberger zum Hofmeister genommen, sich geäußert habe: Wenn Mehrere vom Ausschusse erschlagen worden wären, würde er auch den Herzog Ludwig erschlagen haben u. dgl.

Gewiß wahr ist, daß den Stauffer theils Rache gegen den Vater der beiden Fürsten, theils Eigennutz leiteten, daß er die Absicht hatte, die Brüder im Zwiste zu erhalten, auch mit der Landschaft zu entzweien, und auf der Folter gegichtet

bekannte er, daß er jedweden der beeden herzoglichen Gebrüder vor den Nachstellungen des andern gewarnet habe, um
für sich Nutzen daraus zu ziehen, demnach ist ihm wohl Recht
geschehen. —

Vom Jahre 1638 ist gleichfalls etwas Merkwürdiges zu
erzählen. Am 13. Jänner hat sich nämlich eine ganz unge-
wöhnliche Sache ereignet, auch schreckensvoll, wie das leicht-
gläubige Volk vermeinte. Die hiesigen Augustiner hatten
einen jungen Menschen als Hausdiener und Meßner. Selbiger schlief in der Nähe der sogenannten Schutterkapelle
und gab vor, er sey bei dem dort aufbewahrten Marien-
bilde aus dem Schlafe aufgewacht und habe gesehen, wie
selbiges blutige Thränen vergossen, auch gesagt habe,
daß ungeheures Unglück dem Vaterlande drohe, wenn selbiges
nicht durch gewisse Gebete noch abgewendet werde, namentlich bezeichnete sie gesungene Litaneien vier Wochen hindurch.
Die Sache wurde verbreitet und ein gewaltiger Rumor hat
sich in der ganzen Stadt erhoben. Der Hochwürdigste Herr
Bischof, so überaus wachbar für seine geistliche Heerde gewesen, schickte jählings seinen Generalvikar, die Sache mit
sonderbarem Fleiße zu untersuchen. Selbiger bildete sogleich
einen Rath aus vier Professoren S. Theologiae, auch zween
Jurisprudentiae; das Marienbildniß wurde in den Pfarrhof
zu St. Moritz gebracht und auf das genaueste untersucht,
der junge Mensch aber in das strengste Examen genommen.
Die Untersuchung hat drei Tage gedauert und als man
alle Umstände erforscht hatte, die Eigenschaften des Jünglings,
bevorab das Schwankende seiner Aussagen erkannt hatte, ist
beschlossen worden, den grundlosen Lärm in Bälde wieder

zu beschwichtigen. Der junge Mensch ist in strengen Gewahr=
sam nach Eichstätt verbracht, die Muttergottesstatue unter=
dessen verschlossen, die Litaneien aber auf bischöflichen Befehl
untersagt worden. Ist ein Kapitel für die, so allzeit ver=
meinen, im finstern Mittelalter sei namentlich von der Geist=
lichkeit die Leichtgläubigkeit genährt und befördert worden.

Nun gehen wir aber zu den bösen Tagen über, von
denen auch unser Ingolstadt keineswegs frei geblieben ist.
Wenn wir mit dem Sterb anheben, so haben wir gar trau=
riges kund zu thun, sintemalen die Pest und letzlich die
ungarischen Fieber elfmal die Stadt verheerten und furchtbar
hausten. Im Jahre 1483 wüthete durch ganz Deutschland
die Pest und ist auch allhie gekommen, nicht wenige der
Studenten dahinraffend, unter anbern ben Graf Ernst von
Helfenstein, die Magister Mathias von Leisnitz,
Hieronymus Paternoster, Heinrich Schrückl und
Nikolaus Teuschl. — Im Sommer des Jahres 1495
erhob sich die Pest abermals und zwar so heftig, daß nicht
bloß die Studenten sich zerstreuten, sondern auch die meisten
Professoren durch die Flucht ihr Heil suchten. Dennoch
starben vier Doktoren, ein Lizentiat, zwölf Magister und
sehr viele Baccalaurei und Studenten an der Pest. Die
Schulen sind bis Weihnachten geschlossen gewesen. Unter
den Verstorbenen waren Johannes von der Grün
(sonst von Partreut) Doktor der Theologie, Prediger von
Braunau und Beichtvater der Herzogin Hedwig von Polen,
Gemahlin Georgs des Reichen; Wolfgang Federkiel,
Doktor der Theologie, Pfarrherr zu St. Martin in Lands=
hut und einst, wie die Annalen schreiben, der berühmteste

Prediger zu Regensburg. — Im Jahre 1505 wüthete die Pest und zwar das ganze Jahr hindurch, so daß nur dreißig Studenten eingeschrieben worden sind. Als Opfer derselben fiel der Frauenpfarrer und berühmte Professor Johannes von Adorf, so zehnmal Rektor der Universität gewesen, ein liebreichster Hirt seiner Heerde, der seine Schäflein nicht verlassen wollte. — Eine furchtbare Pest hob im Jahre 1521 an, so daß die Professoren und Studenten die Flucht ergriffen; im Jahre 1539 gleichfalls, wo die Universität unter Rektor Wiguleus Hund nach dem Städtchen Rain oberhalb Neuburg transferirt wurde, mehr aber aus Furcht, als aus wirklicher Gefahr, wie es heißt, derowegen auch die meisten artistischen Professoren zu Ingolstadt verblieben, allwo es auch viel billiger zu leben war, als zu Rain. — Unter dem Rektorate des Fabius Arcas 1545 wüthete die Pest abermals; dießmal aber flüchteten sich die Professoren und Studenten nach Kellheim. — Wieder zeigte sich die Pest im Jahre 1546 wahrscheinlich aus der sächsischen Belagerung entstanden, da die getödteten Leiber der Menschen und Thiere rings umher lagen und durch ihre Ausdünstung die Luft verpesteten. Aus den Einwohnern und den Professoren machten sich Viele gen Eichstätt auf die Flucht. Als gerade durch die Ankunft der drei bayrischen Prinzen Wilhelm, Ferdinand und Ernst 1563 die Universität den höchsten Glanz zu erhalten schien, ist der Rumor entstanden, die Pest fange wieder zu grassiren an. Derohalben beschleunigten die Fürsten ihre Abreise, die hohe Schule aber ist im selbigen Herbste fast gänzlich erlo=schen. — Der dreißigjährige Krieg brachte Ingolstadt die ungarischen Fieber. Die Luft war verpestet durch die Ueber=reste von zween großen Lagerstätten, von den Leichen, so nur

leicht und schnell eingegraben worden, von den Brandstätten
der benachbarten Dörfer; zudem ist eine zahlreiche Besatzung
in der Stadt gelegen, derowegen war es nicht Wunder zu
nehmen, daß 1632 bösartige Krankheiten ausbrachen. Von
denen Herren Jesuiten starben alleinig 14 als Opfer ihrer
christlichen Liebe, die bürgerliche Kongregation Maria vom
Siege hat durch die Seuche 150, die lateinische aber 30
ihrer Mitglieder verloren, darunter einen Jakob, Grafen von
Fugger und einen Dechant Adam Gerike aus Schlesien,
so vor 30 Jahren als Professor der Gottesgelehrtheit allhie
dozirte, nachgehends Generalvikar in Eichstätt gewesen und
letzlich seine Tage zu Ingolstadt im Ruhestande dahinbrachte.
Das nächstfolgende Jahr 1634 ist noch viel betrübter gewesen; zwei feindliche Heere zogen sich in die Gegend, das
Eine unter dem Herzog von Weimar, das Andere unter dem
General Horn, welchen die kaiserliche Armee nachrückte. Nur
17 Studenten ließen sich auf der hohen Schule immatricu-
liren. Ueberaus groß war die Besatzung der Festung, derowegen die ungarischen Fieber mit größerer Heftigkeit auf-
traten, denn jemals; 32 Häuser der Stadt waren gänzlich
versperret, 31 aber eingeboten; bis zu Ende Novembris sind
1039 Personen hinweg geraffet worden. — Da sämmtliche
Feldfrüchte zu Grunde gerichtet waren, so entstand eine gewaltige Hungersnoth; die Getreidpreise erreichten eine
unerschwingliche Höhe. Das Schäffel Waitzen kostete 59 fl.,
Korn 46 fl., Gerste bis 18 fl., Haber bis 16 fl. — Im
Jahre 1648 verbreiteten sich neue Krankheiten, eine Vieh-
seuche minderte das einheimische und das in die Festung
geflüchtete Vieh und schließlich verheerte noch Mäusefraß
die Stadtflur. Die ungarischen Fieber, so in einer Woche

7 Studenten dahinrafften und im letzten Vierteljahre 1648
in der Moritzpfarre allein 54 Personen tödteten, währten bis
zum Juni 1649. —

Obwohlen die Festung Ingolstadt fünfmal bedroht war
durch feindliche Kriegsheere, aber niemalen erobert; dreimal
besetzt von fremden Kriegsvölkern, aber nur in Folge von
Kapitulationen und Friedensschlüssen, so litt doch die Stadt
unsägliches durch den Krieg. Das ganze Elend zu beschreiben ist nicht möglich; wir übergehen derowegen die Drang-
sale des pfälzischen Erbfolge=, des schmalkaldischen, des schwedischen, des spanischen Krieges, einzig beim österreichischen
Successionskriege in etwas verweilend, weil männiglich daraus
das ganze Elend sattsam erkennen mag. Zu Folge dieses
Krieges ward eine starke Besatzung mit französischen Hilfs-
truppen in die Festung gelegt. Durch selbige Besatzung ver-
breitete sich eine Krankheit, so etliche tausende dahinraffte, aus
der Moritzpfarrei allein 254 im Laufe des Jahres 1742;
darunter sechs Geistliche derselben. Das hohe Schulgebäude
und fast alle Häuser wurden mit Kranken belegt; das Gymnasium und das Seminar in Kasernen verwandelt; die Stubia
hörten von selbst auf, die zusammen weil Alles sich zerstreute.
Die Festung soll dazumal mit 200 Kanonen und 5000 Zent-
ner Pulver versehen gewesen sein; nun aber wendete sich
auch noch das Kriegsglück. Bereits am 23. März näherten
sich ungarische und österreichische Truppen der Festung, sie
einzuschliessen drohend. Im Juni selbigen Jahres schlossen
sie dieselbe auch wirklich ein, schnitten die Zufuhren ab und
bereiteten sich zu einer Belagerung vor. Am 21. August
früh 6 Uhr hob die Beschießung an vom rechten Donauufer

14

gegen das Schloß und zugleich vom linken Ufer gen das Feldkirchnerthor. Selbige dauerte vom 27. bis 30. August und fielen am 27. August 1076 Kanonenschüsse, in der Nacht 2553 und 200 Bomben von der Festung aus; am 28. und 29. 3000 Kanonenschüsse, am 30. 720 Bomben und 460 Schüsse von jenseits der Donau in die Stadt. Doch ward dadurch keine bedeutende Beschädigung in der Stadt, auch kein Brand verursacht. Morgens 9 Uhr schon begannen die Unterhandlungen mit dem Feinde wegen Uebergabe der Festung. Am 2. September ist zwischen dem französischen Besatzungskommandanten Grandville und dem österreichischen General Bärnklau eine Kapitulation zu Stande gekommen, in Folge derer die Besatzung in 4 Wochen mit allen militärischen Ehrenzeichen abziehen und die Festung an Oesterreich übergeben werden sollte, wenn nicht in laufender Zeit ein Entsatz eintreffen sollte. Der Entsatz kam nicht, die Lebensmittel fehlten, sohin wurde am 1. Oktober die Uebergabe am Feldkirchnerthore vollzogen. Bärnklau, so der Schrecken der ganzen Gegend gewesen, rückte bereits drei Tage nachgehends mit seinen theils deutschen, theils ungarischen Truppen in die Festung ein. Versprach wohl die Freiheiten der Universität und Sicherung des Eigenthums, hat's aber nicht gehalten. Die Panduren besetzten das Hoheschulgebäude, die Offiziere die Seminarien, nicht ein Haus ist frei von Einquatierungen gewesen, auch sind Kontributionen unter verschiedenen Vorwänden erpreßt worden. Hienach ist General Bärnklau von einem sichern General Roth abgelöset worden, so an wilder Rohheit den Bärnklau noch weit übertroffen. Sollen dieß etliche Exempel beweisen. Der Meßner des Gotteshauses St. Mauritii mit Namen Sutor hat am Kirchweihtage gewohntermaſſen die Fahne zum Kirchthurme ausgehängt. Selbiges ſah Roth für einen Verrath an, ließ ihn ſogleich verhaften mit dem Befehle ihn zu henken. Sein Weib, ſo ſchier verzweifelte, fiel dem harten Manne zu Füſſen und brachte es endlich dahin, daß ſie ihren Herrn um eine Summe Geldes auskaufen durfte, Sutor aber mußte dennoch die geringere Strafe aushalten, vor der Hauptwache auf dem Eſel zu reiten.

General Roth forderte vom Stadtmagiſtrate das durch ſeinen Vorgänger eingeführte Don gratuit. Als man ihm 100 Dukaten in einem ſeidenen Beutel mit der Bitte über= reichte, dieſe kleine Erkenntlichkeit von den armen Bürgern der Stadt gnädiglich anzunehmen, hat er, Roth, im wüthigen Zorne dem Bürgermeiſter Mathis den Beutel an den Kopf geworfen. Bald darauf ließ er gar die vier Bürgermeiſter in Ketten legen und mit dem Tode bedrohen, vorgebend, es ſei ihm das bürgerliche Zeughaus verſchwiegen worden. Vor der Amtswohnung des Stadtſyndikus Anton Pals iſt ein Galgen errichtet worden. General Roth hat auch der Bür= gerſchaft aufgetragen, ſich für den ganzen Winter mit Holz und Lebensmitteln zu verſehen, keineswegs erwartend, daß aus den Magazinen etwas gereicht werde; er erklärte auch, daß er zur Erhaltung der Feſtung ſelbſt Häuſer niederreiſſen und ſich durch Mangel und Aushungerung zur Uebergabe nicht zwingen laſſen werde. Bis zum 18. Oktober 1745 hat dieſe militäriſche Schreckensherrſchaft ſelbigen Roths gewähret; allwo das ganz ausgeſaugte und namenlos gedrückte Ingol= ſtadt von der feindlichen Beſatzung befreiet wurde und die bayriſchen Regimenter Graf Preyſing und Minucci ihre Feſt=

14*

ung wieder besetzten. Die Friedensunterhandlungen zu Füssen nämlich machten endlich selbiger Wirthschaft ein Ende.

Das Jahr 1565 hat Ingolstadt großes Unheil gebracht durch eine Ueberschwemmung. Ein furchtbarer Eisstoß ist durch gähling eingetretene Wärme am 17. März gehend geworden, hat einen Theil der Donaubrücke abgerissen, sämmtliches Eis gegen das Schloß hinstauend, so daß das Wasser die Ufer überschritt und mit furchtbarem Hast gen die niedrigen Theile der Stadt antrieb, selbige gänzlich überschwemmend: Ist die Fluth bis über den Salzmarkt, gar bis gen die Trinkstube und das Tanzhaus gedrungen; hat viel Vieh mit fortgerissen, auch mußten die Einwohner in manchen Häusern bis unter das Dach sich flüchten, um ihr Leben zu retten. Das Wasser ist drei Tage geblieben und groß Jammer und Elend entstanden. Ein todter Hirsch wurde an das erste Stockwerk eines Metzgerhauses — jetzo Grünbaumwirth — geschwemmet, allwo sein Bild in Holz gemacht noch angebracht ist und eine nebenanstehende Geschrift Zeugniß gibt von jenem denkwürdigen, auch traurigen Ereignisse. Selbige Schrift heißet aber also:

> Den 17. März 1765 ist die Donau zu einer
> solchen Höhe angewachsen, das es einen
> todten Hirschen an das I. Stockwerk dieses
> Hauses geschwemmt hat.   Renov. 1851.

Von alten Strassen und denkwürdigen Häussern.

Quer durch die Stadt wollen wir schließlich unsere Schritte lenken und die Gassen durchwandern, zuweilen stehen bleibend und bald hierhin, bald dorthin den Blick richtend.

Zum erften faffen wir das Tillyhaus ins Auge mit deffen Bildniß auch dieß Kapitel anhebt: Ift urfprünglich das Xaverianum gewefen i. e. das Seminar zum hl. Franz Xaver. Der Erzieher der bayrifchen Prinzen, Quirin Leoninus aus Belgien, fo durch feine Tugend und Wiffenfchaft die höchften Aemter der Kirche verwaltete und nachgehends Jefuit wurde, hat im Jahre 1600 ein geiftliches

Seminar unter dem Schutze des hl. Hieronymus anfänglich
für 12, später für 6 Alumnen gestiftet, so einst ihre eigne
Wohnung hatten, nachgehends aber in das Wilhelminum
und darauf in das Albertinum versetzt wurden. Ein immer=
während es Andenken an die Quirinische Stiftung ist eine
marmorne Tafel, so an dem Seminar des hl. Franz Xaver
angebracht ist, zum Gedächtniße an die Verpflichtung, welche
das zum größten Theile aus den Ueberresten des Hierony=
mus Seminar erbaute Xaverianum hatte, die Quirinischen
Alumnen aufzunehmen, wann sie im Konvikte des hl. Igna=
tius oder im Wilhelminum nicht mehr untergebracht werden
konnten. Die Aufschrift besagter Tafel aber lautet: Dieses geist=
liche Seminär stiftete und dotirte bei Lebzeiten Quirin Leo=
ninus aus Belgien, Protonotar des apostolischen Stuhles,
Domprobst von Regensburg und Generalvikar, des Herzogs
von Bayern Rath, im Jubeljahr 1600.

Nachgehends ist das Haus Eigenthum des Professors
der Rechtsgelehrsamkeit Dr. Arnoldus Rath geworden und
ist darin an. 1632 im 73. Lebensjahre der. berühmte bayri=
sche Feldherr Johann Tzerklas, Graf von Tilly seinen Wun=
den erlegen. Tilly ritt nämlich bei Rain am 15. April allzu
nahe an das Ufer des Lech hinan. Während er so auf die
Schweden hinüberspähete, hat ihn eine Falkonetkugel am
rechten Fuße oberhalb des Kniees getroffen. Man trug den
schwer verwundeten alten Feldherrn zurück und mehrmals ist
der Greis in seiner Sänfte schwach und gar ohnmächtig ge=
worden, so daß man schier seinen Tod unterwegs befürchtete.
Ist aber doch gelungen, ihn noch lebender gen Ingolstadt zu
bringen. Allhie hat er schwer und viel gelitten; sein Geist

aber ist allzeit frisch geblieben. In den ersten Tagen war noch einige Hoffnung der Genesung; ist aber balb verschwunden; beßungeachtet forderte der Feldherr noch immer Bericht von Allem, auch von den kleinsten Dingen, namentlich in der Nacht, als der Schwede stürmen ließ. Kein Wort, kein Zeichen hat den Schmerz angebeutet, so er nach dem Zeugnisse der Doktores leiden mußte und die letzten Tage des alten Helben haben seine ganze Lebenslaufbahn abgespiegelt. Er konnte zurückschauen in Ruhe und Frieden. Kein verbienter Fluch, keine Thräne hat sein Gewissen belastet; hatte er doch geleistet, was menschliche Kraft in Anbetracht der Umstände zur Milberung der unmenschlichen Noth der Zeit vermochte. Tilly ist niemals übermüthig gewesen nach einem Siege, wie er gleichfalls im Unglücke das Vertrauen nicht verloren hat. So oft sein Kurfürst und Herr zu ihm gekommen ist, um in den letzten Stunden seinen treuen Diener noch einmal zu begrüßen, auch liebvoll ihn zu trösten, hat ihm Tilly allzeit erwiebert: Regensburg, nur Regensburg. Maximilian hat auch der bringenden Mahnung Folge geleistet und Regensburg ist zugleich mit Ingolstadt der andere Felsen geworden, so die hochgehende Fluth der schwebischen Macht nicht fortzuschwemmen vermochte.

Sein Testament hatte Tilly bereits im Jahre 1625 gemacht, seine Erben sind die Kinder seines ältern Bruders Jakob, namentlich Graf Werner von Tilly gewesen. Die Infantin Isabella hatte ihm einst eine kostbare Halskette mit Diamanten überreich verziert zum Geschenke gemacht, er hatte selbige kaum empfangen, als er sie schon der Gnadenmutter Maria von Altötting verehrte. Die Stadt Hamburg hatte ihm einft unerwartet taufenb Rofenobel zugeftellet. Tilly beftimmte felbige zu einer täglichen Meffe in Altötting. Andere Gefchenke hat er nie genommen. Doch wird erzählt, baß Tilly fonft noch 60,000 Reichsthaler befeffen unb baß er fterbenb felbige Summe an bie noch übrigen Soldaten ber Regimenter vermacht, fo in ber Schlacht bei Breitenfelb zuletzt ihn gebeckt hatten mit ihren eigenen Leibern.

Mählig ift nun fein Enbe gekommen. Oftmals mit ben hl. Sakramenten geftärket fühlte enblich ber alte Felbherr in ber Abenbbämmerung bes 30. April 1632 feine Tobesftunbe nahen. Der Greis gebot feinem Beichtvater im letzten Kampfe ihm bie Worte zuzurufen, mit benen er fich oft auf= gerichtet: In te Domine speravi, non confundar in aeternum, Auf Dich, o Herr, habe ich gehoffet, ich werbe ewiglich nicht zu Schanben werben. Er rief feinen Neffen Werner Tilly, fo nachgehenbs Statthalter von Ingolftabt gewefen, an fein Bett unb reichte ihm bie Hanb bar, felbige bann fegnenb auf fein Haupt legenb. Nun überkam es ben Greis wie Tobesfchauer. Der Beichtvater erkannte bas nahe Enbe; hob baher bas Kreuz empor alfo rufenb: In te Domine speravi, non confundar in aeternum! — Noch einmal fchlug ber Sterbenbe bei biefen Worten bie Augen auf, feine Blicke fuchten bas Kreuz, fanft lächelnb übergab er Gott feine Seele. Draußen ftürmte ber Schwebe unb feine Kugeln umheulten bie Stätte bes Friedens im alten Ingolftabt. —

Der Eble war nicht mehr; feine Krieger feierten fein Gebächtniß in bem Helbenklang ober Klagelieb, fo noch auf= bewahret ift, gefungen bem weitberühmten Helben Herrn Johann Tillyo:

Hört zu, ihr Helden Alle,
Das Lied ist euch gemacht,
Dass weit und breit erschalle:
Darum hab's ich gemacht,
Graf Tilly der kühne Helde
Und aller Ehren werth,
Zieht nimmer in das Felde,
Hat eingesteckt sein Schwert.

Kein Held ist nie gewesen
Viel hundert Jahren her,
Hab auch von keinem g'lesen,
Der Tillyo gleiche wär,
An Ehr, an Glück, an Siegen —
Ihr Römer, schweiget still,
Ihr müsst da unten liegen,
Wenn man's vergleichen will.

Vielmehr sein G'müth zu loben,
Diess that er mit der Hand,
Er sah auf das, was oben,
Der Welt ist es bekannt,
Dass Tillyus verachtet
Reichthum und grosse Ehr.
Hätt er nach diesen trachtet:
Wer hätt derselben mehr? —

Derhalben er gestorben
So gottselig und wohl,
All Sakrament erworben,
Wie's ein Christ haben soll.

Sein Feind hat ihn bereuet,
Freund gingen ihm nicht ab.
Der solches Leben führet,
Den drückt nicht schwer das Grab.

Und selbiger Greis,*) so in dem brennenden, einstürzenden Magdeburg schützend seine Hand ausbreitet über Kinder und Frauen, rettend, helfend, überall selber ordnend und wachend, wo noch etwas zu erhalten ist, selbiger Mann wird in der traditionellen Ueberlieferung der deutschen Nation, so man schnöde Geschichte zu nennen beliebt, der muthwillige Verder= ber dieser Stadt genannt, einer Stadt, so zu retten Niemand mehr beflissen war als er!

Wer aber hat Magdeburg verrathen, im Stiche gelassen, angezündet? — Gustav Adolph, weil ihm die Stadt nur noch durch ihren Untergang nützen konnte, jener tückische Schwedenkönig, so ungereizt und ungekränkt, nur aus Lust zu kriegen und zu erobern, unsrer Nation das unendliche Wehe anthat, der unsre Stadt plünderte, unsre Kultur vernichtete, der uns politisch zerriß und zersplitterte, uns zum Spielball der Fremden machte, der uns zurückschleuderte um Jahrhun= derte, der um alles dieß zu thun, sich umgab mit dem Hei= ligenscheine der Lüge und Heuchelei bis in seine Seele hinein, dieser Barbar des Nordens, so zugleich sein eignes Volk zer= trat, wie das unsrige, dieser kaltblütige, fast übermenschlich treulose Mörder und Vernichter von Magdeburg, so leider jetzt noch in den Augen vieler Deutschen wie ein Heiland und Erretter angesehen wird! —

*) Nach: Tilly im dreißigjährigen Krieg von Onno Klopp.

Wer hat Magdeburg beschützt, beschirmt und nach Mög=
lichkeit gerettet? — Jener fromme alte Held, so sprach wie
er dachte, und dachte wie er handelte, der treue, ehrliche
Mann, so fest und unwandelbar in seinem eignen Glauben
jede fremde Gottesverehrung schützte, wie Niemand sonst in
seiner Zeit, der Mann, dem seine Mitwelt ein Zeugniß zu=
erkannte, wie es niemals einem Feldherrn zuerkannt worden
ist, zugleich der Vater zu sein der wilden Krieger, so in ihm
das Vorbild und das Muster ihrer Pflicht verehrten, und
zugleich die Zuflucht der Schwachen und Hilflosen: Tilly,
der obwohl er eine der edelsten Zierden unsrer Nation, die
letzte Säule des einstigen alten deutschen Reiches voll Kraft
und Herrlichkeit war, noch immer in den Augen eines gros=
sen Theiles der deutschen Nation, für die er handelte und
litt bis zum letzten Athemzuge, als ein unbarmherziger Wü=
therich gilt.

Das aber allein ist reine, unverfälschte Wahrheit, das
allein die aktenmäßig nachgewiesene, unbestreitbar feststehende
Thatsache, wie sie die wahre und echte Geschichtsforschung
sonnenklar darthut, aber nicht jene große Lüge, die der fa=
natische Sektenhaß verbreitet, die kritiklose, seichte Geschichts=
schreiberei des achtzehnten Jahrhunderts nachgebetet, Fried=
rich II., Voltaire und die ganze Schaar derer, die im vori=
gen Jahrhunderte für sich die Philosophie in Anspruch nah=
men, ausbeuteten und der Dichter Schiller ausphantasierte,
der seinen Berufsmangel zum Geschichtsschreiber am deutlich=
sten durch seinen eignen Ausspruch bewies: „Die geschicht=
lichen Personen müssen sich gefallen lassen, was sie unter
meiner Hand werden." —

Ist vielleicht aufgefallen, warum ich mich so überlang bei dem Tillyo aufgehalten; selbiger gehört aber nothwendig zum alten Ingolstadt und ist sein herrlicher Tod allhie ein nicht geringes Licht auf sein schönes Leben, so eine lügenhafte und verleumberische Sage also verdunkeln möchte, daß darob männiglich, so noch einen Sinn für Recht, ein Gefühl für Wahrheit hat, in gerechten Zorn entbrennen muß. Daß doch einmal die Wahrheit siegte! --

Zum zweiten schauen wir das Rathhaus an; ist ein stattliches Gebäude, so durch die angebaute Stadtschreiberei in etwas geräumiger geworden, aber von keiner Tiefen. Vielfach erneuert und umgebauet, weiß man seine eigentliche Entstehung urkundlich nicht mehr; doch ist aus den alten Schriften ersichtlich, daß selbiges an. 1568 ein wegen hohen Alters ziemlich ruinoses Gebäude gewesen, so schier dem Einsturz drohete, sintemalen auf die Reparatur beßelben nichts verwendet, selbige auch allzeit wieder hinausgeschoben wurde. Mittlerweile ist am 24. Dezember selbigen Jahres 1568 zu Morgens ein schwerer und gefährlicher Brand ausgekommen. Die baufälligen Häuser, so zum Theil an St. Moritz Pfarrhof, zum Theil an das Rathhaus gleichsam wie ein Vorhaus angebauet waren, sind durch die Unvorsichtigkeit einer Magd, so einheizte, in Brand gerathen und hat das Feuer nicht bloß diese Häuser zerstört, sondern auch die anstossenden arg beschädiget, so daß den nächsten Sommer alle neu gebauet werden mußten, auch das Rathhaus. Am Ecke selbigen Rathhauses befand sich hoch oben ein eisernes Gitter, hinter welchem die Verbrecher öffentlich auf den Pranger gestellt worden sind. Auch sind noch Kugeln in dem Gebäude zum Be=

weise der kriegerischen Zeitläufte und der Beschiessung der
Stadt. Vor dem Rathhause stand einst der hölzerne Esel,
auf welchem man öffentlich zur Strafe reiten mußte, wie wir
es oben von dem Stadtpfarrmeßner Sutor gehöret. Im ersten Stockwerke des Rathhauses ist der Sitzungssaal für den
Magistrat, im zweiten für die Gemeindebevollmächtigten.
Ueber der Thüre des Saales stehet ein benkwürdiger Vers
in latein und deutsch geschrieben, so also lautet:

> Hier mein Thatsfreundt mit Bedacht
> Vor dem Eintritt nimmb in Acht,
> Dass dein theuer beschworne Pflicht
> Auf khain sondre Neigung griecht,
> Meide Zohrn, Gwalt, Lieb und Hass,
> Schmeichlerei, khain Forcht zulass,
> Sorge für das gemaine Weessen,
> Wohin man dich auserlessen.
> Dann wie du grecht oder nit
> Geben hast in That Abschidt,
> Also auch gleich nach dein Todt
> Streng dich würdet richten Gott.

Im Rathhause ist zu sehen die Abbildung des Schmalkalbischen Kriegslagers, so Christoph Zwickhof und Hanns
Mielich, beide Künstler von München, im Jahre 1549 geliefert haben. Sie ist Kupferdruck und mit Farben angelegt
und die Tafel hat eine Länge von 10 Schuh, eine Breite
von 3½ Schuh; unten ist eine Erklärung angegeben. Auch
ist ein Modell der Stadt und Festung Ingolstadt da, so Herzog Albrecht 1572 durch Jakob Sandner von Straubing

verfertigen ließ. Item befindet sich auf dem Rathhause ein sonderbarer Schatz und überaus große historische Merkwürdigkeit nämlich: das Privilegienbuch der Stadt, so sämmtlich wunderschön geschrieben, auch mit herrlich gemalten Initialen verzieret sind. Darin sind auch die Mignaturgemälde mehrerer Rathssitzungen, anhebend vom Jahre 1493. Man meinet, selbige Idee wäre von dem würdigen Bürgermeister Schramm und dem fleißigen Chronisten Zayner ausgegangen, Willens zugleich die damalige Gliederung der städtischen Behörde bildlich darzustellen, denn es hebet also an:

Ratsezung v. 1493.

„Uff Samstag sant Bartlmästag des abgeschriebenen Jahrs haben auf Erforderung meines gnädigen Herrn Herzog Georgen, Wolfgang Schramm und Hans Pfaffel seiner Gnaden Ratpflicht gethan, lt. des Aids im Rechtbuch, darnach uff Samstag nach Bartlmes haben die gemeldten Zween, wie im Alter herkhomen ist, einen innern Rat, wie hiernach folgt, erwelt und darnach der inner den äussern gewelt." —

Also sind noch zu finden in diesem Buche die Abbildungen des Rathes von drei folgenden Jahrhunderten mit verschiedenen Aufschriften z. B. Anno 1564 sein hiernach benannte Herrn allhie zu Ingolstadt bey einander politisiren gesessen. Dann: als man zelt Tausend fünfhundert und 78 Jahr, Inner und auffer Rath daselbst also gestellt war. — Die Rathsherrn sind meist nach dem Leben gemalt, haben über sich ihre Namen, zuweilen sogar das Alter angegeben, unter sich aber ihre Wappen. Ist ein gar lieblicher Anblick und ungemein merkwürdig anzuschauen. — In gar frühen

Zeiten sind in diesem Rathhause auch die Landtage gehalten worden; wie z. B. der allgemeine Landtag vom Jahre 1516. Die Landschaft war nur vier Wochen versammelt und ist am Samstag nach St. Görgentag wieder in Gnaden entlassen worden. Die Sitzungen wurden in dem Saale gehalten und zu Jedweder derselben mit der Rathsglocke ein Zeichen gegeben. Von Seite der Stadt wohnte der Bürgermeister Georg Schober bei. —

Zum dritten kommen wir zur Trinkstube und zum Tanzhause (erstere heute Hotel Brodmann, letzteres Theater). Herzog Stephan II. ist ein überaus lebenslustiger Fürst gewesen, so einen prachtvollen Hof allhie gehalten. Willens sich bei ihrem gnädigen Landesherrn einzuschmeicheln, erbaueten die Bürger von Ingolstadt um 1393 herum ein Tanzhaus mit großen Kosten. Der barob hocherfreute Herzog hat in einer Urkunde eigends sein Wohlgefallen darüber ausgedrückt, zugleich eine erlassene Verordnung zurücknehmend, die Kellerhälse vor den Häusern abzubrechen, sintemalen man sich überzeugt habe, wie daß die allgemeine Pflasterung der Gassen diese Verordnung unnütz mache. Des Herzogs Stephan Erkenntlichkeit ging aber noch weiter, indem er in einer zweiten Urkunde den Bürgern erlaubte, so durch den Bau dieses Tanzhauses und andere Bauten in groß Schuld und Leibgebing verfallen sind, die sie ohne seine Gnad und Fürderung nicht vergelten und abrichten mögen, alles, was sie fernerhin von bemeldtem Tanzhause mit Salz- und anderer Kaufmannschaft, doch den landesherrlichen Zoll und Renten unbeschadet, benützen mögen, frey und ungehindert zu genießen, auch zu der Stadt Nuz und Bau zu wenden und zu kehren. —

Hat auch der Herzog Stephan in höchsteigner Person dieß Tanzhaus eröffnet, indem er mit seiner Gemahlin Margaretha, Tochter des Herzogs Adolph von Cleve, und dem ganzen Hofstaate ein köstliches Mahl darin hielt, so er auf seine Kosten herrichten ließ und wozu er einen ehrsamen und wohlweisen Bürgermeister und Rath nebst ihren Ehefrauen und Töchtern eingeladen hat. Der Abend ist mit einem fröhlichen Tanze hingebracht worden, wobei der Herzog den Reigen mit des Bürgermeisters Heinrich Plattner goldlockigem Töchterlein Elisabeth, die Herzogin aber mit dem Bürgermeister selbsten anhob. — In diesem Tanzhause ist von dem Stadthauptmanne Bernhardin von Stauff dem Rathe die Nachricht vorgelesen worden von der siegreichen Schlacht bei Schönberg unweit Regensburg in dem unseligen Landshuter Erbfolgekrieg. Am Abend der Schlacht am 12. September 1504 schrieb es Herzog Albrecht dem Stauffer gen Ingolstadt, um es dem Rathe kund zu thun. — Zu dem Reichstage von Köln, so um jenen unseligen Krieg ein Ende zu machen, zusammenkam, ist auch Veit Peringer, der Bürgermeister von Ingolstadt, als Anwalt berufen worden. Der Reichstag erließ seinen Spruch am 30. Juli 1505. Am 7. September war Veit Peringer wieder in Ingolstadt und verkündete auf dem Tanzhause den Inhalt dem versammelten Volke.

Im Jahre 1565 erbaute die Stadt neben dem Tanzhause, so vielleicht zu klein geworden, auch zu andern Zwecken gebraucht wurde, weßhalb es von nun an das Tuchhaus genannt worden ist, eine sogenannte Trinkstube, ein stattliches Gebäude zwei Gaden hoch. Darin sollten größere Hochzeiten gefeiert, Gaſtmahle geben, Verſammlungeu von Bürgern und Studenten und alle vierzehn Tage Gerichtsverhandlungen gehalten werden. Zum erſten beging darin der Dichter und Geſchichtsſchreiber Valentinus Rottmar ſeine zweite Hochzeit mit der ehr= und tugendreichen Jungfrau Anna Hofpeurin, zu welcher die hochgelehrten Akademiker Philipp Menzelius, Gabriel Mayrbiſius und Simon Schwarz, ſo ſpäter Stadt= ſchreiber in Straubing geworden, gar ſinnreiche carmina gratulatoria i. e. Glückwünſchungs=Gedichte verfertigten. In den Jahren 1568 und 1575 iſt Herzog Albrecht von Mün= chen allhie geweſen und hat jedesmal nebſt ſeiner Familie und ſämmtlichem Hofſtaate eine Mahlzeit, ſo ihm von der Stadt angeboten wurde, auf der Trinkſtube angenommen, woran auch der Biſchof von Eichſtätt Herr Martinus von Schaumberg Antheil nahm. — Am 17. Juni 1727 wurde die Huldigung des neuen Kurfürſten Karl Albert zu Ingol= ſtadt vollzogen; der Akt ſelbſt ging auf dem Tuchhauſe in Gegenwart des Statthalters Max, Graf von Taufkirch unter Paradirung des Bürgermilitärs und Löſung der Ge= ſchütze nach in der Moritzkirche vorher abgehaltenem Gottes= dienſte vor ſich.

Zum vierten iſt das Waiſenhaus (jetzt Lettenſchmid) näher anzuſchauen, ſo uns an einen vieleifrigen Pfarrherrn Petrus Stevartius erinnert. 35 Jahre lang iſt er eine Zierde der Univerſität geweſen und ein guter Hirte dieſer Stadt. Obwohl er zwanzigmal Rektor Magnifikus war, die Herzoge Philipp, Ferdinand uud Maximilian von Bayern, den Markgraf Guſtav von Baden, den Erzherzog Ferdinand von Oeſterreich zu Schülern hatte, katechiſirte er doch die

15

kleinen Kinder, predigte und hörte Beicht, suchte die Kranken auf ihren Lagern und die Armen in ihren Hütten auf. Im Jahre 1617 setzte er seinen guten Werken die Krone auf mit einer Gründung, so den christlichen Edelsinn seines Herzens glänzend beweist und ihm das ewige Andenken des dankbaren Ingolstadts sichert. Er stiftete und dotirte aus eigenen Mitteln das erste Waisenhaus allhie. Das ehemalige Gebäude desselben bestehet noch und hat auf einer Steintafel folgende Aufschrift, recht deutlich die ganze Schönheit der Seele des Gründers zeigend: „Christlicher Wanderer! Da gute Werke vor Gott so unendlich verdienstlich sind, so gehe an diesem Waisenhause nicht vorüber, ohne es mit freigebiger Hand gesegnet zu haben; denn derowegen hat selbiges zur Ehre Gottes und zum Troste der Armen Petrus Steuart aus Lüttich in Belgien, Stadtpfarrer bei St. Moriz, Prokanzler der Universität und Professor der Theologie gegründet, damit es dich, so du des Weges gehest, an die Barmherzigkeit und Liebe mahne und du so das Reich einst besitzest, das Gott von Anfang der Welt denen bereitet hat, so sich der Waisen liebend erbarmen." — Herzog Maximilian legte sogleich zu dem Kapitale von 8000 fl. noch tausend hinzu. Zu Anfang dieses Jahrhunderts wurde das Haus verkauft und die Waisen zu bürgerlichen Gewerbsmeistern gethan, bis nachgehends wieder das jetzige Waisenhaus angekauft und eingerichtet worden ist.

Zum fünften ist das Fürstenhaus merkwürdig, so zu dem Zwecke erbauet wurde, die fürstlichen Prinzen, namentlich aus dem bayrischen Hause, so Studierenshalber gen Ingolstadt auf die Universität kamen, standesgemäß aufzunehmen. Sind auch am selbigen Hause zwei Löwen ange-

bracht nebst dem bayrischen Wappen. Die Zeit der Erbau=
ung kann nicht mehr angegeben werden; gewiß aber ist es,
daß die bayrischen Prinzen P h i l i p p, F e r d i n a n d, K a r l
und M a x i m i l i a n, item Erzherzog F e r d i n a n d von Oester=
reich darin gewohnt haben; von dem letzten ist eigends in
den Jahrbüchern angemerkt, daß er wegen Nähe seiner Woh=
nung nicht in die Universitätskirche, sondern alle Sonn= und
Feiertage in St. Moritz Pfarrkirchen gegangen sey, daselbst
mit nicht geringer Auserbauung dem Gottesdienste beiwohnend.
Auch Prinz T h e o d o r, Sohn des Kurfürsten Max Emanuel,
wohnte darin. Nachgehends ist es in ein Landgerichtsgebäude
umgewandelt worden. —

Das sechste denkwürdige Haus ist das P f r ü n d e h a u s
zum heil. Geiste. Ist eine Wohlthätigkeitsstiftung, so ebenso
reich, als alt ist; denn bereits im Jahre 1319 am St. Ja=
kobstage ist sie vom Kaiser L u d w i g dem Bayer gegründet
worden, so das Rittergut H u n d s b e r g, den heutigen Spitalhof
dazu hergab. Dieser H u n d s b e r g hat früher einem adeligen
Geschlechte von H u n d s b e r g gehört und fiel nach dem Aus=
sterben selbigen Geschlechtes im dreizehnten Jahrhundert als
bayrisches Lehen den Herzogen von Bayern zu. Die Bestä=
tigung der Privilegien dieser Anstalt ertheilte im Jahre 1509
Herzog W o l f g a n g in Bayern als Vormund des minder=
jährigen Herzogs Wilhelm. Die im Laufe der Zeit bau=
fällig gewordenen Gebäude wurden in diesem Jahrhunderte
zum Theil verbessert, zum Theil gänzlich erneuert.

Zum siebenten ist das ehemalige B a d h a u s, zum Rosen=
bad, item zum Rosenbader genannt, merkwürdig. Selbiges
15*

ist an der Ecke der Schweigergasse gelegen, leichtlich zu erken=
nen durch die Rosen, so daran gemalt, auch durch das Bild
des barmherzigen Samaritan, so eine Anspielung auf das
ehrsame Baderhandwerk, wie auch an die heilsame Wirkung
des Bades ist. Seit den Zeiten der Kreuzzüge sind die
öffentlichen Bäder, namentlich in den größern Städten, häufig
geworden; und es hat solche für die Reichen gegen Bezahlung
gegeben, item für die Armen, so auf Kosten der Stadt baden
durften. Weil aber selbiger Zeit mit dem Baden meistens
auch das Rasiren des Bartes, das Abschneiden der Haare 2c. 2c.
verbunden war, ist es gekommen, daß das ehrsame Handwerk
der Baber das Recht hatte, öffentliche Bäder zu halten.
Dieses Badhaus ist überdieß merkwürdig durch die Zusam=
menrottungen der Studenten, so meistens an der hölzernen
Säule des Brunnens, so vor dem Hause sich befand, ihre
Plakate anschlugen und sich versammelten. Ueberhaupts muß
es in dieser Gegend gar lustlich und lärmend zugegangen
sein, da vor Zeiten all die Häuser beim Danielbräuhaus
nicht standen, sondern ein freier, offener Platz vor der Uni=
versität gewesen ist, derowegen jene Gegend annoch auf dem
Wasen heißet. Bis in die jüngste Zeit sah man noch in dem
Rosenbadhaus die kleinen Zimmer und Anstalten zum Baden.

Nicht weit davon finden wir das Seminarhaus, das
Georgianum genannt. Selbiges hob Herzog Georg der
Reiche im Jahre 1494 zu bauen an und ließ es nach seinem
Namen nennen. Bereits im April sind von dem erlauchten
Fürsten Abgesandte geschickt worden, so einen passenden Platz
suchen und Häuser für jenes Gebäude kaufen mußten. Es
wurden auch zu diesem Zwecke mehrere Häuser der hohen

Schule gegenüber käuflich erworben und vom Herzog Georg von allen Lasten befreit. Die Stiftungsurkunde ist vom Jahre 1495 und der Zweck der Stiftung: fromme und wissenschaftlich gebildete Priester für das Vaterland zu erziehen. Herzog Georg verordnete darin 11 Freiplätze, für welche Bürgermeister und Rath der Städte Landshut, Ingolstadt, Lauingen, Wasserburg, Burghausen, Schärding, Braunau, Oetting, Wemding, Hilpoltstein und Weissenhorn je einen gottesfürchtigen Studenten von ehrbaren Sitten, zum Lernen geschickt und wenigstens 16 Jahre alt, wählen durften. Selbige mußten fünf Jahre in dem Collegio bleiben und wurden unter einen geistlichen Regens, so von der Artistenfakultät erwählt wurde, beaufsichtigt. — Im Jahre 1564 verlängerte der Regens Magister Christian Kripper das Kollegium nach rückwärts und erneuerte vom Grund aus das Gebäude, so er drei Stockwerk hoch aufführen und zu geräumigen Wohnungen für die Kollegiaten herrichten ließ. — Im Eingange des Wohnhauses hat man auf einem in die Wand gemauerten Stein gelesen: Georgius dives Sereniss. Bav. dux hoc Collegium fundavit 1494; in eine Bräuerei umgewandelt 1817; renov. 1818.

Zum achten ist das Seelhaus zu merken, so eine uralte Stiftung ist. Zwei Jahre ehevor die Gebrüder und Herzoge von Bayern, Stephan, Friedrich und Johann eine Ländertheilung vorgenommen und Ingolstadt dem Herzog Stephan II. zugefallen war, im Jahre 1390 ist allhie eine neue Stiftung entstanden, nämlich die Stiftung der sogenannten Seelschwestern. Selbige mußten, wie es in einer Urkunde des Stadtrathes heißt, gemeinschaftlich unter einer Schaff-

nerin leben und zwar in dem sogenannten Golderschen Seelhaus; hatten auch schwarze Kleider zu tragen, wie wenn sie
Nonnen wären. Auf dem Hause selbiger Stiftung, so annoch
bestehet, befindet sich die Aufschrift: Seelhaus, durch den
äußern Rath errichtet im Jahre 1390, renov. anno 1735.

Zum neunten ist der Hahnenhof ein denkwürdiges
Gebäude. Vor uralter Zeit, beim Ursprung der Stadt sind
zu Ingolstadt sechs größere unmittelbare Höfe und mehrere
kleinere gewesen, von welchen ein sicherer Otto von Werd
zween besaß. Selbiger Otto ist ein Rittergutsbesitzer an dem
großen Forste Hard gewesen, so Ingolstadt von Norden gen
Osten umgeben hat. Etliche von diesem Rittergeschlechte, ein
Habmar, ein Gaboalb, ein Rudgar von Werde kommen in mehreren Urkunden jener Zeit als Zeugen vor. Da
soll auch ein S. Nikolai-Kirchlein, zu St. Moritz gehörig, gestanden sein, item ein Weiler mit Namen Hard dortselbst gelegen haben. Und es ist nicht unwahrscheinlich, daß der bey-
malige Hahnenhof an der Stelle des einstigen Weilers Hard
stehe, sintemalen auf denselben die Rechte und Güter der
Herren von Werde im fünfzehnten Jahrhundert übergegangen sind. Dieß wird noch deutlicher, wenn man den damaligen Umfang der Stadt bedenkt, so mit der heutigen Schranne
und Kupfergasse nach dieser Seite hin abschloß. Ist also der
Weiler Hard ausser der Stadt gestanden und erst im vierzehnten Jahrhundert in die Stadtmauern eingeschlossen worden. Der Hahnenhof war herzogliches Lehen und ging im
Jahre 1622 durch Verkauf an die Jesuiten über. Kurfürst
Max I. aber befreite ihn vom Lehensverbande, so lange er
als Eigenthum des Collegii Societatis Jesu bestehen würde.

Selbige Lehensfreiheit hat noch bestanden, als der Hof nach Aufhebung der Jesuiten an den Johanniterorden überging.

An diesem Hofe ist über der Thüre das Wappen derer von Eck angebracht, ein Zeichen, daß der berühmte Kanzler Leonhard von Eck darin gewohnt hat, indem ihm wahrscheinlich sein großer Gönner Herzog Wilhelm dasselbe zum Aufenthalt angewiesen. Selbiger Leonhard von Eck, Wolfseck, Randeck und Eisenhofen aber ist zuerst des Herzogs Rath, dann Kanzler und sein intimster Freund gewesen, so daß der Fürst oftmals den Ausspruch gethan hat, ohne ihn würde ihm das Leben bitter seyn. Leonhardus war an. 1480 zu Kellheim geboren, kam 1489 an die hohe Schule und ward ungefähr um 1520 des Herzogs Rath. Da er aber bei den wichtigsten Angelegenheiten des Reiches gefragt wurde, ist er bei den deutschen Fürsten in solches Ansehen gekommen, daß selbst Kaiser Carl V. in dem schmalkaldischen Kriege sich seines Rathes bediente. Es ist gleichsam zum Sprüchwort geworden, umsonst sei das Bemühen aller Andern, wenn Eck nicht mithelfe. Fast 30 Jahre ist er der Patron und Kurator der Universität gewesen, und hob selbige durch Herbeiziehung der gelehrtesten Professoren aus allen Ländern unter den glänzendsten Anerbietungen zu einem noch nicht dagewesenen Glanze. Im Uebrigen war er der Kato seines Zeitalters, ein Verehrer der Gerechtigkeit und strenger Bewahrer des Gesetzes, ein Mann von unbescholtenstem Charakter, sein Ziel verfolgend ohne der Gunst noch dem Hasse nachzugeben. Eck ist auch ein tapferer Vertheidiger seines alten Glaubens gewesen, so daß er in seinem Testamente ausdrücklich seinem Sohne Oswald, so nachgehends auch Rektor der Universi-

tät geworden und sich an. 1544 mit der edlen Jungfrau
Anna von Pienzenau vermählte, seine reichen Besitzungen
nur unter der Bedingnuß vermachte, wenn er der alten Religion zugethan verbleibe. Eckius ist am 17. März 1550 zu
Ingolstadt des Todes verblichen, nur 11 Tage später als
sein fürstlicher Freund und Gönner, Herzog Wilhelm IV. von
Bayern.

Zum zehnten ist das Kaisersheimerhaus (jetzt Genie-
Direktion) des Betrachtens würdig. Bereits im Jahre 1307
unterzeichneten die beiden herzoglichen Gebrüder Rudolf und
Ludwig zu Nürnberg eine Urkunde, in welcher sie dem Abte
und Konvente von Kaisheim die Steuerbefreiung für ein ihnen
zugehöriges Haus von Stein zu Ingolstadt auf dem alten
Getreidmarkt bewilligten. In der Nähe desselben stand ein
Kirchlein zum heiligen Georg, so an der Mauer die Aufschrift
hatte: Ludovicus et Rudolfus, principes Bavariae und welches wahrscheinlich von den Klostergeistlichen zu ihrem Gottesdienste benützt wurde. In laufender Zeit ist obgenanntes
Haus durch Brand zerstöret, von dem Konvent aber neu erbaut worden. Kaum war die hohe Schule allhie gegründet,
als die Prälaten selbigen Klosters ihre jungen Kleriker Stu-
dierens halber hieher schickten; namentlich zeichnete sich hierin der selbst hochgelehrte Abt Ulrich Kelle aus Wiesensteig
aus, so vor allem auf wissenschaftliche Bildung bei seinen
Untergebenen drang. Selbige Ordensmänner erbaueten sich
auch später an ihr Haus ein gar liebliches Kirchlein zum
heiligen Bernhard, so ihr Ordensstifter gewesen. Dasselbe
ist am 25. August 1630 feierlich eingeweiht worden, wobei
auch die akademischen Väter zugegen waren, so hernach sämmt-

lich zum Mahle eingeladen worden sind. — So erzählen die
Annalen vom Jahre 1668, daß ein Konventual des Klosters
mit Namen Elias Götz öffentlich aus der Theologie disputirte, welchem gelehrten Akte der Hochwürdigste Prälat in
eigner Person anwohnte. Nach der Disputation hat er den
Rektor Magnifikus in seinem eignen Wagen und zwar ihm
zur Linken sitzend nach Hause gefahren. Das Kaisersheimer-
Haus diente aber nicht bloß zum Studienaufenthalt für die
jungen Religiosen jenes Klosters, sondern es nahm auch solche
von allen Benediktinerklöstern Bayerns auf; der Conventual,
so darüber die Aufsicht hatte, hieß Direktor des Collegiums
zum heiligen Bernhard. Als die Universität ann. 1772 ihre
dreihundertjährige Jubelfeier festlich beg ing, erschien auch auf
freundliche Einladung der Hochwürdigste Herr Abt Cölestin
von Kaisheim mit drei Religiosen und hielt das feierliche
Pontifikalamt zur Eröffnung des Festes.

Das Geisenfelderhaus (Attenkofer), also genannt,
weil es dem kaiserl. Reichsstift Geisenfeld vom Orden der
Benediktinerinen zugehörig war, ist zum elften aufzuführen
als ein Gebäude, so an Alter und Bauart lebhaft an die
Vergangenheit erinnert. Während des 30=jährigen Krieges
flüchteten sich die Klosterfrauen ein Theil nach Regensburg,
der andere Theil zusammt der Abtissin in ihr Haus nach Ingolstadt. Selbige Nonnen blieben mehrere Jahre allhie und
sind auch etliche daselbst gestorben und im Garten begraben
worden. Auch geht ein dunkles Gerede, wie wenn ein großer Schatz aus des Klosters Zeiten in diesem Hause vergra-
ben wäre; mag allerdings sein; aber wo, ist nicht zu sagen,
obwohl schon viel und oft darnach gesucht worden ist. —

Zum zwölften verdient das Schobersche Gasthaus einige Aufmerksamkeit, so eines der ältesten ist, wie auch die Familie Schober einst zu den angesehensten Familien der Stadt gehörte. Das Schoberische Geschlecht läßt sich bis in's 14. Jahrhundert urkundlich nachweisen und zwar als Wein= und Gastwirthsleute, so den heutigen „Adler" innehatten. Aus diesem Geschlechte sind aber Viele hervorgegangen, so im Rathe der Stadt saßen, als auch durch Wissenschaft und Gelehrsamkeit zu hohen Aemtern gelangten. So ist ein Sohn dieses Hauses gewesen: Kaspar Schober, so ann 1515 Professor der griech. Sprache zu Ingolstadt war; dann zu Ferrara die Doktorwürde beider Rechte sich erwerbend, nach Ingolstadt zurückkehrte und daselbst öffentlich die Rechtsgelehrsamkeit dozirte. Bald darauf ist er gar Assessor beim kaiserlichen Gerichte geworden. Als er sich aber auf einer Gesandtschaftsreise zum Kaiser Carl V., so damals zu Brüssel sich aufhielt, das Fieber zugezogen hatte, kehrte er zurück und starb zu Speier kaum 29 Jahre alt, eine ausgezeichnete Zierde der Schoberischen Familie, ein seltner Schmuck der Stadt Ingolstadt. Sein Bruder Thomas Schober folgte dessen Fußstapfen ebenbürtig nach, ist als ein sehr berühmter Rechtsgelehrter, zuerst zu Ulm, dann zu Speier Assessor und zuletzt der Kaiser Ferdinand I. und Maximilian II. Hofrath gewesen. Starb zu Wien 1572. Um das Jahr 1567 studiert auf hiesiger Universität ein Vitus Schober, so nachgehends Doktor der Jurisprudenz, unsers durchlauchtigsten Herzogs Wilhelm Rath, Kammerer und Professor der Universität geworden. Vom Jahre 1573 melden die akademischen Annalen also: Es starb für Ingolstadt gleichsam eine Säule des gemeinen Wesens Herr Georgius Schober, Bürgermeister der Stadt, ein wahrer Vater derselben, ein echter Bürger, dessen Familie viele Jahre hindurch in der Stadt voranleuchtete und die höchsten Ehrenämter verwaltete. Er hinterließ außer einigen Töchtern, drei Söhne: Kristoph, so das väterliche Anwesen übernommen, Vitus und Ernfrid aber sich dem Studium der Rechtswissenschaft widmeten. Im Jahre 1605 war ein Wolfgang Schober, Dechant und Pfarrer zu Schärding. Obiger Vitus aber ist über 30 Jahre Rechtsprofessor und Kämmerer der hiesigen Universität gewesen und allhie am 26. Juni 1620 gestorben. In dem Gasthause war ein gar großer Verkehr, hochadelige Standespersonen und die höchsten Würdenträger kehrten dortselbst ein; um nur Ein Beispiel aus der Geschichte zu nennen, so sind die am 13. November 1549 ankommenden Herren Jesuiter dort von dem Rektor Magnifikus und den Professoren empfangen worden und haben daselbst einige Zeit gewohnt. Das Wappen der Familie pranget jetzt noch an dem Hause. —

Oberhalb der jetzigen Post ist zum dreizehnten ein alterthümliches Haus mit einem Wappen, so zwei Räder führet. Ist das Haus der Müllner von Zweiraden, eines edlen Geschlechtes, so um Eichstätt und Ingolstadt begütert war und ansehnliche Aemter in Staat und Kirche verwaltete. Namentlich haben sich zwei Gebrüder für das Wohl Ingolstadts hochverdient gemacht. Der Eine Herr Willibald Müllner von Zweiraden ist von 1574—1580 Bürgermeister allhie gewesen; hat emsig für das gemeine Wesen der Stadt gesorgt, hat den Herzog Albrecht und seine hochfürstliche Familie 1575 prachtvoll auf der Trinkstube bewirthet, hat dessen Leichenbesingnuß beigewohnet an. 1579 und ist endlich reich an Verdienst und Jahren selig im Herrn entschlafen. — Sein Bruder Sebald Müllner von Zweiraden, ist fürstlich bayrischer Rath und Küchenmeister zu München gewesen und hat sich durch ein Vermächtniß vom 13. Januar 1578 unsterblich gemacht. Selbiges Vermächtniß verordnet, daß seine zwei Höfe zu Stimm und zu Pichl nebst 8000 fl. an Kapital und einem bedeutenden Inventar auf seine Familie sich forterben, nach deren Aussterben aber die Höfe und Kapitalien dem Bruder- oder Blatterhaus zu Ingolstadt, seine Bücher der Universität und die übrigen Inventarstücke der Stadtkammer erblich zufallen sollen. Im Jahre 1804, allwo das Aussterben der Zweirabenschen Familie erfolgte, ist das mit dem Blatternhaus vereinigte Krankenhaus in den Besitz dieses kostbaren Vermächtnisses gekommen. Im Jahre 1581 hat ein sicherer Wunibald, im Jahre 1587 ein Sebald Müllner von Zweiraden allhie auf der hohen Schule studieret, so beide Söhne des Bürgermeisters Willibald von Ingolstadt gewesen. Der Erstere hatte das Unglück, über die gefrorne Donau reitend, mit seinem Pferde einzubrechen; sein Freund, der Akademiker Jakob von Flab aus Trier, hat ihn noch zur Noth der Todesgefahr entrissen. Sein Bruder Sebald ist auch kein Glückskind gewesen; hat die ehr- und tugendreiche Jungfrau Agnes, Tochter des nachmaligen Bürgermeisters Sebastian Wolf, so das Eckhaus am Milchmarkt (Pascolini) besessen und über 100 Jahre alt geworden, zum ehlichen Gespons heimführen wollen. Hat aber selbiges überaus schöne Mägdlein Tags vor der Hochzeit ein hitziges Fieber angefallen, so schon nach wenigen Tagen ihrem jungen Leben ein Ende gemacht. Der tiefbetrübte Bräutigam aber hat sich deß bald getröstet und die reiche Jungfrau Ursula,

Tochter des innern Rathsherrn Michael Demel geehlichet. — Im Jahre 1710 finden wir noch zween Brüder Franz Jos. Theodor und Jos. Philipp Nikol. Müllner von Zweiraben als Akademiker auf hiesiger Universität.

Neben dem Kaisersheimerhause stand ein uraltes Haus, so jetzt gänzlich umgebauet und ein Bäckerhaus ist. Selbiges ist das Organistenhaus gewesen i. e. hat vom Jahre 1480—1546 dem berühmten Organisten Leonhard Walbeisen zugehört. In früheren Zeiten war der Organist eine Hauptperson, denn auſſer dem Schulmeister und ein Paar Choralisten ist selbiger der Einzige gewesen, so den Chor besorgte. Man hielt selbst an den Festtagen nur Choral- oder Contrapunkt-Aemter, welch letztere der Organist Walbeisen in einer Weise komponirte, daß männiglich barob erstaunte und sein Ruf ausging durch das ganze Bayerland. War auch natürlich, denn Walbeisen ist in den Klöstern Weltenburg und Scheyern gebildet worden, wo ihn die Herren gar gerne ob seines ausgezeichneten Musiktalentes in's Kloster aufgenommen hätten; Walbeisen aber wollte nicht, denn sein Herz war im Stillen gegen eine Maid entbrannt, so er beim Abschied die Ehe versprochen. Ist eine Bürgerstochter von Ingolstadt gewesen Katharina Bollhartin, eines Beutlers und Rathsherrn Tochter. Dieser Schritt hat ihn jedoch gar oft bitter gereut, sintemalen er im Ehestande viel Kummer und Herzeleid hat erfahren müſſen. Sein Gemahl schenkte ihm zwei Töchterlein und starb bald darauf an der Lungensucht noch nicht dreiſſig Jahre alt. Die ältere Tochter Franziska hatte von Jugend auf einen gar frommen Sinn und eine große Neigung zum Klosterleben. Der Vater ist nicht

dagegen gewesen, obwohl es ihm leid that, das Mägdlein zu
verlieren, so eine solch glockenhelle und wunderliebliche Stimme
hatte, daß man nicht anders als einen Engel zu singen ver=
meinete. Die Gemahlin des Herzogs Wilhelm von Bayern,
so sie einst bei den Klosterfrauen im Gnadenthal singen hörte,
war ganz entzücket, ließ sie vor sich kommen und verehrte ihr
ein goldnes Kreuzlein mit Rubinen und Perlen eingefaßt.
Katharina aber vertauschte bald die Freuden der Welt mit
der stillen Klosterzelle. Sie trat bei den Franziskanerinen
obgenannten Klosters ein, allwo sie unter dem Namen Frau
Cäzilia lebte und starb. Ihr Schwesterlein Gertraud war
das gerade Gegentheil, hoffärtig und eitel, ganz weltlich ge=
sinnt. Ein Akademiker Simon von Bruntrut hatte ihr Herz
und ihren Sinn so ganz verwirrt, daß sie nächtlicher Weile
mit ihm entfloh. Jener treulose Wicht ließ sich nach langem
Herumschweifen bei dem schmalkalbischen Feldherrn Schertlin
anwerben; war auch dabei als die schmalkalbischen Bundes=
truppen zwischen Gerolfing und Gaimersheim aus 12 Augs=
burger Schlangenbüchsen das kaiserliche Lager mit 2000 Ku=
geln beschossen. Doch seine Zeit war um, eine Kugel traf
ihn und er stürzte todt zu Boden. Gertraud, von wilder
Reue zerrissen, flüchtete sich verzweifelnd zur Heimathstadt.
Ihr erster Gang ist in die Kirche zum Gnadenthal gewesen,
um sich bei Gott ein Herz zu fassen, ihren Vater um Ver=
zeihung bitten zu können. Es war gerade Gottesdienst und
ihre Schwester sang so lieblich, daß der Unglücklichen die bit=
tersten Thränen aus den Augen rannen. Nun eilte sie in's
elterliche Haus; doch fremde Leute machten ihr auf, auf ihre
Frage kundgebend, wie Herr Leonhard Walbeisen gestorben
und das Haus in fremde Hände übergegangen sei. Dem

alten Vater hatte der Schmerz und die Schande das Herz
abgedrückt, obwohl ihn sein Pfarrherr Oswald Arnsper=
ger gar oft getröstet und der Quardian der Franziskaner
P. Konrad Alberstorfer liebevoll aufgerichtet hatte. Er
ist, weil er Organist der Frauenkirche gewesen, im Friedhofe
jener Kirche begraben worden, allwo sich annoch sein Grab=
stein befindet. So viel vermag ein ungerathenes Kind! —
Von der Gertraud hat man nichts mehr gehört; einige sag=
ten, sie sei zu Schärding im Elend gestorben. —

Das Haus in der Hauptstraße, so jetzt ein Kaffeehaus
(Zabuesnig) ist, muß hier auch und zwar zum fünfzehnten
erwähnt werden. Ist ein Künstlerhaus gewesen, so man
leichtlich aus den närrischen Figuren, die unter dem Erker
angebracht sind, erkennen mag. Künstler haben allzeit schnur=
rige Einfälle und bringen sie auch, sei es in Bild, oder in
Stein zum Ausdruck. Hat darin gewohnt der Baumeister
der Frauenkirche Hans Schnellmüller mit seiner zahlrei=
chen Familie, so ein gar kunstsinniger und verständiger Mann
gewesen, auf den man den alten Spruch anwenden kann:
Das Werk lobt den Meister. Sein Mithelfer im Baue Hans
Gläzel hatte auf dem sogenannten Wasen sein Haus, so
jetzt ein Wirthshaus ist: sind aber beede häufig zusammenge=
kommen und wirkten miteinander zu Ehre Gottes und unsrer
lieben Frau ohne Neid und Falsch einträchtig und friedsam.
Ihre Kinder haben auch untereinander geheirathet und als
Hans Schnellmüller im Jahre 1431 starb, hat ihm sein Freund
Gläzel tiefbetrübt das Geleit zur ewigen Ruhe gegeben. Im
fünfzehnten Jahrhunderte kaufte Herzog Wilhelm IV. das
Haus und der kunstsinnige und prachtliebende Herzog Albrecht V.

erhob es zu einem Künstlerhaus i. e. daß all die Meister und
kunstreichen Maler in demselben umsonst ihre Wohnung und
Zehrung haben sollten.   Es lebte und starb darin der be=
rühmte Maler Melchior Feselen, so zu anfang meistens
Kriegsstücke, Darstellungen aus der römischen Geschichte, Be=
lagerungen 2c. 2c. malte.   Seine Bilder bieten eine genaue
Nachahmung der Natur dar, in deren Schönheit, Größe und
Feinheit der Künstler aber aus Mangel gründlicher Anweis=
ung nicht einzubringen vermochte.   Er hielt sich um 1530 am
Hofe Herzogs Wilhelm IV. von Bayern auf und die Schleiß=
heimer Gallerie besitzt von ihm zwei Belagerungsstücke alter
Art, auf Holz gemalt.   Er ist ein Nachahmer Albrecht Altor=
fers, des geistreichsten unter Albrecht Dürers Schülern gewe=
sen.   Feselen war ein wilder, ungestümmer Charakter, so nur
im Lärmen und Gewühle der Welt seine Freude hatte, was
auch seine Kriegs= und Schlachtenbilder deutlich kund geben.
In der Stadt Mainz traf er im Jahre 1534 mit einer ehr=
baren und züchtigen Jungfrau zusammen, die er sogleich zu
ehlichen begehrte: ist eines Goldschmids Tochter gewesen und
hat Barbara Singolbinger geheissen.   Selbige ver=
schmähte aber seine Liebe um seiner Wildheit willen und gab
ihre Hand einem andern.   Darob entsetzte sich Feselen also,
daß er zur Stund in sich verschlossen wurde, den Herzog bat,
gen Ingolstadt reisen und dortselbst in jenem Hause nur all=
ein der Kunst leben zu dürfen.   Sein Herz war nur mehr
auf das Ewige gerichtet und sein letztes Werk ist das Altar=
blatt gewesen, so sich in der Frauenkirche linker Seite in der
hintersten Kapelle befindet.   Stellt oben die Kreuzigung Christi
und unten die Enthauptung der heiligen Barbara vor.   Wohl
mag dabei der Künstler an Mainz gedacht haben!   Feselen

ist bald darauf kaum dreissigjährig gestorben. In der obern
Franziskanerkirche ist sein Grabstein, also lautend: 1538 starb
dahier der kunstreiche Maler Melchior Feselen. —

Etwas später lebte und arbeitete auch in_ diesem Hause
der berühmte Maler Hans Mielich, 1515 zu München
geboren. Er verfertigte auf Befehl Herzog Albrechts V. das
große Altarblatt in der Frauenkirche. Ist ein ungemein leut=
seliger Mann gewesen, so sich gar manchen Spaß erlaubte
und viel Schabernack mit den Leuten trieb. Hat einmalen
ein großes Bild zum Fenster ausgehangen, darauf er den
Professor der Medizin und Mathematik Herrn Philippum
Imser in figura gemalt und hinter ihm den „Gott sei bei
uns" in leibhaftiger Gestalt. Darob ist ein großer Rumor
und Auflauf entstanden, bevorab die Herren Akademiker rot=
tirten sich gewaltig zusammen hocherfreut, wasmassen sie jener
Professor mit vielem Diktiren gar arg molestirte. Der Bür=
germeister Hilarius Peisser schickte aber sogleich den Rath=
diener in's Haus und ließ Hans Mielich einen freundlichen
Gruß entbieten mit dem Ersuchen, obgedachtes ärgernißgeben=
des Bildniß hineinzuthun; was auch der Maler sogleich that.
Den Professor Philippum aber hat er folgendermassen be=
schwichtigt, daß er ihn also bildlich darstellete, indem, wie er
vorgab, seine Wissenschaft eine solch große sei, daß selbst der
Teufel von ihm noch lernen könnte. Darob ist der Doktor
der Arzneikunde ohnmassen erfreut gewesen und hat dem Ma=
ler ein Fäßchen mit echtem Malvasier verehrt.

In dieß Haus ist gar oft auch Christoph Schwarz
gekommen, so mit Recht unter die größten deutschen Maler

gezählet wird. Selbiger Schwarz ist allhie zu Ingolstadt ge=
boren auf dem nachmaligen Gasthause zur blauen Traube
ann. 1550. Bereits mit sechszehn Jahren zog ihn die Neig=
ung zur Malerkunst nach Italien, allwo er sich in Titians
Schule vervollkommte. (Seine Färbung ist kräftig und schön,
der Pinsel leicht, die Composition reich ohne Verschwendung,
die Zeichnung richtig, die Behandlung geistreich und fleißig.)
Er hat sich zu Florenz mit einer gewissen Beatrice Mal=
testa ehlich verbunden, so ihm aber sein Leben also verbit=
terte, daß er bisweilen der Verzweiflung nahe gewesen. Holte
sich oft Rath und Trost bei Hans Mielich, so ihn allzeit wie=
der in Etwas erheiterte. Schwarz ist auch Hofmaler bei Her=
zog Albrecht V. gewesen und bieweil es seiner Ehewirthin
im kalten Deuschland nicht sonderlich gefiel, ist sie einst nächt=
licher Weile mit einem Sänger der herzoglichen Hofkapelle
Giovanni Lunardo nach Italien entflohen. Ist aber auf
der Hinreise zu Brescia des Todes verblichen, worüber der
nun lebige Künstler keineswegs betrübt gewesen. Nach zwei
Jahren heirathete er eine Landsmännin, Elsbeth, die Toch=
ter des Rathsherrn Lukas Demel des älteren, so bei der
Frohnleichnamsprozession die heilige Margaretha, so den Dra=
chen erstochen, vorgestellt und die ihm einst mit Erlaubniß
ihrer Eltern gesessen, als er ein Liebfrauenbild für die Frau
Herzogin malen sollte. — War sehr glücklich in diesem neuen
Ehestande und hat viele Kinder bei ihr gewonnen, darunter
eine Tochter, so in das kaiserliche Reichsstift Geisenfeld als
Klosterfrau aufgenommen wurde und unter dem Namen Frau
Irmengard großen Ruhm in der Malerkunst sich erwarb.
Christoph Schwarz ist zu München ann. 1534 fünfzig Jahre
alt gestorben. —

Zum sechzehnten ist das Veltmillersche Professorhaus nicht zu vergessen, dieweil es sogar auf der Tafel des Schmal=kalbnerlagers am Rathhaus angegeben ist. Mit selbigem Pro=feffor hat es aber folgende Bewandtniß. Johannes Velt=miller aus Ingolstadt ist an. 1525 Doktor und an. 1532 ordentlicher Professor der Medizin geworden und hat sein Haus beim Kreuzthor (Fruhauf) gehabt. Im schmalkaldischen Kriege flüchtete sich derselbe mit Weib und Kind, item Pro=feffor Zettel und mehrere Bürger mit ihren Familien nach Eichstätt. Als der Krieg in Etwas nachgelaffen hatte, sind alle wieder heimgekehret; auf dem Wege ist Veltmiller zufäl=lig von den übrigen getrennt und von dem Feinde gefangen worden. Er entkam aber wieder zur Nachtszeit und ist glück=lich zu Ingolstadt angelangt. Jener feindliche Heeresführer aber, so gerade bei Naffenfels sein Lager hatte, schickte einen Herold in die Stadt, so auf das ungestümmste den Gefan=genen oder ein Lösegeld dafür nach Kriegsgebrauch forderte. Als Professor Veltmiller beides verweigerte, drohte der Feind mit Feuer und Schwert. Da sich nun die Stadt sowohl als die Universität groß fürchtete, der Feind möchte die herum=liegenden Ortschaften verwüsten, drang die hohe Schule mit Bitten, ja sogar mit Drohungen in ihn, daß er die Wuth des Feindes mit 300 fl. stille. Zum großen Theile ersetzte ihm der Herzog die Geldsumme. Veltmiller ist im Jahre 1561 allhie gestorben.

Die historisch weitaus merkwürdigste Gaffe ist die Schwai=gergaffe. Sind darin nicht nur die Häuser uralter Raths=geschlechter z. B. der Paumfelder (Wisnet) wo man noch an der Thüre das alte Wappen: Ein Baum im leeren Felde

16*

ausgeschnitten sieht; der Kaiser (Lermer) wovon Georg Kaiser
1508 Bürgermeister allhie war; sondern es wohnten auch die
meisten Professoren darin. Sollen einige aufgezählet werden:
Professor Reuchlin aus Pforzheim hat die hohe Schule zu
Tübingen ob der Kriegsunruhen verlassen und sich nach In=
golstadt geflüchtet. Ist hier Professor gewesen 1519. Er
war in drei Sprachen hocherfahren und hatte im Hebräischen
und Griechischen einen solchen Ruhm, daß oftmals mehr
als 300 Akademiker ihn zu hören zusammenströmten. Vor=
mittags erklärte er das Buch des Rabbi Moses Kimchi: Nach=
mittags den Aristophanes; ausserdem griechische Grammatik und
Poesie. Er bekam jährlich 200 fl. Nachdem aus Furcht vor
der Pest 1521 die Professoren sich theilweise zerstreuten, kehrte
auch Reuchlin nach Tübingen zurück, da er so mit seiner
Stellung in Ingolstadt nicht zufrieden war, weil er kaum dem
Hungertode entgehen könne, wie er sich in einem Briefe an
Willibald Pirkheimer beklagt. Dort jedoch hat er im folgen=
den Jahre 1522 statt des Hungers eine Krankheit und bald
darauf zu Stuttgardt, wohin er sich transportiren ließ, den
Tod gefunden 67 Jahre alt. — Petrus Binnewitz sive
Apianus aus Leisnitz in Meissen, so unter allen Mathema=
tikern seiner Zeit der größte war, ist vom Herzog Wilhelm
zur hiesigen Professur mit einem ansehnlichen Gehalte beru=
fen worden. Selbiger Apianus ist von vielen Universitäten
als: Leipzig, Tübingen, Wien, Padua und Ferrara als Pro=
fessor begehret worden; hat aber Ingolstadt allen andern vor=
gezogen. Durch Graf Raymund Fugger großmüthig unter=
stützt hat er eine literarische Forschungsreise fast durch die
ganze Welt gemacht und seine Erfahrungen in einem großen
Werke ausgehen lassen. Astronomie und Geographie waren

seine Hauptgegenstände und er soll der Erste gewesen sein, so
das neu entdeckte Amerika auf der Landkarte darstellte. Er
starb zu Ingolstadt an. 1552. Sein Sohn Philipp folgte
ihm in der Professur nach und erreichte obwohl kränklich seinen Vater in der Mathematik, wenn er ihn nicht gar übertroffen. Selbiger Philipp starb zu Tübingen ann. 1589. —
Laurentius Gryll von Altdorf bei Landshut, Professor der
Medizin wurde von den Grafen Fugger, auf deren Kosten
er durch ganz Europa reisen und sich ausbilden durfte, zu
einer Professur auf hiesiger Universität dem Herzog Albrecht
empfohlen. Als er seine öffentlichen Vorlesungen beginnen
wollte, brach er sich die Hüfte; er hielt daher seinen ersten
Vortrag vom Bette aus in seiner Wohnung vor einer gros-
sen Menge gelehrter Männer und Studenten. Als einst Kaiser Karl V. am Podagra krank in Bayern darniederlag, be-
reitete ihm Gryll eine Arznei; wofür ihm der Kaiser einen
silber und vergoldeten Becher voller Goldmünzen verehrte.
Gryll starb zu Ingolstadt am 14. März 1560 76 Jahre 7
Monate und 7 Tage alt. — Sebastianus Knab, Doktor
beider Rechte, herzoglicher Rath und Professor der Ethik 1574.
Ist in seiner Jugend Soldat gewesen und in türkische Gefangenschaft gerathen. Daraus befreit ist er unter Balthasar
von Lamberg in die Hände der Seeräuber gefallen und drei
Tage an einem Schiffsbalken angebunden hin und hergefah-
ren worden. Einige Jahre nachher eilte er in das aufrüh-
rerische Belgien, wo er von den niederländischen Soldaten
nicht bloß beraubt, sondern auch bis zum Tode mißhandelt
wurde. Endlich ist er nach so vielen Verirrungen in sein
Vaterland zurückgekehrt und hat sich durch Fleiß und Talent
noch zu so hoher Stufe emporgeschwungen. — Adam Lan-

davus aus Eisleben, Professor der Medizin, 1564 ist ein so beliebter und erfahrner Arzt gewesen, daß seine Praxis in und ausser der Stadt fast nicht zu bewältigen war. Er war ein Mann höchst leutselig, selten traurig, immer heiter und froher Laune und Allen liebwerth. Als er bereits am Sterbebette lag und dem Tode nahe war, hat er gesagt, er werde nun von drei Fürsten an ihren Hof geladen, vom durchlauchtigsten Herzoge Albrecht, vom Hochwürdigsten Bischofe von Passau und von dem König aller Könige, von Gott; er wolle daher den himmlischen Hof allen übrigen vorziehen. Ist gestorben am 25. Februar 1573. — M. Paulus Aemilius, Professor der hebräischen Sprache, so aus dem Judenthum zum Christenthume übergetreten und an. 1547 auf die hiesige hohe Schule kam. Er war weit berühmt durch seine tiefe Kenntniß der heiligen Sprache. Hatte die tugendreiche Jungfrau Anna Pflanzmannin von Ingolstadt zur Frau genommen und erzeugte mit ihr sechs Söhne und eilf Töchter. Ist am 9. Juni 1575 gestorben, gerade als bei seinem Hause das Evangelium der heiligen Frohnleichnamsprozession gehalten wurde. Seine Grabschrift lautet: Anno 1575 ben 9 Jun. starb der Ehrnvest und wohlgelehrt Herr M. Paulus Amilius Romanus, der Heil. Sprach Professor allhie. — Sebastian Dietrich aus Konstanz, Doktor der beiden Rechte und Regens des Georgianums, hatte, nachdem er das Jus absolvirt, eine Frau genommen; aber selbige starb bald darauf und nun ist Dietrich Priester und Regens des Georgianums geworden. Als er dieses Amt eine Zeitlang fleißig versehen hatte, ereignete es sich, daß sein Jugendfreund Kaspar Stauber eines plötzlichen Todes starb. Dieß hat einen so tiefen Eindruck

auf ihn gemacht, daß er die Welt verlassend in die Gesell=
schaft Jesu eintrat. —

Schließlich wäre noch in der Harbergassen ein Haus
zu nennen, darein der berüchtigte Dr. Fau st aus Schwaben
gewohnt haben soll, als er in seinem sechszehnten Lebensjahre
zu Ingolstadt Theologie studierte. Soll aber erst nachgehends
mit dem Satan in einen Bund getreten und Schwarzkünstler
geworden sein. Wie dem auch sei, es ist besser, daß er all=
hie gleichsam nur practereundo gewesen, denn in solcher Ge=
sellschaft ist es nicht geheuer.

Da wir aber einmal in dem Schauerlichen sind, so schlies=
sen wir bei dem Holzmarkt ab, allwo früher ein hoher
Thurm gestanden, so noch von der ältesten Stadtmauer übrig
geblieben. Daran hatte der Scharfrichter seine Behausung
und der Thurm selbst ist ein Gefängniß gewesen. Da ist es
um Mitternacht oftmals gar wild hergegangen, man hörte ein
stürmisches Gejaid und Treiben durch die Lüfte und die älte=
sten Leute wissen sich noch bessen zu erinnern, wie von die=
sem Thurme allerlei Gemurmel ging und schauerliche Mähr.
Bereits im Jahre 1591 sollen drei Hexen oder Unholden
öffentlich verbrannt, ehevor aber an einem aufgerichteten Bal=
ken mit Stricken erdrosselt worden sein. Im Jahre 1629
ist das Erkenntniß des Stadtrathes auf Verbrennung der
Katharina Niggl, alten Hofschneiderin von Eichstätt, wegen
Verbindung mit dem bösen Feinde, Absagung und Verleug=
nung Gottes, vieler den Menschen und Vieh zugefügten
Schäden und verbrachten Umbringens nach vom Magistrate
auf Befehl der Statthalterschaft geführter Instruktion der

Juriſtenfakultät mitgetheilt und von ſelbiger beſtätiget wor=
den, daß das Urtheil den Rechten und den Akten gemäß ſei.
— Auch iſt das Gerede gegangen, wie wenn zu Ende des
vorigen Jahrhunderts einer unſchuldig gerädert worden wäre.

Freuen wir uns, daß ſelbige finſtere Zeiten vorüber,
uns auch darob getröſtend, daß jenes dunkle Haus mit dem
finſtern Thurme bereits verſchwunden und mit ihm wahr=
ſcheinlich auch der Teufelſpuck und alle unheimlichen Geſpenſter.

Schluss.

Wie Alles auf der Welt, so nimmt auch dieß Büchlein sein Ende und das ist hiemit gekommen.

Es sind an unserm Geiste vorübergegangen all die lieben bayrischen Fürsten, so ihren Unterthanen so heimblich gewesen, daß sie traulich unter ihnen geweilt und Lust und Leid
nicht anders wie gute Väter mit ihren Kindern getheilt; es
ist uns das Herz in Liebe aufgegangen gen den Herzog Ludwig, so wir nicht den Strengen, sondern den Milden heissen
mögen; gen Kaiser Ludwig den Bayer, so eigentlich den
Grund zur nachmaligen Größe von Ingolstadt gelegt, gen
Ludwig den Brandenburger, so uns den großen Neuhauwald,
gen Ludwig im Barte, so uns den prachtvollen Marienbom,
gen Ludwig den Reichen, so uns die hohe Schule, gen Georg
den Reichen, so uns das Georgianum und Schloß, gen Wilhelm den Standhaften, so uns die Festung, gegen Albrecht
den Großmüthigen, so uns den herrlichen Hochaltar in der
Frauenkirche verehrt und gen Kurfürst Max I., so uns vor
dem Schweden vertheidigt und beschützt hat; es ist uns das
Auge naß geworden, als wir die beiden Fürsten Georg und

Max in unsrer Stadt das Haupt zur ewigen Ruhe nieder=
legen und in Mitte ihres allzeit getreuen Ingolstadts sterben
sahen.

Wir schauten im Geiste all die lieben Gottesfreunde, so
die Stadt durch ihre Tugend erbauten und in Zeiten der
Noth, in gefährlichen Kriegsläuften, und bei Hunger und
Pest Gut und Blut für die Bürger hingaben und ihr eige=
nes Leben! —

Wir erblickten all die Männer der Wissenschaft, so durch
den lichtscheinenden Glanz ihrer Gelehrsamkeit nicht anders wie
ein Magnet tausende von jungen Leuten aus aller Herren
Länder zur hohen Schule nach Ingolstadt gezogen! —

Wir freuten uns auch an den edlen Bürgersgeschlechtern,
deren Namen, wie: Peringer, Schober, Schramm, Fi=
scher, Kaiser, Paumfelder, Plümel, Peisser, Krafft,
Wolf, Zainer, Hahnenkampl, Schwab, Demel,
Müllner von Zweiraben, Zöpfl in der Geschichte In=
golstadts niemalen untergehen werden; an dem herrlichen
Rath, so in den Tagen der Gefahr in Wahrheit: „weiß und
ehrnvest" sich betragen, an all den alten, biberben Bürgern,
so durch treue Anhänglichkeit an das angestammte Fürsten=
haus, durch einträchtige Liebe und echten Gemeingeist zu Ehr
und Wohlstand, zu Glück und Segen sich emporgeschwungen
haben.

Nun sollen wir, deß im Herzen tief getröst, neue Minne
fassen zum alten Ingolstadt, nicht vergessend das Große und

Schöne selbiger Zeit, und allzeit der Vergangenheit geden=
kend, sobald uns die Gegenwart mißmuthig macht und ver=
stimmt. — Zum Schluß aber merken wir uns ein Reim=
sprüchlein, so Aventinus seinem Freunde Eustachius von der
Alben, einem adeligen Studenten hiesiger Universität, in sein
Buch geschrieben:

Vom Alten
Sollt du behalten
Was gut ist und schön;
Was umkehrt
Kein Lob werth,
Lass seltenwerts stehn!

Register.